Retratarte

CARLOS DEL AMOR

Retratarte

Cuando cada mirada es una historia

ESPASA

Espasa es un sello de Editorial Planeta, S. A.
Avda. Diagonal, 662-664
08034 Barcelona
www.planetadelibros.com
www.espasa.es

Diseño de cubierta: Planeta Arte & Diseño
Imagen de cubierta: Domenico Ghirlandaio, *Retrato de Giovanna degli Albizzi Tornabuoni* (detalle). Museo Thyssen-Bornemisza. Madrid. Foto: © Album
Foto del autor: © Jeosmphotography

Diseño de interior: María Pitironte
Iconografía: Grupo Planeta
Preimpresión: Safekat, S. L.

Créditos fotográficos: © 2022: Album; A. DAGLI ORTI/DEA/Album; Jean-Claude Varga/akg-images/Album; Joseph Martin/Album; Derek Bayes/Album/Lebrecht Music & Arts; Sputnik/Album; Fine Art Images/Album; akg-images/Album; Superstock/Album; Universal Images Group/Album/Picturenow; Universal Images Group/Album/Universal History Archive; The Art-chives/Alamy/ACI; Rabatti & Domingie/akg-images/Album; Bridgeman Images; National Gallery of Art, Washington DC/Album.

Créditos autores: © Otto Dix, VEGAP, Barcelona 2022; © Jean Dubuffet, VEGAP, Barcelona 2022; © Miriam Escofet; © Lucian Freud; © Frida Kahlo, Frida Kahlo Corporation © Alex Katz, VEGAP, Barcelona, 2022; © Tamara de Lempicka Estate, LLC/VEGAP, 2022; © Succession H. Matisse/VEGAP/2022; © Grandma Moses Properties Co., New York; © Christian Schad Stiftung, Aschaffenburg/VEGAP, Barcelona, 2022; © Zénaïde Serebriakova, VEGAP, Barcelona 2022; © Dorothéa Tanning, VEGAP, Barcelona 2022; © The Estate of Alice Neel, Courtesy The Estate of Alice Neel and David Zwirner.

ISBN: 978-84-670-6670-8
Depósito legal: B. 15.377-2022

Impreso en España / *Printed in Spain*
Impresión: Unigraf, S. L.

Certificado PEFC
Este libro procede de bosques gestionados de forma sostenible y fuentes controladas
PEFC
PEFC/14-38-00305
www.pefc.es

El papel utilizado para la impresión de este libro está calificado como **papel ecológico** y procede de bosques gestionados de manera **sostenible.**

La gente debería verse más como sus retratos y menos como en la vida real.

DALÍ

Cada vez que pinto un retrato pierdo a un amigo.

SARGENT

Índice general

Prólogo

¿Quiénes son los personajes que nos miran desde el otro lado? ¿Qué historias han marcado sus vidas, su existencia, sus días, incluso sus horas? ¿En qué momento deciden o aceptan someterse al escrutinio de unos ojos ajenos dispuestos a radiografiarles, a adentrarse en esos espacios reservados que guardamos para nuestros pensamientos, territorios inexpugnables a salvo de juicios externos? Todos llevamos en nuestro interior algo que únicamente compartimos con nosotros mismos. Un retrato, decía Paul Klee, es el intento de alguien por atravesar la frontera que separa lo visible, lo que está al alcance de cualquiera que nos observe, de lo invisible. O lo que es lo mismo, salir al encuentro de aquello que permanece entre tinieblas, camuflado entre las sombras que habitan nuestra biografía.

La etimología siempre nos ayuda a explicar un concepto. «Retrato» viene del latín *retractus* que, a su vez, es el participio de un verbo, *retrahere*, y ahí, en ese verbo, está la filosofía de este libro, la esencia de lo que pretendo humildemente conseguir. *Retrahere* es hacer volver atrás o, dicho de otra manera, revivir. Mi idea era sencilla o, al menos, yo la veo así: revivir momentos tal como pudieron ser. Imaginar ese instante íntimo entre artista y modelo, lo que se pudieron decir y lo que pudieron pensar. El retrato es una técnica tan antigua casi como la humanidad, una técnica que pretende reflejar lo mejor posible a la persona y que, sin embargo, suele dar como resultado algo muy diferente al original; es una cosa que se transforma en otra cosa, y en ese proceso de transformación estará la valía de la obra. El retratado rara vez suele reconocerse al cien por cien cuando ve una obra, igual que no nos reconocemos casi nunca al mirarnos al espejo. Dentro de los retratos, son los autorretratos seguramente los más complicados, porque hay que hacer un ejercicio de desdoblamiento hasta creer que somos dos personas para no caer en la tentación de ser demasiado bondadosos o piadosos con uno mismo.

Investigando, preguntando y sobre todo paseando por museos, he llegado a la conclusión de que muchas de las personas que posan durante horas son conscientes de que van a desvelar ese misterio que las acompaña; es como si buscaran un lugar donde sentirse lo suficientemente tranquilos para poder ser plenamente ellos.

Las dos citas que abren este libro tienen mucho que ver con el contenido que vais a encontrar. En las siguientes páginas vamos a intentar profundizar en diferentes retratos pintados a lo largo de la historia; ahondar, más que en su aspecto técnico, en las historias que se esconden detrás, que suelen traducirse en el resultado final. Lleva razón Dalí al afirmar que deberíamos vernos más como el retrato que se podría hacer de nosotros que como somos en la vida real.

Pretendo invitaros a descifrar el rostro, abrirnos paso entre miradas, sonrisas, tristezas y alegrías para llegar a conocer un poco más a quien se deja retratar y a quien realiza el retrato, porque, en ocasiones, el propio artista vuelca mucho de su interior en quien tiene enfrente, estableciéndose un duelo particular con enorme carga psicológica.

En televisión y en cine, ya lo sabéis, hay diferentes escalas de plano a la hora de rodar y grabar. Por simplificar, hablaremos de plano general, plano medio y plano corto. En *Emocionarte*, mi anterior libro, en el que encontré tanta complicidad con los lectores, empleé más el plano general y el plano medio, es decir, el personaje está más integrado en una escena o un paisaje que ayudan a completar el relato. Aquí he cerrado plano intentando que el paisaje sea el propio personaje. En la tele y en el cine se suele hablar de lo complicado que es aguantar un primer plano, salir indemne de esa batalla con la supuesta verdad que transmite ser vistos con tanta proximidad. Nos sentimos mucho más cómodos si somos observados desde cierta distancia y reservamos un espacio en el que solo entran unos pocos, en el mejor de los casos. Presento en este libro treinta y cinco ejemplos, treinta y cinco retratos y autorretratos en los que la distancia se estrecha. Profundizo en setenta vidas, la de los treinta y cinco retratados y los treinta y cinco artistas que los pintaron, vidas que no son normales, aunque, en el fondo, todas las vidas son excepcionales por la sencilla razón de ser únicas.

Siguiendo lo dicho por Klee, os muestro un puñado de intentos de visibilizar, de iluminar, aquello que muchas veces no vemos a simple vista cuando visitamos un museo y doy dos pasos atrás para tener mayor perspectiva. Pretendo visibilizar también a mujeres a las que obligaban a reducir su campo de acción y de visión las mentes retrógradas de las diferentes épocas que les tocó vivir, mujeres que a menudo no tuvieron más remedio que autorretratarse.

Van, por tanto, a continuación, varios intentos de ir un poco más allá de la cartela que informa del año y estilo de un cuadro. Claro que me interesan los datos, pero me interesa más lo que esconden esos datos.

Como pasaba en *Emocionarte* y muchos lectores me confesaron, el libro es infinito, tardaréis en concluirlo lo que queráis, ya que cada cuadro, cada gesto o cada autor o autora nos puede llevar a otros cuadros, otros gestos y otros autores o autoras, y seréis vosotros los que emprendáis una búsqueda personal e intransferible, así que la experiencia lectora será independiente. Como sucedía en aquellos libros de la infancia en los que cada uno elegía su propio camino, su propia mirada, hay tantos finales como cada uno quiera.

Espero que disfrutéis tanto como yo escribiéndolo. Cerramos plano.

Gracias por estar ahí.

La Rêverie

PIERRE-AUGUSTE RENOIR

1877

Necesito parecer bella, Pierre, o más que bella, sofisticada, moderna, interesante y, si me apuras, intrigante. No sé cómo expresar qué es lo que espero de este cuadro, pero estoy segura de que sabrás captarlo. No hagas como en otros, muéstrame como te gustaría verme, como si fuese la gran dama de la comedia francesa y cada noche escuchara aplausos al caer el telón. Creo que me entiendes cuando te digo que necesito, más que una obra de arte, un cartel, algo que los regentes de teatros vean y de manera instantánea piensen en mí para alguna representación. ¡Te puedes creer lo que escribieron de mí esos críticos mordaces de pluma viperina después de dejarme la piel en el *Tartufo!*, que «era graciosa la chica rellena de mofletes sonrojados que daba vida a la sirvienta, a Dorina», es o no es para deprimirse. Una trabaja y trabaja para llegar a ese momento y todo lo que lees de ti al día siguiente es una enumeración de adjetivos con un tono despectivo. La chica graciosa, ¿qué soy, un bufón del que se espera un chiste en un instante de la representación? Sí, sí, es una comedia, y de alguna forma todos somos bufones, pero no me refiero a reírse conmigo, tengo la sensación de que esos críticos se reían de mí.

Rellenita, por no llamarme gorda, pero ¿qué se creerán esos vejestorios que huelen a naftalina y que no han intuido la belleza en kilómetros a la redonda, o la clase, o me atrevería a decir que la educación? De un crítico espero que hable de mi entonación, de los movimientos, de la veracidad, de si el público ha disfrutado, pero ¿de mi aspecto físico? ¿Acaso hacen lo mismo con los hombres? Seguro que no se atreven, es más fácil frivolizar con una mujer. Nosotras no alzaremos la voz ni los buscaremos en la taberna de enfrente del teatro para pedirles explicaciones. Rellenita y de mejillas sonrosada, todos sabemos que las mejillas y la cintura son de vital importancia para representar a Molière. Temo que me quieran adjudicar siempre personajes graciosos, ser la que anima la función cuando entra en escena, la tonta, la patosa, la despistada. Yo soy actriz, he estudiado para eso, mi vida gira alrededor de un teatro. Me inscribí en la Academia Nacional, me he esforzado hasta casi perder el aliento, todo para que a alguien sentado en una butaca lo único que se le ocurra decir sobre mi contribución a la obra es que soy esa rellena graciosa que hace de sirvienta.

Es injusto, Pierre, lo sabes, ¿cómo recibirías tú que después de una de tus exposiciones o uno de tus salones lo único que se dijera de tus cuadros es que los hizo un artista con mandíbula marcada y de mirada extraña? Pues así me he sentido yo, como un pedazo de carne al que ni siquiera han tenido la delicadeza de escuchar. Y no creas que no me da rabia estar aquí posando para ti, pidiéndote una imagen diferente a la que ese cretino escribió. Pero el espectáculo es así; al final, tres palabras pueden marcar mi carrera o, mejor dicho, arruinarla o provocar que solo me ofrezcan determinados trabajos. Mira lo que te digo, hazlo como quieras, sé tú; pidiéndote otra cosa estoy dando la razón a esa escoria. Es

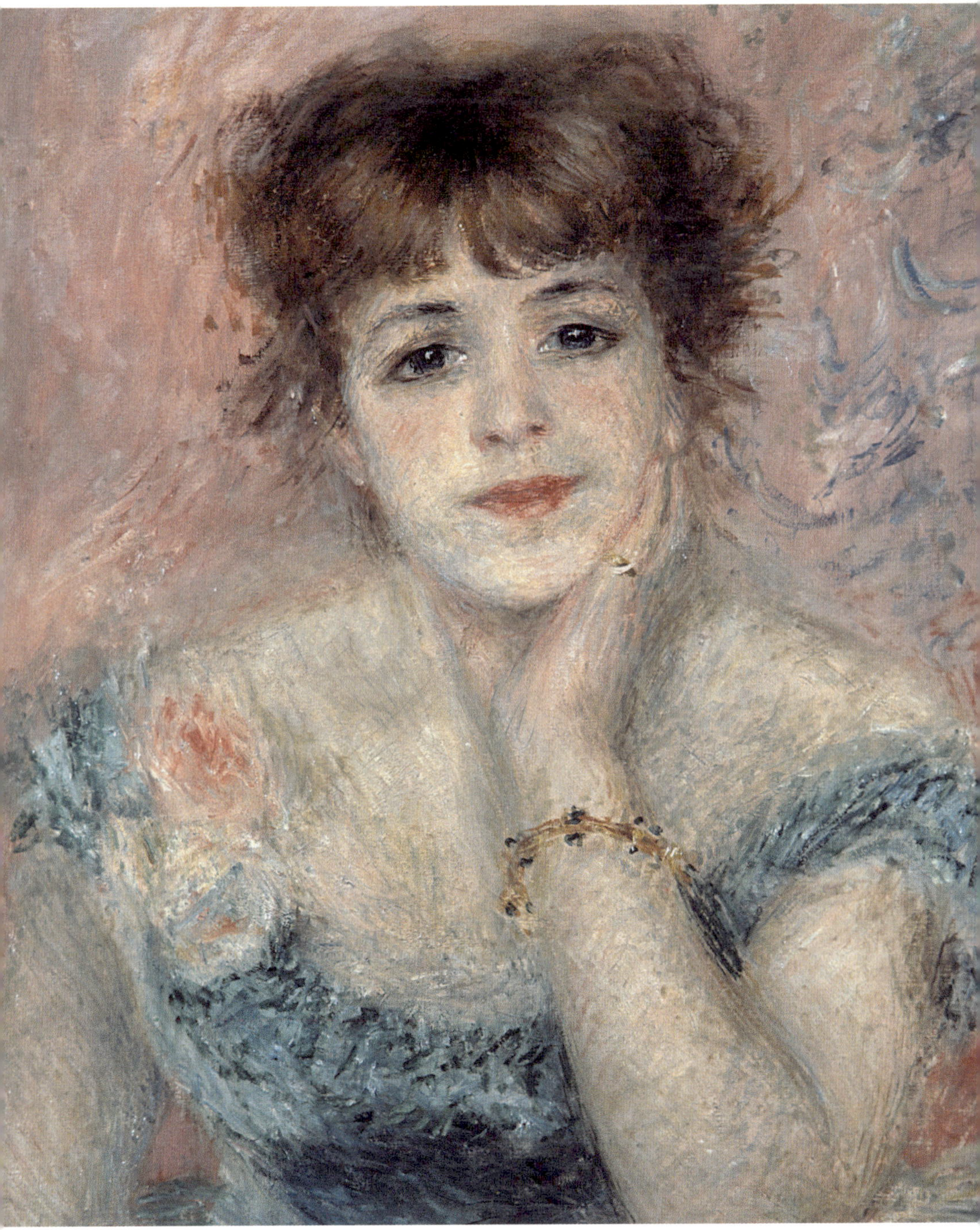

verdad lo que me contaste, que a ti te rechazaron varias veces en el Salón de París y que esos rechazos al final se convirtieron en aliados con las exposiciones paralelas en la que exponíais tus colegas y tú. Y que te llamaron impresionista, jajaja. Vale, me callo, quien se expone al público corre el riesgo de la crítica feroz. Lo dicho, retrátame a tu gusto, que no te suceda como con el anterior, que quedaste descontento.

Me gusta mucho el título de este cuadro, lo que significa y las teorías sobre las que uno puede elucubrar solo con él. *La Rêverie* se traduce como *El ensueño;* un ensueño es la proyección que una persona hace sobre determinadas aspiraciones, la visualización de un proyecto que parece poco probable que se vaya a llevar a cabo. Un ensueño suele entroncar con el mundo de los deseos y el mundo de los deseos suele entroncar a su vez con lo inalcanzable o con algo lo suficientemente lejano como para que solo se produzca en ese terreno o estado de ánimo al que se llega cuando nuestro cerebro se desconecta de la realidad cercana para viajar a ese lugar en el que quizá pudo estar, pero nunca arribó. Todos tenemos ensoñaciones, que se suelen producir por el descontento puntual o permanente del presente que nos toca vivir y también por la inconformidad inherente al ser humano. En el reparto nos han tocado unas cartas y alguna no nos gusta, y soñamos, o ensoñamos, con otras.

¿Quién ensueña en este cuadro?, cabe preguntarse. Pues quizá los dos: los ojos que nos miran y los ojos que miran a quien nos mira en ese año 1877.

Ella es Jeanne Samary, actriz, hija de actriz y nieta de actriz. Y esa chica de mirada claramente ensoñada parece hacerse preguntas sobre su destino en los escenarios y sobre la vida en general. Jeanne tenía veinte años en esa imagen y solo le quedaban trece de vida. Moriría de tifus en 1890 con treinta años, dos hijos y una carrera que no terminó de despegar. Renoir pintó, retrató a Jeanne varias veces entre los años 1877 y 1878. En la primera, de la que no quedó satisfecho, encontramos a una chica más inmadura, más niña, con las mejillas más sonrojadas, pero con una mirada parecida a esta, con esa ensoñación atravesando los ojos y el lienzo. En la tercera, sin embargo, esa mirada se pierde, o al menos yo no la aprecio; es un retrato de cuerpo entero con un vestido sofisticado y cintura de avispa. De los tres, ese es el que menos me gusta, precisamente por perder la mirada. Es probable que, al ser retratada con ese vestido y en un teatro, la ensoñación ya no tenga cabida y la imagen a proyectar sea la de una gran dama de la escena, aunque no lo fuera.

Jeanne ya conocía a Pierre-Auguste Renoir antes de posar sola para él. Si nos fijamos en el cuadro *El columpio,* la encontraremos al lado del hermano del pintor, y si buscamos en el célebre *Baile en el Moulin de la Galette* no nos será difícil reconocerla. Los retratos que vendrían después demuestran una evolución en la relación entre la modelo y el artista, en lo personal y también en lo pictórico. Como suele ser habitual en la historia del arte, que en ocasiones parece más la sección de cotilleos de alguna revista que otra cosa, se ha rumoreado mucho sobre si entre Jeanne y Renoir hubo algo más que una relación profesional o de amistad. Lo que sí es cierto es que él, por esas fechas o poco después, ya empezaba a fijar sus ojos en Aline, que terminaría siendo su esposa, y ella encontraría el amor en un adinerado «fan» llamado Paul Lagarde, que acudía a sus representaciones y supo ver algo más que lo escrito por aquel crítico años atrás. Jeanne y Paul se tuvieron que enfrentar a la desaprobación de la familia del novio, que consideraba algo banal el mundo del teatro y creían que una actriz era poca cosa para su vástago. Lo importante es que fueron felices, aunque por poco tiempo, porque, como decíamos al principio, el tifus acabó con la vida de ella. Por el camino quedaron más retratos, como los de Jules Bastien-Lepage, e incluso escribió un libro infantil, que traducido sería algo así como *Las delicias de Carlota*. A su funeral acudieron decenas de amigos que querían despedirse de la chica que miraba como si siempre estuviese soñando.

Del camino que siguió Renoir no hace falta comentar mucho, viviría hasta casi los ochenta años y la historia del arte lo ha considerado uno de los grandes maestros del impresionismo. Sus retratos eran demandados, vivió el éxito, se casó con una de sus modelos, la citada Aline —una chica que también tenía mejillas sonrosadas—, tuvieron hijos, el más célebre el director de cine Jean Renoir. La artritis le perseguía y por eso se trasladó al sur de Francia, buscando un clima más benevolente.

En unas de mis visitas al Museo Thyssen, en el taller de restauración, pude observar un Renoir de cerca, muy de cerca, se trataba de *Mujer con sombrilla en un jardín*. Allí, sin marco, pude apreciar el empleo del color y de la materia que hacía el pintor. Esos «pegotes» de pintura que al alejarte van conformando la obra, un juego de texturas infinitos que, si se miran de perfil, crean un efecto tridimensional. Los colores se arremolinan y se mezclan unos con otros y la vista se confunde porque en la proximidad no se distingue nada; es al dar unos cuantos pasos atrás cuando ante nosotros todo cobra sentido. Una obra sin horizonte en la que todo es jardín.

Renoir la pintó sobre 1875, no conocía todavía a Jeanne, que, imaginamos, probaba suerte en los teatros de París, intentando que alguien la tomara en serio.

Birthday

DOROTHEA TANNING
1942

Os miro desde un lugar real, físico e improbable. Os veo, pero mis ojos traspasan vuestras siluetas, os atraviesan y se posan en lo que tenéis detrás, una puerta, en la mayoría de los casos cerrada. Nunca habéis querido abrirla ni tenido curiosidad por saber adónde conducía. Cada una de esas puertas cerradas son posibilidades amputadas, opciones que no escogisteis por la comodidad que ofrecía un presente que, siempre habéis pensado, era el lugar más seguro del mundo.

Me cuesta entender la razón por la que casi todos los hombres y mujeres juegan a permanecer siempre en el mismo pedazo de mundo sin querer siquiera tentar a la suerte y atravesar el umbral de una puerta que les conduzca a otro espacio diferente de su existencia. No aceptáis el riesgo y eso quizá provoque que los días empiecen a parecerse demasiado unos a otros. Probablemente no os deis cuenta, pero en vuestra cara poco a poco se van dibujando el hastío y la tristeza. Lo hacen micra a micra, en pasos casi imperceptibles, pero terminarán ganando la batalla a lo imprevisible y crearán sombras eternas que os acompañarán en esta y en otras vidas.

Detrás de una puerta siempre hay un cambio, una salida, un rincón soñado, un nivel nuevo en el que todo está por

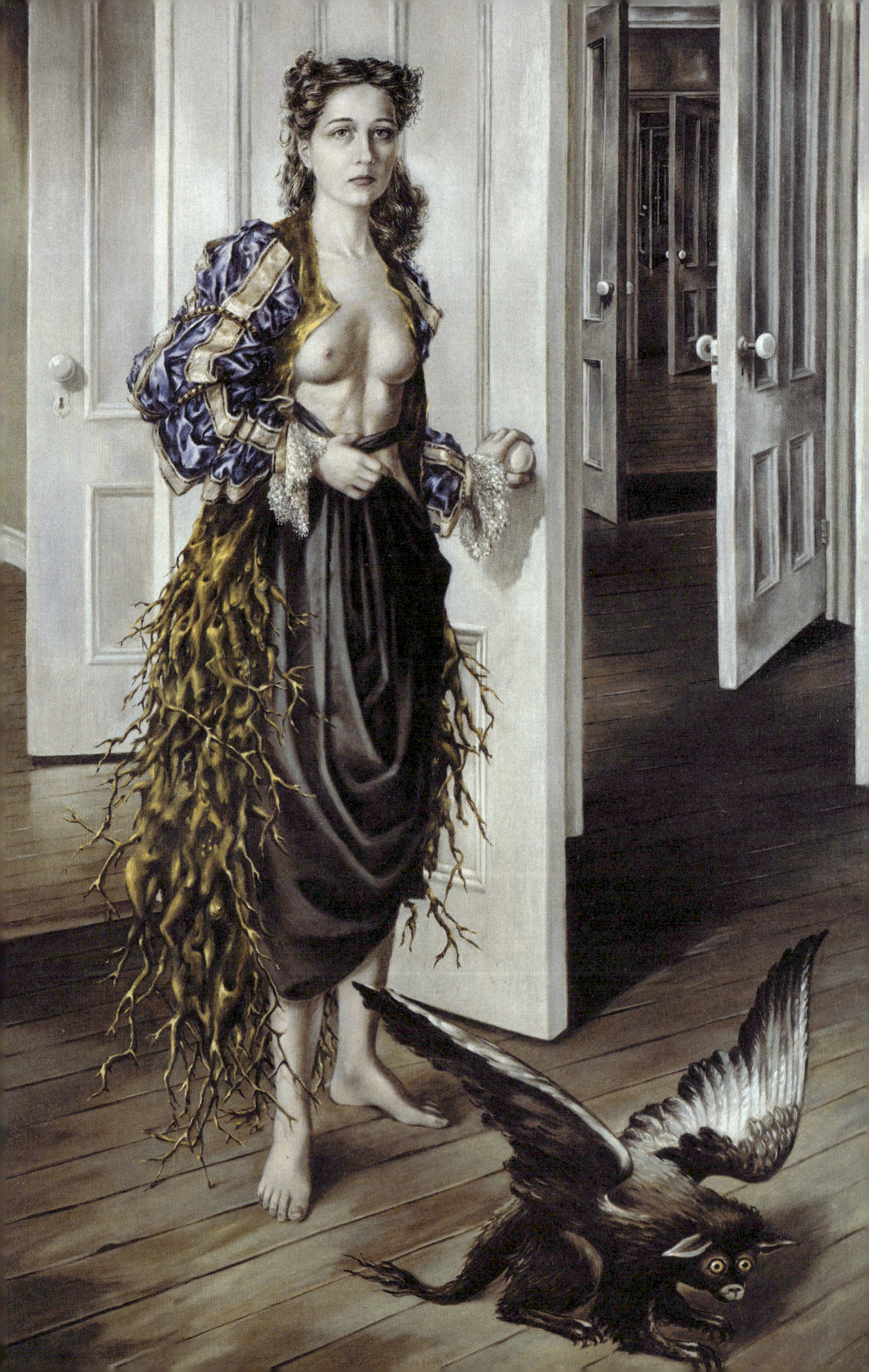

descubrir. Detrás de una puerta cerrada sí es seguro que no existe nada, salvo el murmullo lejano de una posibilidad traicionada. Yo prefiero apostar por una revolución sensorial que confunda a nuestro cerebro y le impida distinguir entre realidad y fantasía porque puede que la fantasía nos arranque de una muerte en vida casi asegurada.

Mi mano izquierda ya agarra un nuevo pomo que abrirá otra puerta que me guiará hasta un territorio ignoto, y esa sensación, ese instante tremendamente fugaz en el que no sabes que hay al otro lado, es el que me sirve de alimento y provoca una excitación que me mantiene plena.

La vida es una sucesión de puertas abiertas que debemos atrevernos a traspasar sin llegar al final nunca, porque cada una de ellas amplía las posibilidades y multiplica las opciones. Soy consciente de haber fallado en la elección en numerosas ocasiones, de arriesgar sin necesidad. Podría dejarme emborrachar por la quietud que siento en esta estancia y dejar aquí los viajes, pero sería empezar a claudicar en algo que me propuse hace años, porque estar es un verbo que conjugado siempre en presente puede destruirte, prefiero el futuro, aunque sea imperfecto, pensar en dónde estaré en cuanto pase a la siguiente dimensión y llegue a otro lugar del que me cansaré enseguida. Lo primero que hago cuando entro en una nueva fase vital es otear el horizonte para encontrar dónde está la puerta de salida. Dejen que les dé un consejo: al empezar algo nuevo tengan previsto siempre por dónde saldrán; a lo mejor no les hace falta nunca, sería raro, pero saber que se puede salir en cuanto la claustrofobia haga de las suyas es un alivio, y agradecerán tener siempre a mano una puerta que conduzca a lugares incluso inexistentes; la imaginación puede arrancarles de las fauces de los monstruos que acechan en la oscuridad.

Siempre adivino luz por el quicio de la puerta que está por abrir o atravesar, y esa claridad me da la motivación para avanzar.

Les sigo mirando y al otro lado de la puerta que tienen detrás también hay luz, solo quiero que lo sepan, por si el invierno aprieta y se hace demasiado de noche. En el trayecto encontrarán puertas grandes, pequeñas, medianas, cerradas a cal y canto, sospechosamente abiertas, tentadoras, traidoras, con mirilla para poder espiar lo que está por venir.

Cruzarlas es la aventura, el riesgo y, para mí, la razón de vivir. Y, si están cerradas, buscar la llave correcta pese a quien le pese.

> Había puertas alrededor de todo el vestíbulo, pero todas estaban cerradas con llave, y cuando Alicia hubo dado la vuelta, bajando por un lado y subiendo por el otro, probando puerta a puerta, se dirigió tristemente al centro de la habitación, y se preguntó cómo se las arreglaría para salir de allí. (Lewis Carroll, *Alicia en el país de las maravillas*).

Cuenta en sus memorias la poderosa mecenas Peggy Guggenheim que en la ya casi histórica exposición de 1943 titulada «31 mujeres artistas», esas treinta y una debían haber sido treinta y así ahorrarse, entre otras cosas, un divorcio. La número treinta y uno era Dorothea Tanning y su cuadro, el que ilustra este capítulo, es llamado *Birthday,* un título que le puso el pintor Max Ernst, marido hasta esa muestra de Guggenheim, a la que abandonó por Dorothea en una especie de flechazo casi sensorial, como no podía ser de otra manera.

Dorothea Tanning

Peggy pidió a Ernst ayuda para encontrar mujeres para la exposición. Esa labor de asesoramiento le llevó al estudio de Dorothea y, después, previas partidas de ajedrez, a sus brazos.

Por cierto, en aquella exposición se negó a participar Georgia O'Keeffe por no compartir esa etiqueta de «mujer artista», una reivindicación a la que años más tarde se sumaría Dorothea al afirmar que no existe nadie que se pueda definir así, porque es una contradicción como puede ser decir «hombre artista» o «elefante artista». Se puede ser mujer y se puede ser artista, pero lo primero no lo puedes evitar y lo segundo es lo que eres en realidad.

Volvamos con Peggy y la definición que da de nuestra protagonista que, como cabe suponer, se parece bien poco a lo que Max Ernst se encontró en el estudio neoyorquino de la artista. Peggy la describe como pretenciosa, aburrida, vulgar y con una manera de vestir horrible.

La joven Dorothea subsistía haciendo ilustraciones para unos grandes almacenes hasta que en 1936 tiene una especie de epifanía mientras visita la exposición «Arte fantástico. Dadá, surrealismo» en el MoMA. Delante de aquellos ojos se empezaron a abrir puertas que llevaban a otros mundos líquidos, resbaladizos, inquietantes y siempre dados a interpretaciones. Mundos oníricos sacados del duermevela, de rincones remotos de la razón y sus monstruos.

Aquella chica de veintiséis años tenía delante algo diferente, un puñado de obras que no se parecían en nada a lo que había visto. Había, claro, cuadros del que sin saberlo sería su marido años después, pero también estaban los Miró, Magritte y compañía.

De repente, el cuerpo podía convertirse en una especie de cajonera, en un escritorio antropomórfico, como muestra una de las obras de Salvador Dalí que formó parte de la exposición,

La ciudad de cajones. Dorothea queda fascinada por ese universo y abraza el surrealismo como vehículo capaz de canalizar todo lo imaginable. Imaginar sin límites es, probablemente, una de las hazañas más difíciles de conquistar para cualquier persona. Las barreras se caen esa mañana de 1936 en el Museo de Arte Moderno de Nueva York, no hay fronteras entre el consciente y el subconsciente, todo puede ser plasmado en una tela en blanco. Esa exposición la reafirmó en la idea de seguir haciendo lo que hacía, porque eso que hacía terminaba colgando en museos.

Un par de años después de ese descubrimiento crucial para entender su obra, viaja a París para conocer de cerca los movimientos artísticos que habitan la capital del mundo pictórico, pero el estallido de la Segunda Guerra Mundial le hace regresar precipitadamente. Y llegamos a la mañana en la que Ernst, el consagrado Ernst, entra en el estudio aconsejado por el gurú de los surrealistas europeos Julien Levy.

—¿Tiene título esa obra?

—No —contesta ella.

—Se llamará *Birthday*.

—¿Y cuál es la razón de ese nombre?

—Porque hoy, y en ese cuadro, ha nacido una artista.

La sombra de Max Ernst eclipsó la figura de Dorothea; ella misma confesó que ser mujer y estar casada con Ernst fueron dos golpes en su contra. A las dificultades de abrirse paso siendo mujer tuvo que sumar las de estar casada con un artista consolidado. Pero las puertas están para ser abiertas y buscarse detrás de ellas, para, una vez encontradas, a continuación, seguir buscando. Para descubrir lo oculto y revelar nuevos desafíos.

Dorothea nunca dejó de abrirlas y de explorar. Fue la más vieja poeta emergente al publicar un poemario con más de noventa años. Siguió descubriendo en cuadros, *collages*, instalaciones y publicaciones las infinitas posibilidades de construir lo que le dictaba la imaginación dando lugar a obras que nos invitan a convertirnos en la *Alicia en el país de las maravillas* que ella leía de manera compulsiva de niña.

En los cuadros de Dorothea Tanning siempre hay un enigma y en ese enigma está la llave que sirve para abrir la siguiente puerta.

Murió con ciento un años, en Nueva York, cuarenta y cinco después de Ernst, con el que estuvo toda la vida.

Retrato de una anciana

CHRISTIAN SEYBOLD

Antes de 1768

Se trata de que sea usted, no de aparentar ser otra. No busco la grandeza artificial, busco la grandeza que se esconde detrás de cada gesto cotidiano, de cada hazaña diaria, de cada logro superado. Hay quien prefiere retratar a caballeros y damas, personajes de la corte con toda su pomposidad, tanta que sepulta a la persona y desfigura su verdadero yo. No me interesa eso, aunque lo deba hacer por obligación en ocasiones. Quiero traspasarla a usted, que quien la contemple sepa ver que nada fue sencillo, que esos ojos han mirado y mirado y han visto de cerca la miseria, la opulencia, el amor y el odio. Eso busco: inmortalizar la experiencia, la sabiduría y la templanza que se alcanzan en la ancianidad. No disimularé las cicatrices que deja el paso del tiempo, ni camuflaré los mal llamados defectos con que los años nos van cargando. Me cuesta entender muchas veces a la gente que encarga retratos en los que no parecen ellos. ¿Qué sentido tiene? ¿Qué se busca jugando a ser otro, a colgar en las paredes del hogar o palacio a alguien a quien no reconoces y sin embargo eres tú? No se puede luchar contra quien eres, ni pelear con el calendario, es imposible. Así, mis trabajos preferidos son los que hago con personas anónimas que no exigen una apariencia determinada, que no vienen con

Christian Seybold

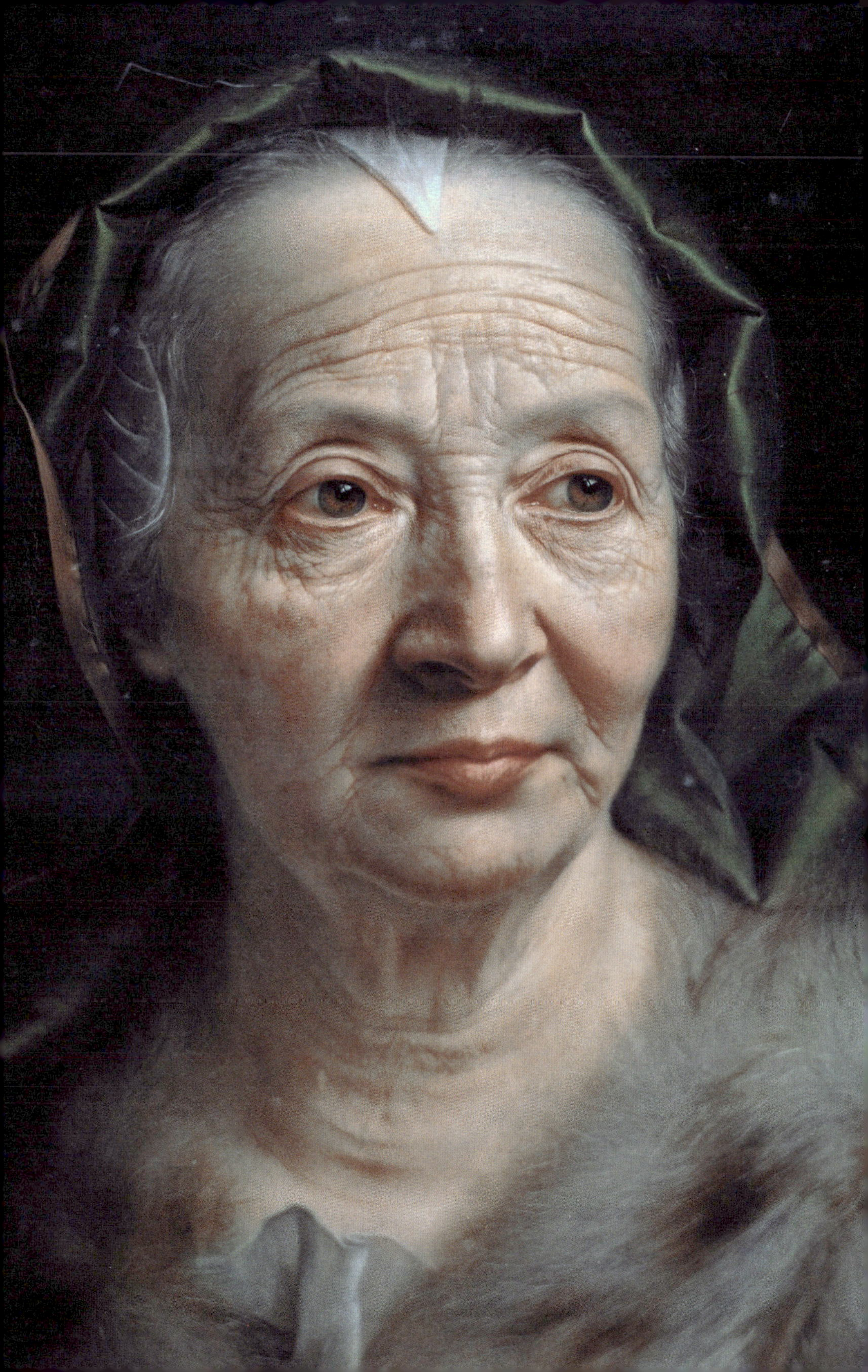

el pensamiento clavado en esos retratos idealizados que se han puesto tan de moda. Creo que es el alma, si existe, lo que tenemos que intentar atrapar. Pero por alma yo entiendo verdad, esa de la que le llevo hablando toda la sesión, si llego a ella estaré satisfecho con el resultado. En ocasiones me quedo en el intento, no logró llegar a lo más profundo, o lo que yo entiendo como lo más profundo, que es ese territorio al que no tiene acceso más que la propia persona.

Alguno al verla dirá, mira la vieja esa; otros, los que están dotados de una sensibilidad especial, se sentirán identificados en esa manera de contemplar que ahora tiene, porque todos, antes o después, tendremos esos ojos y ojalá transmitan lo que transmiten los suyos. Al cuadro le pondré de título *Retrato de una anciana*, insisto, sin utilizar la palabra anciana como algo despectivo; al contrario, será un elogio para quien quiera entenderlo. Y llevará ese título general para que todas las personas que se miren en él puedan verse reflejadas, como si de un espejo se tratase, y les devuelva la imagen de lo que pueden llegar a ser si ponen buen empeño en la tarea. Gracias por la paciencia y por prestarse a ilustrar una edad que es la edad en la que todo da igual porque todo está demostrado.

Esta obra parece una fotografía, aunque fue realizada cuando la fotografía ni estaba inventada. De su autor, Christian Seybold, hablaremos luego y daremos algún detalle de su biografía, pero me fascina el talento para retratar que tenía en una época donde el retrato tendía más a la idealización. Hablamos del siglo XVIII, y la imagen que vemos podría ser perfectamente de una mujer de la actualidad. Cuando me quedo mirándola un tiempo, tengo la sensación de que a esa mujer la he visto por la

Christian Seybold

calle, me la he encontrado en el supermercado o en el autobús; se me hace familiar, es un retrato que trasciende el tiempo. En el arte —lo vemos en este libro, en el anterior y en muchos de los que hablan desde la pasión—, todo es subjetivo, se trata de qué sentimos cuando lo que tenemos delante atraviesa nuestras pupilas y despierta un posible sentimiento que puede ir desde la emoción al rechazo. A mí, los retratos de Seybold me generan quietud, tranquilidad, armonía, y eso probablemente se deba a que son de verdad, no buscan enmascarar los defectos del retratado, no hay trucos ni artificios, ves a la persona tal cual, de una manera transparente, como si pudieses apreciar su interior.

Esta señora a la que hemos visto por la calle y que nos suena de algo tiene mucha de esa verdad en la mirada perdida que parece hacer balance de una vida, pensar en las pérdidas y en las ganancias, no monetarias sino emocionales, hablo de las emocionales. Es un rostro iluminado en el que se dibujan muchos días y muchas vivencias. Sin duda, Seybold debió conocer la obra de Rembrandt, porque hay algo del maestro holandés en estos retratos: esa búsqueda de la verdad de aquel Rembrandt derrotado que se retrata sin piedad en sus últimos años, ese manejo de la luz y la tonalidad de piel, esa especie de velo que parece situarse delante del cuadro y esa mirada a la que hacíamos referencia. También tiene influencias de Balthasar Denner y de Jan Kupecký, pertenecientes a una generación intermedia entre Rembrandt y Seybold. De ambos, sobre todo del segundo, aprendió el gusto por el detalle, por esa fidelidad a la realidad que hace que parezca, como decía antes, que estamos ante un retrato fotográfico. La perfección con la que está pintado el pelo, esa frente, las arrugas que hablan tanto del personaje, la tez tersa que choca con ellas recordando de dónde venimos y hacia dónde vamos, las diferentes tonalidades de piel que se va decolorando, perdiendo pigmento conforme avanza hacia el nacimiento de la cabellera, los párpados algo sonrojados, el ceño marcado por haber sido fruncido en más de una ocasión. Esta anciana de la que no sabemos su nombre posa serena, tranquila, con la conciencia apaciguada, con la elegancia de quien sabe que no hay nada que reprocharle.

De Seybold no se conoce mucho; tuvo diez hermanos y después de perder a su primera mujer y a su hijo se casó por segunda vez. Fue pintor de la corte de Augusto III en Dresde y ocupó el mismo cargo más tarde en la corte de la emperatriz María Teresa.

Para conocerle físicamente solo tenéis que buscar sus autorretratos, uno en el que le encontramos más joven y otro ya como una persona mayor.

Casi toda la vida se dedicó a esos retratos, lo que en el arte se llama «tronie» y que se extendió en la pintura flamenca y en el Siglo de Oro. Suelen ser obras más cercanas al estudio psicológico, al estudio de la expresión y casi el alma que a un retrato propiamente dicho. Por eso, es habitual encontrar muchas de estas obras llamémosles estereotipadas. Una anciana que tiene mucho que contar pictóricamente hablando, un niño, un mendigo, un borracho, alguna persona con rasgos exóticos. Esos «no retratos» utilizaban, sin saberlo, mucho de la técnica fotográfica, porque además de poner el acento en el realismo, experimentan con el color, juegan con la luz y sus contrastes.

Hay obras de Seybold y otros contemporáneos suyos que me recuerdan lejanamente a las de un fotógrafo que admiro y que hace retratos que parecen cuadros. Se trata de Pierre Gonnord, y sus imágenes impactan por la brutal honestidad que desprenden y la dignidad con la que posan los modelos. No os arrepentiréis si brujuleáis y echáis un vistazo a sus producciones, porque solo jugando con la luz, el contraste y la mirada, logra «pintar» retratos muy auténticos con una mezcla del estilo de Seybold pero también del de Velázquez, del que comentaremos en otro capítulo cómo dota de grandeza al personaje independientemente de su procedencia.

Retrato de joven sujetando un medallón

SANDRO BOTTICELLI

c. 1480

—No creo que te deje el pelo así, mira, ha quedado demasiado corto, cuando empiece a pintar lo alargaré; las manos tampoco me convencen, en la composición final se verán solo siete dedos, los diez ocupan demasiado espacio y dañan la perspectiva. Nadie coge un medallón de esta manera. Debemos pensar ya en lo que meteremos en ese medallón. Me ha dicho la familia que queríais una imagen de Bartolomeo Bulgarini, que tendremos que recortar de una de sus obras. Fui a verla ayer y no creo que nos dé muchos problemas. Me gusta tu forma de posar, irradias seguridad y serenidad, dos atributos tan poco comunes en este siglo de locos.

»¿Sabes otra cuestión que me está complicando el sueño? El azul del fondo para el que todavía no he encontrado el tono necesario que, en realidad, emplearé para llegar a ese gris que quiero. Quizá me ayude el que estoy utilizando con Simonetta. Sabes, te decía antes lo de posar, porque me recuerdas a ella en la paz que transmites, la firmeza, tienes una mirada parecida a la suya, la mirada que da la juventud bien empleada.

Sandro Botticelli

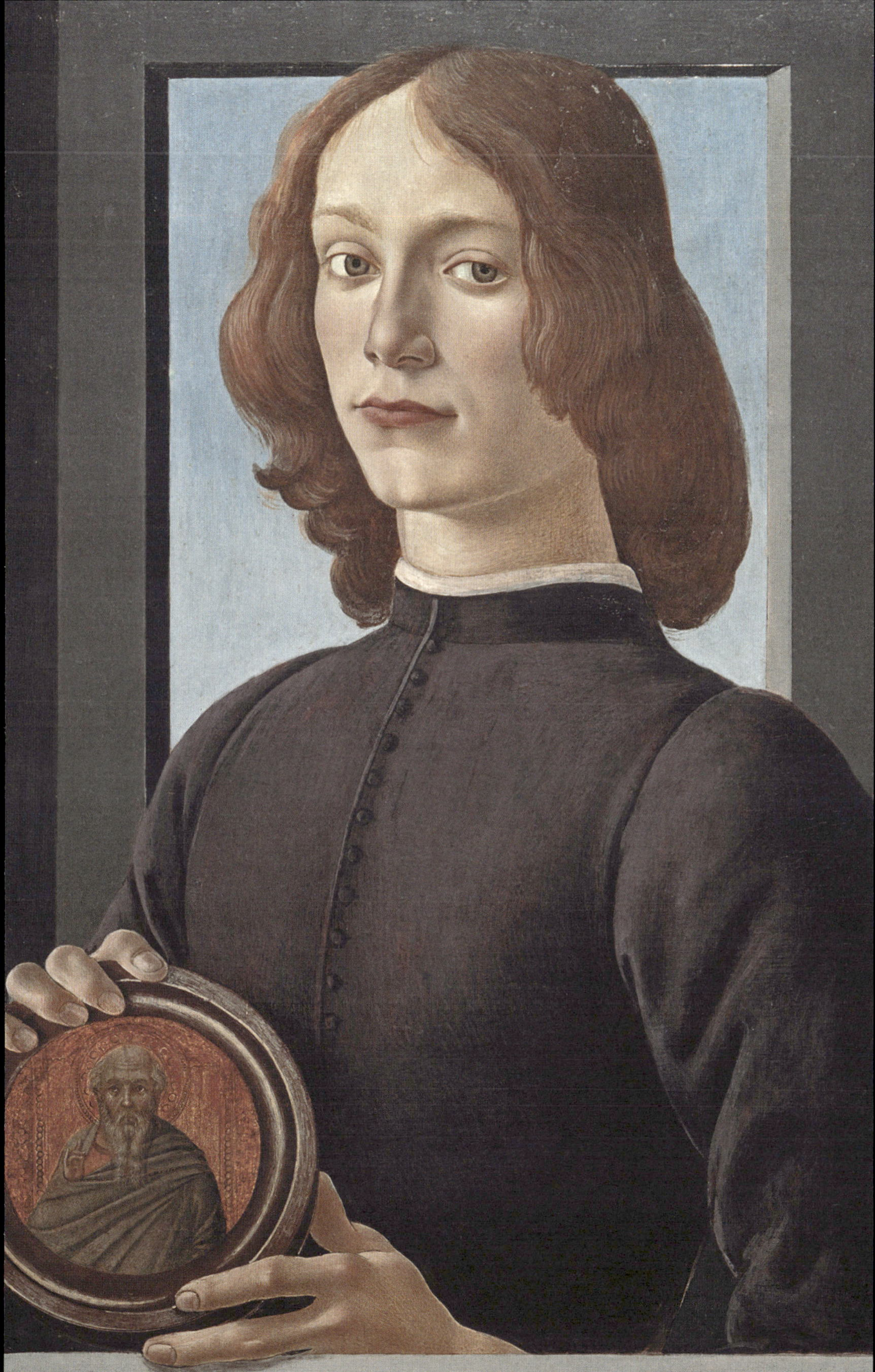

»Qué tristeza su desaparición, no ha habido una modelo como ella en años, su belleza era igual de apreciable de frente que de perfil, quiero hacerle un homenaje póstumo para que quede constancia de cómo era y cómo la vimos todos. La estoy pintando a ratos libres con la fiel esperanza de volver a atrapar la esencia que transmitía. Si la pinto, de alguna manera seguirá viviendo por siempre. Perdona si hablo demasiado, pero necesito desahogarme con alguien.

»Tengo también en mente un trabajo de grandes dimensiones en el que ella será la figura central, será Venus; y ese cuadro nos sobrevivirá a nosotros y a los descendientes de nuestros descendientes, bueno, de los tuyos, porque si de mi depende, la estirpe de los Di Vanni terminará aquí; mis hermanos la continuarán, imagino.

»No sé si has leído a Poliziano, pero fueron unos versos suyos los que me agarraron por dentro sin saber para qué hasta la muerte de Simonetta. Cuando ella murió, supe de manera instantánea que sería ella la que les pondría cara.

Por los céfiros lascivos empujada
veríais la diosa que del mar salía,
exprimiendo cabellera remojada
mientras otra mano el pecho la cubría.

»Esa diosa será ella, la mujer que tuvo la desgracia de morir con veintitrés años, cuando todo el futuro podía pertenecerle. No puedes alcanzar a imaginar el escalofrío que sentí cuando me la presentó Vespucci. Era la mujer más hermosa que había tenido delante de mis ojos. He estado enamorado de ella toda la vida, cuando vivía y cuando dejó de respirar. La sigo amando en silencio y no creo que pueda volver a fijarme en otra mujer. En fin, la muerte ha sido despiadada llevándosela. Florencia es un poco más triste desde entonces.

Sandro Botticelli

»No me hagas mucho caso. Te hablaba del azul; el color para mí lo es todo, el color y el dibujo. Si dominas ambas cosas, lo demás vendrá prácticamente solo. Necesitaré que vengas más por aquí para ir ajustando detalles y sombras. Pintaré una ventana a tu espalda por la que arrojaré luz y tu cabeza quedará prácticamente a la altura del cerco. Los diferentes grises que persigo se encargarán de dar perspectiva y la gente tendrá la sensación de que vas a salir del cuadro en cualquier momento para hablarles.

»Te espero en una semana, prometo guardar más silencio. Pero, amigo, no verán los siglos belleza como la que yo pude pintar.

—Gracias, maestro, he oído hablar mucho de Simonetta, la traté en un par de ocasiones y puedo suscribir palabra por palabra lo que contáis. ¿Me dejaréis, si no es mucho pedir, ver el retrato que le estáis haciendo?

—Claro, te lo mostraré cuando esté un poco más avanzado. Saluda a tu familia de mi parte y, por favor, no les cuentes los pensamientos de este loco.

—Descuidad, no diré nada. Pero conviene saber distanciarse de los recuerdos para que los recuerdos no venzan nuestro espíritu y doblegen a la razón.

Se desconoce quién es el retratado, a pesar de los muchos estudios que han intentado averiguarlo, sobre todo después de que el cuadro se vendiera en más de ochenta millones de dólares y fuera radiografiado y analizado de todas las maneras imaginables. La teoría más plausible afirma que se trata de Giovanni di Pierfrancesco de Medici, primo de Lorenzo el Magnífico, uno de los hombres más poderosos de aquella Florencia convertida en cuna del Renacimiento temprano. Sandro Botticelli fue pionero en los retratos de frente en vez de los de perfil que imperaban en la época, por eso no es fácil decir si este es anterior al retrato póstumo que realizaría de su amada, ese en el que trabajaba en la recreación que ha abierto este capítulo.

Lo que es indudable es que el tipo que nos mira de una manera tranquila y sosegada debió de ser alguien importante porque el artista vuelca en él muchos de los ideales de belleza de ese Renacimiento. Su manera de afrontar el retrato influiría en artistas como Leonardo da Vinci y su archiconocida *Gioconda*.

Hay debate también en lo referente al medallón que sostiene el joven, y a si la pequeña obra de arte que alberga fue incluida en su creación o es una adición posterior. Incluso que se trate de un viejo con barbas parece no ser casual para evidenciar todavía más la exultante juventud de nuestro protagonista.

En el arte hay pocas certezas y muchas teorías, algunas con fundamento y otras más inspiradas en el deseo de muchos por que sean ciertas. Pero si hay algo que parece probado es el amor incondicional de Sandro por esa mujer que le cegó de un primer vistazo. Es una teoría fácilmente demostrable, porque nuestro artista pidió ser enterrado en la iglesia de San Salvatore in Ognissanti en Florencia, imprescindible si visitáis la ciudad, entre otras cosas, por esa última cena de Ghirlandaio que seguro conocía Da Vinci. En sus paredes también encontramos frescos de Botticelli y, si hacéis el viaje, buscad un círculo blanco que marca el lugar donde descansa, casualidad o no, a los pies de la tumba de Simonetta.

Él murió con sesenta y cinco años, ella se quedó para siempre con aquellos esplendorosos veintitrés con los que fue elegida reina de la belleza florentina en un concurso local. Si a su belleza sumamos la búsqueda del ideal renacentista que emprendió Botticelli, el resultado es la cara que encontramos en *El nacimiento de Venus*, pintado unos seis o siete años después del fallecimiento de ella.

Sandro Botticelli

En la tumba de Botticelli poca gente repara porque en la lápida pone su nombre original, Alessandro di Mariano di Vanni Filipepi.

Botticelli vivió bien, incluso muy bien, hasta casi el final de sus días. Gozó de prestigio y los encargos no paraban de llegar, fue uno de los artistas llamados por el papa para pintar la Capilla Sixtina, una obra que, una vez rematada, de alguna manera terminó por desequilibrar la balanza en el duelo que mantenían Florencia y Roma por ser el centro del arte europeo.

Sin embargo, los últimos años de su vida fueron duros y el gusto por su estilo decayó provocando también una pintura más oscura y menos idealizada que aquella por la que suspiraban las familias adineradas.

También el futuro comenzó a olvidarle pronto y los vaivenes de las modas empezaron a sepultar su legado hasta que una exposición, en la Galería Uffizi, en el siglo XIX, volvió a colocarle en el altar de los más grandes.

Si tenéis curiosidad por conocer su aspecto, podéis encontrarle en una de las adoraciones de los Reyes Magos que pintó y en la que se autorretrató. Si aisláramos solo su cara y lo convirtiéramos en una obra única, sería perfectamente reconocible su autoría, solo hay que fijarse en la mirada, en el pelo, en la nariz... Debió de hacerlo en fechas cercanas a este joven con medallón y con él comparte muchas similitudes estilísticas, entre ellas, esa armonía con la que impregnaba al retratado y en la que quizá resida el secreto de su obra.

Cuando lo encontréis, podréis mirar los ojos de quien a su vez creyó haber visto la belleza definitiva en aquella joven convertida en una de las grandes musas de una época irrepetible. El rastro de esa belleza se puede seguir en otras obras como en las de Piero di Cosimo, aunque no es lo mismo.

P.D. Él es el primero por la derecha.

En el tocador

ZINAÍDA SEREBRIAKOVA
1909

Cuántos años podía tener ahí, en ese instante en el que me contemplé en el espejo y decidí pintarme. Ese momento en el que mis ojos estaban llenos de juventud, inundados de posibilidades, de curiosidad, de vida plena. Recuerdo el tacto del peine y el olor a esa vela que apagué por no querer enfrentarme a algo para lo que creía que todavía no estaba preparada, dibujar la flama me parecía algo imposible de conseguir. Y tengo en la memoria que estuve tiempo observándola bailar, crecer y decrecer caprichosamente, pero al final acabé con esa danza con dos soplidos que dejaron el aroma a cera en toda la estancia.

Qué joven era, qué joven fui. Como todos, diréis, claro que sí, pero reencontrarte con tu yo remoto siempre lleva consigo algo de dolor. Ahí delante del tocador era inocente y feliz sin saber que, al doblar la esquina de los años, mi dicha iba a cambiar. Menos mal que no sabemos lo que va a suceder, sería imposible vivir siendo conscientes del dolor que nos espera, incluso siendo conscientes de la felicidad, si fuera el caso, que nos aguarda. Es de los pocos casos en los que la ignorancia y el desconocimiento nos hacen poder seguir adelante. Si no me falla la memoria, tendría unos veinticinco años, llevaba cuatro casada

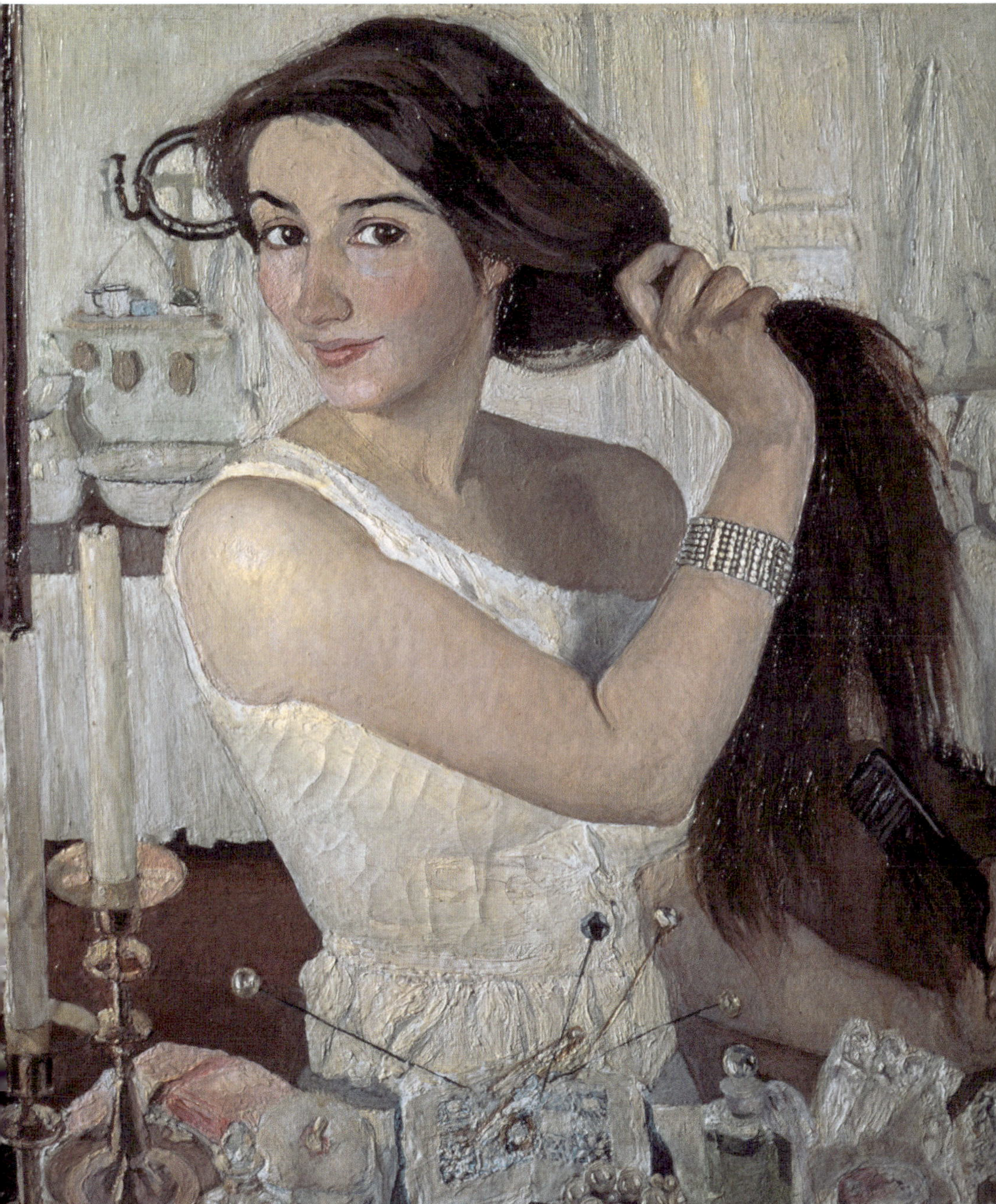

con Boris y el cuadro me sirvió para presentarme a una exposición de Retratos de Mujeres Rusas Contemporáneas el año siguiente. Me compraron varias obras, los críticos aplaudieron lo que definieron como escenas intimistas y simples, en el mejor sentido de la palabra simple. Era feliz, mi cara me delataba, siempre iba con una medio sonrisa dibujada en la boca. Había crecido rodeada de arte, de cultura. Pintura, escultura, arquitectura, la belleza dominó mi infancia. Viajé a climas cálidos, conocí Italia, la deslumbrante Italia. Ese día en el que me miraba al espejo y me atusaba mi larga cabellera quedaban diez años para que todo cambiara, pero, como digo, el desconocimiento del destino provoca que vivamos más el presente. Si el destino viniese escrito en un libro que nos dan al nacer, sería imposible vivir el hoy e intentar construir el mañana.

Llegaron los hijos —cuatro—, siguió la rutina y mi querencia por retratar lo cotidiano, lo que tenía cerca, las cosas sencillas, simples, como dijo el crítico. Me gustaba, me gusta la simpleza y ese ha sido siempre mi primer anhelo, dándole a ese adjetivo la categoría que merece, alejándolo de todo contenido peyorativo. Pero, en 1919, todo se vino abajo con la misma facilidad con la que se apaga una vela. En eso que se conoció como Terror Rojo detuvieron a Boris; en la cárcel enfermó de tifus y murió. Catorce años después de declararnos amor eterno descubrí que la eternidad dura muy poco, no estaba preparada para esa pérdida. Arrasaron Neskuchnoye, la casa de campo donde crecí, el lugar al que me agarraba cuando todo se tambaleaba, la guardiana de mis más bellos recuerdos.

Me fui a Francia con dos de mis hijos, y lo que era un viaje temporal para realizar unos trabajos se convirtió en un exilio forzado de cuarenta y un años. Cuarenta y un años sin ver a mis otros dos niños. Muriéndome a trozos, a pedazos, sin consuelo para la distancia que no quise poner. Es indescriptible el dolor que provoca la distancia no deseada, cuando dejas algo que quieres en la lejanía y es imposible recorrer el camino que te separa de ello. ¿Saben la de cosas que se pierde una madre en cuarenta años? Sí, efectivamente, se pierde una vida, se pierde hasta la capacidad de reproducir mentalmente los rasgos de la persona que queda atrás. Eso me pasó con mis dos hijos mayores, que eran niños cuando me marché sin poder volver, fueron cambiando rápidamente sin que mis ojos pudieran apreciarlo. Cuando ves cada día a alguien, cada hora casi, es inapreciable el cambio, es como si pretendiéramos ver crecer la hierba o una planta, pero si te separas y vuelves al cabo de un tiempo, esa planta es otra y la hierba estará mullida o alta. Piensen en cuarenta años y en un ser humano, esos seres humanos a los que yo no me cansaba de ver crecer, aunque no pudiese advertirlo, eran tallos, brotes con los que me reencontré siendo ya árboles.

Por eso, un cuadro, este cuadro, sirve para congelar solo el momento, ese momento. No explica lo que pasó antes y mucho menos lo que pasó después. Es la cotidianidad luminosa de un tiempo que iba a cambiar pronto, solo eso. Soy yo frente al espejo y ahora soy yo la que no se reconoce estando delante; el reflejo no me devuelve a aquella chica que un día frío se refugió en el calor de casa y empezó a esbozar lo que veía en el tocador. Fuera, el blanco de la nieve cegaba.

Los inviernos que estaban por llegar serían más duros. Por suerte, yo lo desconocía.

En el tocador fue la puerta de entrada para la joven Zinaída Serebriakova en los círculos artísticos rusos, y también en una técnica que podemos denominar nosotros como la técnica de la felicidad, retratados cercanos como amigos, familia o ella misma con una expresión que provoca una sensación de bienestar o de proximidad. Hay belleza en esta y en muchas de las obras de aquella época pintadas en la casa familiar donde nada malo podía pasar, hasta que pasó. Es una belleza que no abruma, pero conquista, una belleza normal, cotidiana. Ya hablamos en *Emocionarte* de lo importante que puede ser la rutina y los gestos *a priori* pequeños que no encierran más que la magia de lo ordinario. Ni grandes aventuras, ni epopeyas, ni batallas, ni nada parecido.

Zinaída Yevguénievna Lanceray nació en 1884 y, sin duda, sus orígenes contribuyeron a dos cosas: a que tuviese esa cara de paz en el retrato y a sus inquietudes artísticas. Nieta de un arquitecto, sobrina de un pintor, hija de un escultor y de una buena dibujante, el arte lo llevaba en las venas y todo era cuestión de saber encauzarlo, y nadie mejor para eso que Ilya Repin, uno de los grandes maestros realistas del siglo XIX ruso con el que dio sus primeros pasos. La llevaron de viaje a Roma, siguió sus estudios al volver, es decir, todo lo soñado si quieres dedicarte al arte.

Así fueron pasando los años, matrimonio con su primo Boris incluido, del que adoptará el apellido, al que retratará —era guapo también Boris— y con el que tendría esos cuatro hijos de los que hacía mención. Hasta 1919. Su marido muere en la cárcel, arrasan la finca familiar, y ella, al cargo de los cuatro niños y de su madre enferma, termina compartiendo apartamento en San Petersburgo. Si os apetece, os recomiendo que busquéis su cuadro *Castillo de naipes* donde aparecen los cuatro niños jugando. Apreciaréis el cambio en el rictus, en el gesto, la otrora artista de la felicidad dibuja ahora a cuatro chavales que juegan pero no se divierten y que parecen estar muy lejos de esas cartas y de esa habitación. Están ausentes, como si utilizaran el juego solo para engañar a la realidad. Es significativo echar un vistazo a otro cuadro, *El desayuno*, ejecutado seis años antes, para comprobar que nada queda de ese tiempo, ni de esos niños. La imagino a ella pintándolo con una actitud tan diferente a la que tenía en ese tocador aquella mañana invernal. Son cuatro huérfanos invadidos por la melancolía, el castillo de naipes que era su vida se derrumbó, y todavía quedaba lo peor.

Zinaída dejó su pintura armoniosa y equilibrada y empezó a dibujar al carboncillo, que era más barato. Sus trabajos se convirtieron en alimenticios, la racionalidad se convirtió en su nueva técnica, un encargo posibilitaba llevar pan hasta el apartamento compartido por ley con otros camaradas.

En 1924 se abre la posibilidad de un trabajo en París, llega a la cuna del arte mundial con su realismo a cuestas, que no abandonará nunca pese a las modas imperantes. El problema es que no la dejan volver a entrar en su país. Lo intenta y lo intenta, y nada; se la cree una huida de la revolución. Después de mucho pelear, logra que sus dos hijos menores, Ekaterina y Alexander se reúnan con ella, pero Tatiana y Yevgeny se quedan en Rusia con su abuela enferma. Zinaída prospera poco a poco en París. La Segunda Guerra Mundial la aleja un poco más de recuperar a los chicos. En 1960, cuando el mundo ya era otro, Tatiana pudo viajar a París y reencontrarse con su madre. Habían pasado treinta y seis años.

A mediados de los sesenta y tras el esfuerzo de sus propios hijos y muchos intelectuales, se empezaron a organizar exposiciones en Moscú, San Petersburgo y otras ciudades; todas fueron un éxito. Ella, con ochenta y dos años, pudo acudir a alguna inauguración antes de morir en París.

Tanto los niños que se quedaron en Rusia como los que se fueron con ella a Francia encontraron la prosperidad en, adivinad, sí, en las artes. Teatro, arquitectura, pintura... los genes son los genes.

Hay varios paisajes suyos pintados en Neskuchnoye que nos invitan a mirar por la ventana, quizá por la ventana por la que entra la luz a ese tocador. En esas ventanas se adivina una belleza, una plenitud y una armonía que iban a saltar por los aires poco después.

Retrato de una cortesana

CARAVAGGIO

1597

Nunca había imaginado que esta vida era la que me iba a tocar en suerte. ¿Sabes, Michelangelo? La vida te toca, y una vez que te toca es difícil separarse mucho de ella. A unos les viene una vida y con ella cargan todos sus días. A otros les llega una diferente, llena de fortuna, y en ella habitan las noches sin ser conscientes de lo afortunados que son. Será el destino o será la providencia o será lo que quieras que sea, pero, al final, estamos en manos de lo imprevisible y del capricho. Nacer un día u otro, nacer en una ciudad u otra, todo cambia y todo te cambia. Un instante y eres otra. Yo soy de las que no ganó el premio en el sorteo, de las que tuvo todo en contra. Ya fue injusto que mi padre muriera siendo yo tan pequeña; todavía veía el mundo desde una altura insignificante y me quedé sin esos brazos destinados a guiarme hasta una edad en la que pudiera valerme por mí misma o en la que los sobresaltos fuesen combatidos con madurez. Te decía antes que la vida te viene dada, te toca una y juegas con ella, pero, además, te van repartiendo cartas a lo largo de la partida y normalmente suelen ser también malas.

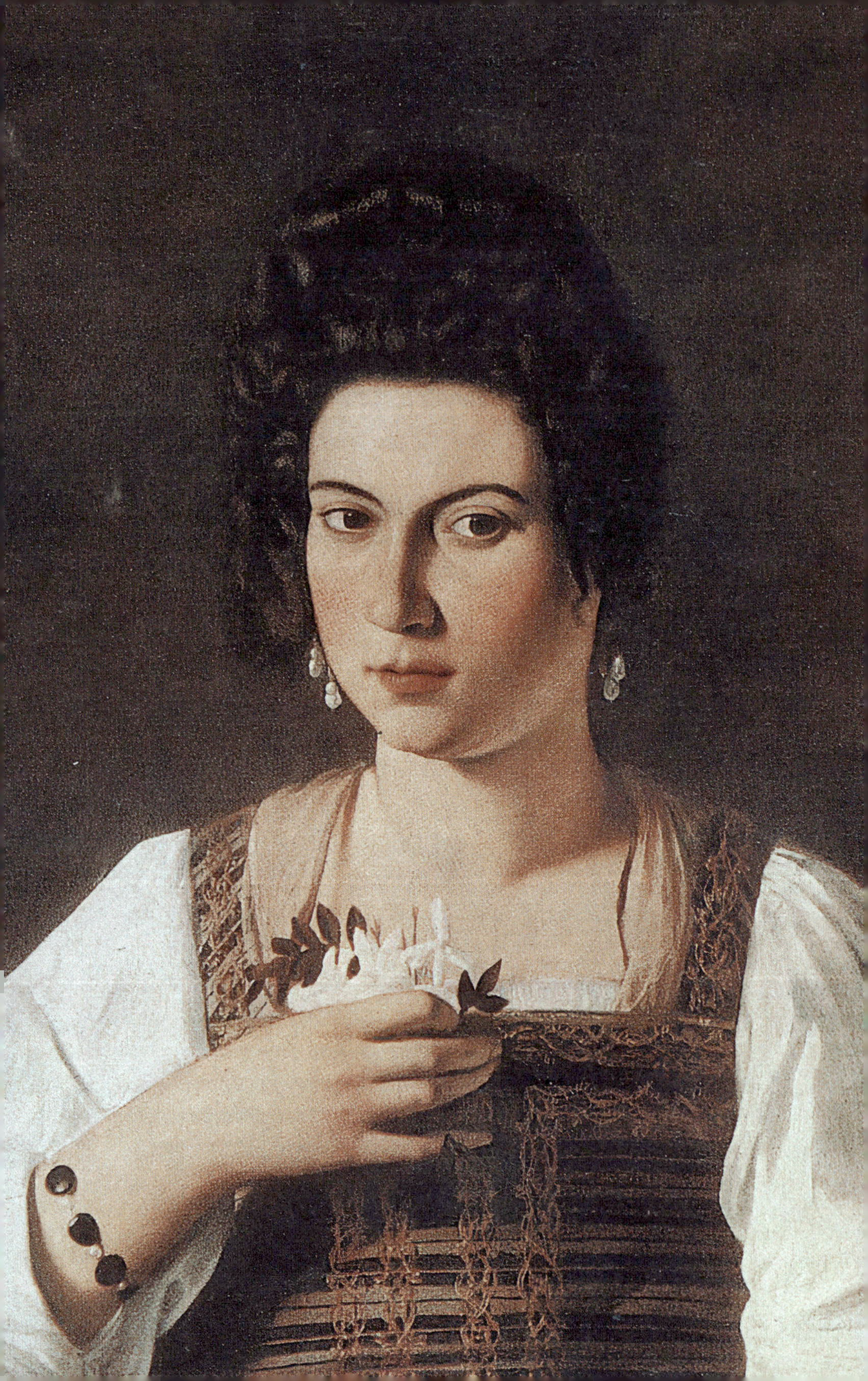

Lo malo llama a lo malo, es una especie de espiral de la que es imposible escapar. No conozco a casi nadie que lo haya logrado, intentas andar en otra dirección, pero una especie de poder centrípeto te empuja de nuevo al lugar de partida y vuelves a empezar y lo vuelves a intentar hasta que te das cuenta de que va a ser imposible cortar tanta dificultad y decides claudicar. Sí, eso es, no llego a los veinte años, y ya puedo decir bien alto que he claudicado, que en mi futuro predominarán las nubes y los cielos grises; con suerte, el sol saldrá alguna jornada que intentaré disfrutar como si fuese a morir ese día. La muerte es algo asumido en mi cabeza, me ronda, me sigue, la siento como una sombra que no se desvanece ni siquiera en las noches interminables en las que regreso sola por las calles de Roma. La intuyo en un callejón y en cualquier esquina, pero eso forma parte ya de mi ser.

Muerto mi padre, mi madre y una conocida, junto a la hija de esta, intentaron reconstruirse en Roma, pero Roma no era ni es el mejor sitio para empezar de cero porque esa fuerza de la que hablaba te va a llevar de vuelta. A qué tipo de madre se le ocurre prostituir a su hija, entregarla a unos brazos tan diferentes a aquellos que añoraba. Éramos niñas en las manos de monstruos. Sentir sus alientos, el olor a vino barato que se me metió en lo más profundo de mi ser y nunca he logrado sacar. El sudor, las sonoras carcajadas, la suciedad. Nadie debería ser tratada así, ni en edad adulta y mucho menos en la niñez.

Mi vida, te vuelvo a repetir, ya estaba dada, marcada, y lo peor es que al poco tiempo ya estaba asumida. Te acostumbras a vivir de una forma porque no has conocido otra. Y si de repente alguien te trata menos mal, no digo bien, digo mal pero un poco menos, crees que es un rayo de sol.

Qué te voy a contar a ti; no entiendo tu forma de ser, tienes un don y la gente lo aprecia, se disputan tus pinturas y te pagan por ellas y, sin embargo, te empeñas en viajar por los bajos fondos de pelea en pelea y de escándalo en escándalo. A ti te tocó otra vida y la estás echando a perder, o al menos eso creo. Es como si tu objetivo fuese arruinar algo que ni siquiera te ha supuesto esfuerzo alguno, porque los dones vienen con uno, no has luchado por ello. Si ni siquiera te hace falta dibujar antes de ejecutar una obra, ni un esbozo, ni un ensayo, ni el más mínimo sentimiento de inseguridad, pero nada. Al acabar aquí volverás a las andadas, y es probable que en una de esas correrías cambie el azar y el viento empiece a soplar en tu contra. Pero tu arrogancia te hace creer indestructible, te hace creerte Dios.

Aun así, celebro haberte conocido y que me hayas retratado tantas veces y con esa dignidad que nadie sabe ver ya. Me río, pintarme como santa Catalina, aquello sí que fue una locura, pero bendita locura.

¿Puedo dejar el jazmín un momento en la mesa? Se me están entumeciendo las manos.

Vayan por delante un par de detalles. El primero y más importante es que el cuadro que están viendo no existe, existió, pero no existe ya, fue destruido por los nazis junto a otras muchas obras maestras. Destrucciones dolorosas que privan a la posteridad del disfrute de bienes culturales que deberían ser eternos. El segundo detalle es que es imposible resumir la vida de Fillide Melandroni, la mujer que protagoniza este retrato, y es doblemente imposible resumir la de su autor, Michelangelo Merisi da Caravaggio. Pero al menos intentemos dejar unos cuantos apuntes que nos ayuden a conocer un poco más, primero, a una de las figuras más geniales y controvertidas de la historia del arte, la del pintor más macarra y chungo que quizá haya existido, al menos de los célebres.

Caravaggio debió de demostrar desde muy temprana edad una facilidad pasmosa para pintar. No tardó en destacar en los círculos artísticos de una Roma en la que no triunfaba cualquiera. Su idea y su personalidad le hacían alejarse de los cánones renacentistas que tendían a idealizar demasiado lo que se representaba en la tela. Él optó por «lo natural», ejecutar lo que veían sus ojos sin intermediarios, sin filtros, sin ataduras estéticas. Ideas tales como utilizar a indigentes, borrachos o prostitutas de modelos fueron pequeños escándalos dentro de su escandalosa vida. Sin ir más lejos, a Fillide la pintó como santa Catalina de Alejandría en un cuadro que hace unos años fue restaurado por el Museo Thyssen. Una prostituta retratada como una santa, hay que reconocerle a Caravaggio la valentía y el arrojo para decidir que le importaba poco lo que pensara la gente.

De este italiano nacido en Milán en 1571 y muerto, no se sabe cómo, en Porto Ercole en 1610, siempre me ha atrapado (a mí y a medio mundo) su dominio para pintar la luz, para iluminar las escenas. Hoy, esa manera de «alumbrar» se utiliza mucho en fotografía y ha sido copiada por innumerables pintores, incluido Velázquez. Caravaggio revoluciona el arte por su manera de construir las sombras, para las que hace falta, evidentemente, un punto de luz. Sus claroscuros suponen una sacudida en los cimientos de aquella Roma, una ciudad donde llegaron a convivir más de dos mil artistas llegados de todas partes de Europa. La luz para otorgar un dramatismo único a escenas religiosas en las que mezcla lo religioso, lo divino y lo terrenal. El cielo y los bajos fondos, Dios y el hombre de carne y hueso. Escenas en las que, en muchas ocasiones, aparece él mismo como testigo y como mártir.

La luz que se va depurando e incluso apagando. Sobrecoge ver una de sus últimas obras *El martirio de santa Úrsula*, donde lo encontramos en el lado derecho del cuadro, con barba y la cara agarrada por el miedo y el espanto, una cara que parece intuir la muerte, la de la santa y la propia.

Hablábamos de la vida de Caravaggio, su ficha «policial» daría para un libro. Detenido por llevar espada, demandado por moler a palos a otro, insultar a varios, tirar piedras a las autoridades y, lo peor, sentenciado a muerte por matar, en 1606, a Ranuccio Tomassoni en el Campo Marzio.

Todo parece indicar que Tomassoni era el proxeneta de Fillide, la mujer que nos mira desde el lienzo. Caravaggio le cortó el pene y la herida le mató. Huyó y huyó, vagó por varias ciudades y terminó muriendo de paludismo antes de coger un barco que le llevara de vuelta a Roma, donde el papa le había concedido el indulto. Aunque, en realidad, la razón de su muerte no está del todo clara. Pudo ser cualquier cosa, incluso locura. Porque en la pequeña ciudad donde acabaría sus días fue detenido, esta vez por error, y atacado. Cuentan que deambulaba como un loco buscando un barco y que murió con más pena que gloria.

Solo se conservan unos cincuenta cuadros suyos, suficientes para convertirle en uno de los gigantes del arte.

En cuanto a Fillide, siguió ejerciendo la prostitución y abrió un burdel por el que pasaba lo más granado de la alta sociedad. Desconocemos el motivo por el que Caravaggio cortó el pene de Ranuccio, si ella fue la causa o fue alguna razón que nunca conoceremos; lo que sí es seguro es que esa niña a la que le tocó esa vida ha pasado a la historia y será recordada siempre gracias a él y a su pincel.

Caravaggio

Retrato de Suzy Solidor

TAMARA DE LEMPICKA

1933

—¿Pondrás este cuadro también en La Parisienne para verlo mientras cantas o lo condenarás al cuarto de baño?

—Cariño, sabes de sobra que estará siempre a la vista, me acordaré de este momento cada vez que lo vea y cada vez que cante y, sobre todo, recordaré el buen rato en la cama que acabamos de pasar.

—¿No crees que dará mucho que hablar?

—¿En La Vie Parisienne? ¿Tú has visto la gente que va por allí? Borrachos, intelectuales, artistas… Allí todo vale y al que no le valga, mejor que no se moleste en regresar.

—Me gusta como piensas, comparto esa manera de ver el mundo. Estoy harta de ese grupo de artistas que me miran como si fuese una caprichosa, parece que nosotras somos meras acompañantes de sus vidas. Siempre un paso por detrás. ¿Por qué no puedo yo pintar mujeres desnudas, acaso nuestros cuerpos son solo para ellos?

—Jajaja. Eso digo yo, brindo por esas palabras y, en tu honor, cuando cante «Abre tus piernas, abre tus muslos», estaré pensando en ti y en esta tarde maravillosa que me has hecho pasar.

—¿Repetiremos?

—No soy mucho de repetir. Pero puedes estar contenta; hace un año, Picabia quería pintarme semidesnuda y no le dejé;

terminé apoyando el pecho sobre las rodillas. Me gusta lo que hizo, pero a ti te doy más. Son pocas las ocasiones en las que me he mostrado así.

—Te lo agradezco, pero me gustaría pintarte desnuda completamente.

—No creo que haya más veces, hay que saber aprovechar el momento, vivirlo y pasar página, y eso es lo que hemos hecho aquí. Por cierto, se hace tarde, o temprano, según lo miremos. ¿Tu marido sabe de tus escapadas nocturnas?

—Lo sabe, pero mira hacia otro lado, él se acuesta feliz y sueña con sus cosas mientras yo voy cerrando París. No hay que perder un instante en la vida porque no sabemos qué sucederá al amanecer. Mañana puede acabarse el mundo y prefiero poder decir que aproveché su última noche.

—¿Y a Rafaela, la sigues pintando?

—Claro. Creo que la retrataré muchas veces.

—¿Cómo la conociste?

—Me río, porque iba paseando por el Boulevard des Italiens y empecé a ver a la gente darse la vuelta. Al principio creí que se giraban por mí, la verdad es que esa tarde estaba arrebatadora, pero no, era por una chica que iba unos pasos por delante. Una mujer contundente, con un culo que se ceñía a un vestido rojo que terminaba por encima de las rodillas. Aceleré el paso para ver su cara y entendí aquella pequeña revolución. Me quedé impactada por una belleza tan académica y a la vez tan sensual. En ese instante supe que quería primero pintarla y después acostarme con ella. Aunque el orden me diera igual.

—Podría venir alguna noche al club.

—No lo dudes, iremos y veremos ese cuadro de Picabia y todos los demás. Me tengo que ir, mi marido se despertará en breve y quiero que me encuentre pintando.

Tamara de Lempicka

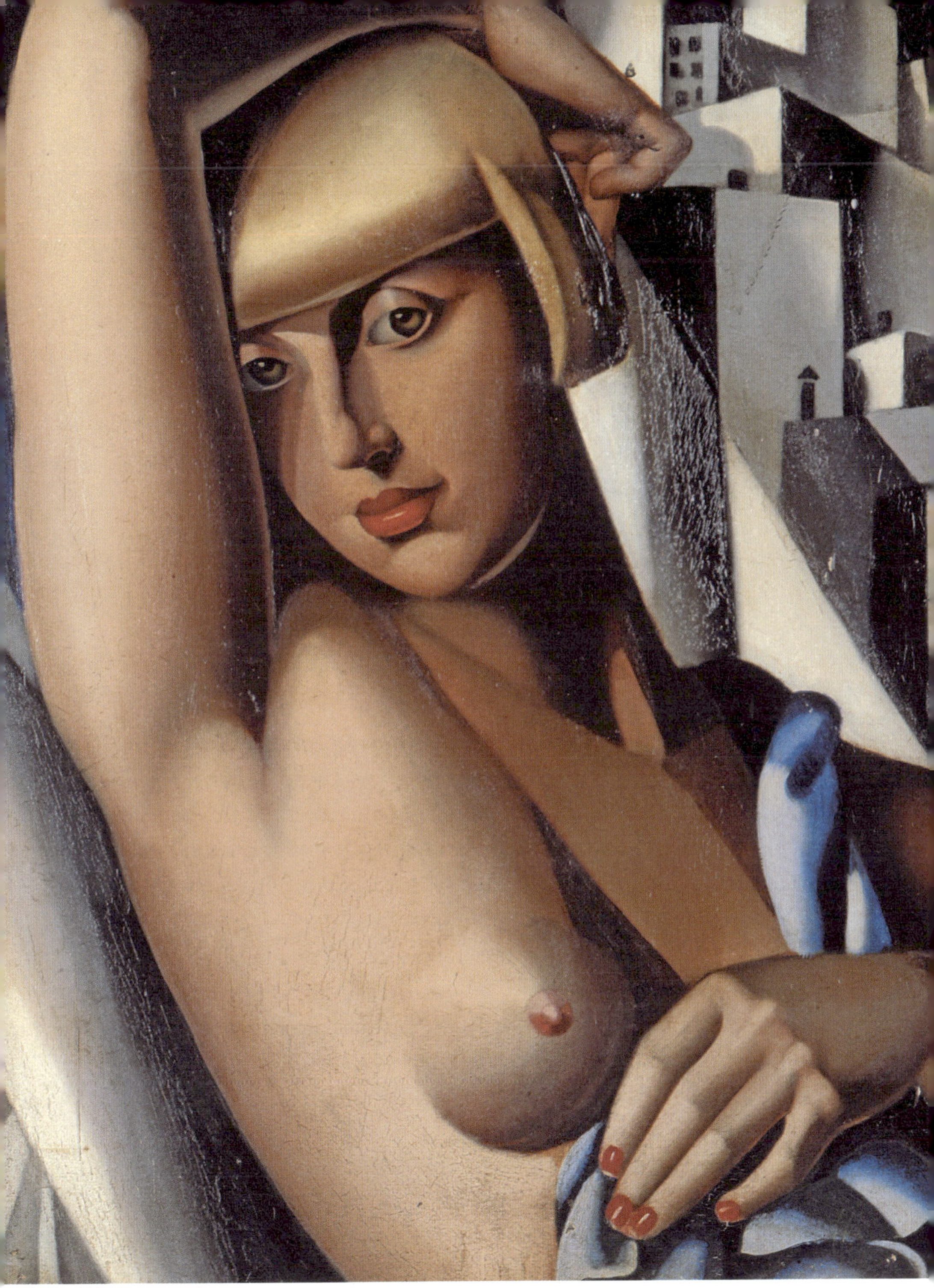

—Nos vemos en otra ocasión. Quizá cuando termines el cuadro. Y la próxima vez, si puedes, enséñame el que te hiciste montada en el Bugatti verde.

No hay testigos de ese encuentro, pero el encuentro se produjo; el encuentro entre dos mujeres que por sí solas han llenado cientos de páginas de libros. Mujeres arrebatadoras, modernas, feministas, libres, que rompían tabúes y hacían temblar a las mentes cerradas de la época, de ese París tan moderno siempre y mentecato en ocasiones.

Las dos mujeres son Suzy Solidor y Tamara de Lempicka. La modelo y la artista.

Nos centraremos en la segunda, pero conviene decir que a Suzy, con una vida inverosímil, la conocéis más de lo que creéis. Su belleza atrajo a decenas de pintores y protagoniza más de doscientas obras. Jean Cocteau, Francis Bacon, Man Ray, el mencionado Francis Picabia y un largo etcétera se aproximaron a ella para pintarla y para lo que surgiera. Cuentan que un Picabia ya de vuelta de todo se quedó hechizado al verla cantar y le pidió de inmediato que posara para ella.

Solidor fue una clara influencia de la época, una mujer consciente del poder y rentabilidad de la imagen que supo explotar. Condujo ambulancias en la Primera Guerra Mundial, fue de las primeras mujeres en abrir un club nocturno, abrazó la noche, el sexo. Sin embargo, su figura se fue apagando y hoy es bastante desconocida.

En el club donde actuaba cada noche colgaban muchos de los retratos que le hacían. Si salía bien, sensual, ocupaban un lugar preferente; si no había quedado contenta con el resultado, los dejaba en los baños.

Tamara de Lempicka

Logró mantener abierto el club durante la ocupación nazi, y aquí se disparan las teorías sobre su supuesto colaboracionismo. Hay estudiosos que afirman que aprovechó su popularidad para salir a flote firmando incluso un documento en el que juraba pertenecer a la raza aria, pero también hay quien defiende que era una especie de agente doble que se aprovechaba de las borracheras de los alemanes para sacar información y pasarla a la Resistencia. En cualquier caso, fue obligada a salir de Francia al terminar la guerra y con un buen puñado de cuadros se marchó a Estados Unidos. A Francia regresaría años después. Su alcoholismo empezaba a borrar el rastro de aquella mujer arrebatadora, que terminó volviendo a abrir un cabaré en el sótano de su casa. No sabemos si con los retratos de los años felices presidiendo el escenario. Cuarenta de esos retratos se pueden ver en el Museo de Cagnes-sur-Mer.

La otra gran protagonista de este capítulo es, como decíamos, también inabarcable. Cuesta creer que Tamara de Lempicka no sea más considerada en la actualidad; muchos hombres con menos obra y a años luz en lo que a biografía se refiere han pasado con más honores a la historia del arte. Puede ser que influya su conservadurismo, aunque solo de pensamiento, un pensamiento influido por la salida de su Rusia natal, porque su vida fue de todo menos conservadora. Drogas, sexo, viajes, traiciones... cualquier escándalo cabe en Tamara. Solo la obra con la que terminaba la supuesta ficción inicial, la del Bugatti verde, es suficiente para que la historia la tenga en cuenta. Si la buscáis, encontraréis a una mujer, ella misma, adelantada a su tiempo, misteriosa, bella, conduciendo un descapotable, sin un hombre al lado. El coche es suyo, ella lleva el volante de su vida, ella decide adónde va. Ese cuadro fue un encargo para la portada de la revista alemana *Die Dame* en 1929. Lo dicho, la modernidad.

A Tamara había pocas cosas que se le resistieran, quizá el sexo continuado con Suzy fue una de ellas, pero, en general, no hacía prisioneros si se encaprichaba de algo; que se lo digan, por ejemplo, a la española Nana de Herrera. El mismo año en que se autorretrataba en el Bugatti recibe el encargo de un rico americano, Raoul Kuffne, para que pinte a su amante, la mencionada Nana. Tamara termina casándose con Kuffne en 1934.

Fue capaz de desesperar a Alfonso XIII, al que conoció en Roma y convenció para pintarle, le daba igual que fuera rey, le hablaba como a un modelo más. El monarca, al parecer, terminó cansado de tanta orden y salió corriendo en cuanto pudo. La otra teoría es que el Alfonso XIII no paraba de hablar en las sesiones y eso terminó desesperando a Tamara; el caso es que el cuadro se quedó sin terminar.

Y así fue construyéndose una biografía interminable, con una hija, Kizette, a la que no hacía mucho caso, incluida. Una biografía que no sabemos ni dónde y cómo empieza porque mentía sobre su año de nacimiento que puede ser cualquiera entre 1895 y 1900. También mentía sobre el lugar, ella decía Polonia y todo indica que fue Rusia.

Murió, eso sí lo sabemos, en México, en Cuernavaca en 1980, y sus cenizas fueron arrojadas sobre el volcán Popocatépetl. Una metáfora, la de la erupción, muy apropiada.

Icono del *art déco* a principios del siglo XX, en su obra se ha inspirado el cine y el arte gráfico. Su rastro se puede seguir, por ejemplo, en algunos videoclips de Madonna, convertida en una de sus principales coleccionistas actuales. Os recomiendo que busquéis el videoclip de *Open Your Heart*; allí encontrareis a Tamara.

Madonna Louise Ciccone y Tamara de Lempicka compartiendo protagonismo. Impagable hubiese sido un encuentro entre ellas.

Tamara de Lempicka

Retrato de Michael Wolgemut

ALBERTO DURERO
1516

—Maestro, sobresale un mechón de pelo por la frente, justo en el centro. Creo que lo dejaré así, me gusta el efecto que produce intentando escapar del pañuelo.

—Alberto, deja de llamarme maestro, han pasado casi treinta años desde que dejaste el taller y ahora eres tú el maestro.

—No, no, no es así. Usted siempre será mi maestro, mi mentor, el primero que me abrió los ojos. Usted me enseñó la importancia de la línea y la necesidad de buscar la austeridad para contrarrestar el adorno o lo, llamémosle, superfluo. Me enseñó a dejar el clorado para el fondo; es más, me animó a inventar fondos. Balcones que se abren a lugares muchas veces imposibles, pero que terminan de abrigar al personaje por lo que significan.

—Me alegra escuchar tus palabras, pero tú llegaste aquí con el don de la pintura. Solo había que organizar el talento y dejar que brotara con cierto orden. Nada más.

—El orden lo consiguió, creo, y mire que me hizo sudar, a mí y a todos sus discípulos y ayudantes. Todavía me acuerdo de

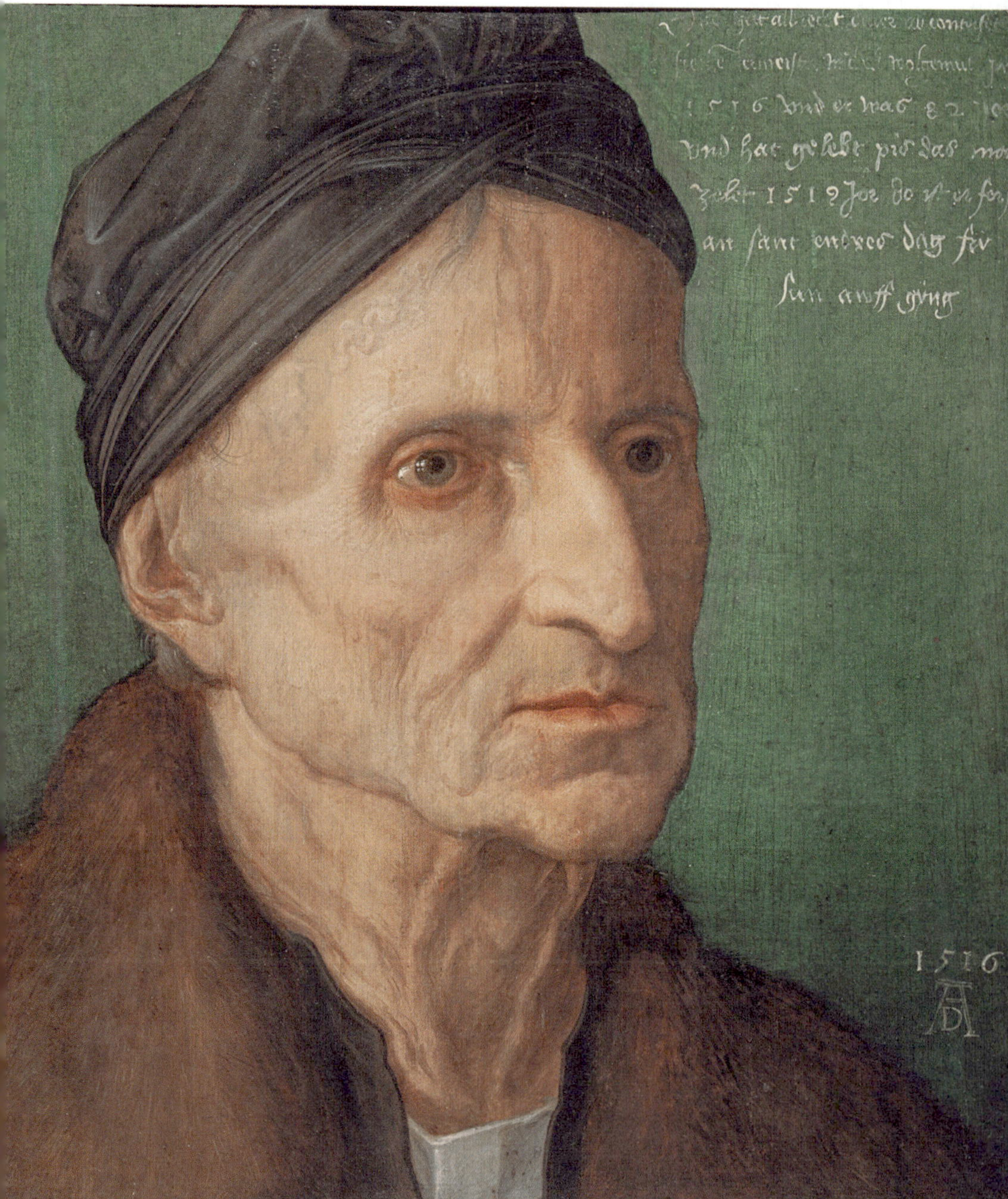
1516

aquellos retablos enormes que nos ocupaban horas y horas. Visto con la perspectiva que da el tiempo, comprendo ahora mejor cada instrucción que entonces me podía parecer tediosa.

—El tedio es la norma en la vida, seas artista o seas soldado. El tedio es lo que domina las horas y se ve interrumpido por golpes de sorpresa que equilibran la balanza de nuestros días. Un artista debe trabajar y conocer el oficio, por mucha destreza que se tenga. En mi larga vida he visto a muchos jóvenes desfilar por aquí y golpearse una y otra vez con la laboriosidad que se necesita para desarrollarte como artista. Los he visto irse enfurecidos por tener que hacer cosas que consideraban intrascendentes o accesorias. Vengo a pintar, exclamaban.

—El ímpetu juvenil… es comprensible y hasta necesario si luego se reconduce. Yo también le maldije alguna vez cuando creía que me hacía perder el tiempo, pero ahora todo cobra sentido y compruebo que cada paso que di entonces me ayuda a seguir caminando ahora. No se moleste, maestro, si al ver el resultado comprueba que he sido demasiado fiel a la realidad, estoy reflejando lo que tengo delante con todo el cariño que puedo, pero sin faltar a lo que me dicta el ojo.

—No te preocupes, Alberto, conozco lo que tienes delante, un viejo que morirá pronto, con la piel quebrada y llena de surcos como un campo que se prepara para la siembra. Un hombre con los ojos atenuados que no esperan ya ver nada y a los que nada sorprende. No espero ser ese Adán que pintaste hace unos años. Sé lo que soy y cómo estoy.

—Está mayor, pero lúcido, ya me gustaría llegar a mí a sus años así.

—Me ha venido ahora a la cabeza aquel autorretrato que me trajiste el primer día que llegaste al taller. Lo habías pintado tres años antes, con solo trece. No te lo dije entonces, pero me tuve que contener la emoción; ya supe en ese momento que no serías un discípulo más. Con esa edad hacer un retrato con punta de plata, sin posibilidad de errar. Hay que agradecerle a tu padre la dedicación que te prestó. Fue fundamental que te mostrara su admiración por Van Eyck o Van der Weyden, que insistiera una y otra vez en prestar atención a los detalles, que te exigiera minuciosidad y precisión. Que te alejara de esa seriedad alemana y que supiera inculcarte que el color bien utilizado es la base de toda obra. Yo solo tuve que continuar la línea del viejo Durero para terminar de moldear al joven.

—Pobre padre, toda la vida trabajando y aprendiendo e intentado sacar adelante una familia. A pocas personas tan entusiastas y entregadas he conocido. A pesar de sus enseñanzas, al principio se llevó un buen disgusto cuando le advertí muy pronto que la orfebrería no entraba dentro de mis planes y que me inclinaba por la pintura.

—Es lógico que deseara que siguieras sus pasos; a fin de cuentas, uno se proyecta en su hijo.

—Por suerte, lo entendió y accedió a que viniera a aprender con usted. Lo que me costará perdonarle es que diera cumplimiento al matrimonio de conveniencia que se formalizó en cuanto regresé. Casarse sin un ápice de amor ni cariño es una condena, y si, además de no mediar esos sentimientos, se suma una mujer que solo piensa en dinero y en rentabilizar mi carrera, la desdicha es casi completa. ¿Sabe? Le confieso que en un autorretrato de aquella época, bueno, antes de desposarnos, escribí: «Mis asuntos marcharán según se ordena desde lo alto». Me sentí preso y preso continué.

—Querido Alberto, muchas veces no somos dueños de nuestro destino y estamos obligados a realizar actos indeseados por un bien superior.

—Créame, maestro, no hubo un bien superior, o al menos nunca lo he visto. Y ahora sigamos con el trabajo, que no quiero cansarle en demasía.

De Alberto Durero probablemente las primeras obras que nos vengan a la cabeza sean autorretratos. A este genio alemán revolucionario le gustaba pintarse a sí mismo una y otra vez, casi de manera obsesiva podemos decir, y además, como indicaba en ese diálogo imposible pero probable entre discípulo y maestro, desde bien temprano y con una maestría deslumbrante. Durero no se autorretrató de cualquier forma, lo hacía desafiante, una mirada llena de seguridad que puede confundirse con arrogancia, que también es probable que algo de eso hubiera. El culmen de la osadía llega con una obra que se puede ver en Múnich en la que se representa a lo eccehomo, de frente, nada de perfiles, ni mirada indirecta ni nada parecido. Una postura reservada hasta entonces a Jesucristo. En ese eccehomo el tratamiento del pelo adquiere una nueva dimensión en la historia del arte, y quizá de la peluquería, ese ensortijamiento del cabello debió de tener una larga preparación previa. Arrogante, quizá. Talento, mucho. Además, Durero no se autorretrató como parte de un todo, él es el todo del cuadro. No es un actor secundario que forma parte de una escena, nada de eso. En el autorretrato de Múnich, a lo Jesucristo; en el del Louvre, con un puntito de altivez; en el del Prado, ataviado con un gorra con borla, jubón y unos guantes de piel reservados a la alta sociedad de finales del siglo XV; en este del Prado incluye elementos arquitectónicos de la Italia monumental, un paisaje que acompaña a su mirada entre fría y sensual. Los estudiosos que le acusan de ese engreimiento pueden encontrar argumentos sólidos en la inscripción que acompaña a este autorretrato; ahí leemos: «1498, lo pinté según mi figura. Tenía yo veintiséis años».

Creo que nos hacemos una idea del discípulo que, en 1516, se dispone a retratar a su maestro, un homenaje en toda regla a quien encauzó sus segundos —los primeros fue el padre— pasos en el mundo del arte. Con Michael Wolgemut se formaría desde 1486 a 1489, adquiriendo la disciplina necesaria para afrontar un futuro que ya era prometedor desde la infancia. Acuarela, óleo, paisajes, pluma, pincel... Esos años fueron una especie de entrenamiento intensivo para salir al mundo con todas las armas posibles en los bolsillos.

El alumno que ha sobrepasado con creces al maestro decide retratarle sin que medie ningún encargo, lo hace por el cariño que guarda de aquellos meses en el taller de Núremberg. Es un cuadro muy Durero en cuanto a la forma y al fondo y también a los detalles que son marca de la casa. Ese jubón elegante, como en el suyo del Prado, propio de la burguesía de entonces, el pañuelo típico de pintor perfectamente colocado. Hay mucha dignidad en el gesto de Wolgemut, y eso es, seguro, lo que quiso captar Durero. Dignidad, pero realismo; es realista con las arrugas, con el paso del tiempo que atraviesa el cuello, con la piel adherida a los pómulos de manera cadavérica. No se esconde la realidad, pero se la dignifica, que es algo, por otra parte, bastante saludable. Wolgemut moriría tres años después de posar para su mejor pupilo. Cuando terminó la obra, Durero escribió en la tela: «Alberto Durero hizo este retrato de su maestro Michael Wolgemut en el año 1516». Al conocer su fallecimiento añadió: «Tenía ochenta y dos años y vivió hasta 1519, murió en la mañana del día de san Andrés, antes de salir el sol». Podía ser altivo o arrogante, todo apunta a que lo era, pero tenía pinta de ser también agradecido y respetuoso.

Alberto Durero

A Durero lo de que le casaran por conveniencia no le gustó nada. Prueba de la falta de amor o pasión entre él y Agnes Frey es que en los diarios del artista apenas la menciona. Quién sabe si por esa falta de amor, Durero no para de viajar buscando nuevos retos, como coronarse en Italia. Ahorraba mucho para sufragarse esos viajes y solo se permitía alguna que otra compra excéntrica al más puro estilo Rembrandt (o Rembrandt al más puro estilo suyo). Con el holandés comparte dos pasiones: lo exótico y autorretratarse. Dos genios que decidieron que no hay mejor modelo ni nadie se conoce mejor que uno mismo.

Si revolucionarias fueron estas obras, no menos lo fueron sus desnudos. Pintarse a sí mismo desnudo influiría en los siglos venideros. En uno de ellos, en el que se representa de nuevo a lo eccehomo, deja de lado cualquier atisbo de belleza o idealización; él es el doliente, el hombre que vive o sufre tiempos convulsos. No queda nada ya de esas miradas anteriores, de ese pelo perfecto. Solo hay sufrimiento.

En 1529, tras intentar ir a ver una ballena varada en una playa en Zelanda, contrajo unas fiebres que terminaron con su vida, que entonces empezaba a ser precaria en lo económico; de hecho, en ese mismo viaje, había previsto encontrarse con el futuro Carlos I para ver si lograba algún favor suyo una vez muerto Maximiliano I.

Él, que había dibujado rinocerontes, búhos y liebres con maestría, quería ver ese monstruo marino y seguir saciando su insaciable curiosidad.

Nunca la vio.

Retrato de una dama

GUSTAV KLIMT

1916-1917

El ambiente en el museo era de una euforia contenida, ese tipo de euforia que provoca la proximidad de un acontecimiento largamente esperado, pero que también se mezcla con los nervios y la responsabilidad de tener que estar a una altura que no se sabe con exactitud cuál es y que suele ser siempre inalcanzable al no estar nunca conformes con lo conseguido.

Las cajas, los correos iban y venían de un extremo a otro, el ruido acompañaba cada movimiento. Gritos de «aquí, aquí», puntas de taladros atravesando las paredes recién pintadas, niveles confirmando que la burbuja, la dichosa burbuja estaba cien por cien centrada garantizando que ningún cuadro fuera a estar levemente inclinado hacia un lado u otro. No hay mayor enemigo de una exposición que una obra colgada y torcida, no se ve con los mismos ojos, dejas de apreciar el contenido para preguntarte por esa circunstancia que termina convertida en una obsesión que lo ocupa todo.

La jornada era frenética y entraba y salía gente de todos los gremios, los abrigos se acumulaban en la entrada formando una montaña que empezaba a tener dimensiones considerables, el director de la galería daba indicaciones sin descanso; a pesar

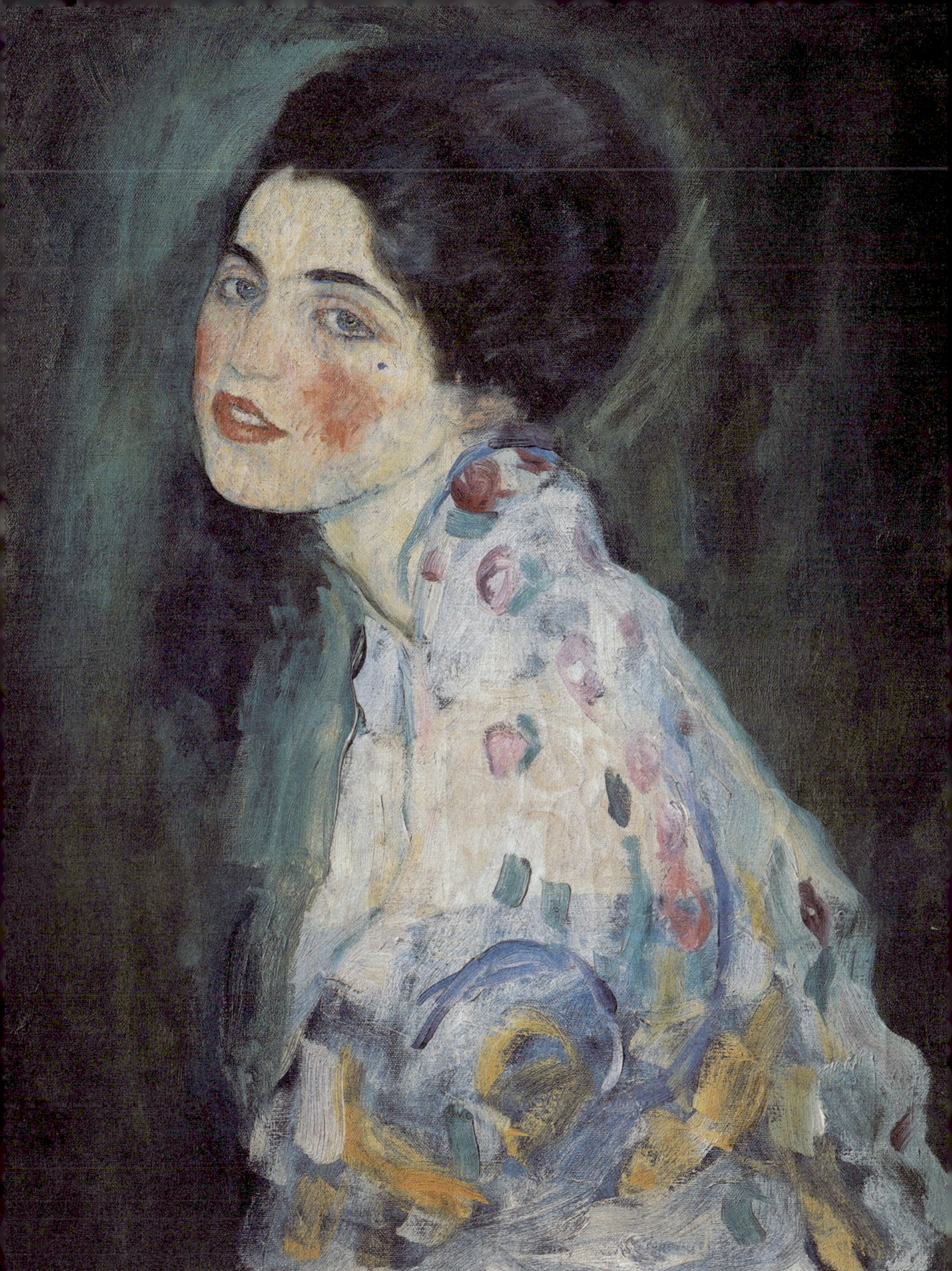

del frío de febrero, caía por su frente una gota de sudor que terminó desembocando en la comisura de sus labios.

La Via San Siro estaba más congestionada de lo habitual; contribuía sin duda el trasiego incesante de furgonetas que paraban, descargaban y se iban provocando un pequeño embudo. Casi ninguna optaba por entrar en las instalaciones, decantándose por esa rapidez que creemos da el bajarte y decir al de atrás que es solo un minuto.

Todo este ordenado caos que siempre precede a una nueva exposición se debía a una dama, al cuadro más valioso de esta galería, una obra que, en los últimos meses, además, había adquirido un significado nuevo y había doblado su valor. Quién le iba a decir al director que una estudiante de arte iba a hacer un descubrimiento que podría cambiar la historia de la institución.

Cuando, menos de un año atrás, Claudia se presentó allí pidiendo, o más bien rogando, que le dejaran ver de cerca *Retrato de una dama*, de Gustav Klimt, la tomaron poco menos que por loca o desquiciada. Pidió ver al «jefe» para explicarle una rocambolesca teoría según la cual ese cuadro, en realidad, era otro cuadro o, mejor dicho, ese cuadro estaba pintado sobre otro realizado por el maestro vienés llamado *Retrato de una joven dama*, y del que solo se sabía que existió, pero al que se perdió la pista a principios del siglo pasado.

A Claudia, enamorada de la obra de Klimt, se le iluminó la cara unos días antes al repasar un tomo con las obras completas y apreciar el enorme parecido entre la dama y la dama joven: el tono de piel, el lunar en la cara, la postura de la cabeza. En una había bufanda y sombrero y en la otra no, pero las dos compartían ese algo en la mirada que las hacía muy similares. Después de darle muchas vueltas se fue a una copistería cercana a su casa y pidió una copia ampliada de ambas a tamaño natural. Colocó las dos sobre una mesa y puso un enorme trozo de papel vegetal sobre la dama sin bufanda, y fue trazando encima con un lápiz a la otra dama, y un pequeño escalofrío le recorrió el cuerpo al comprobar que todo encajaba. Era un cuadro doble, el único, que ella supiera, en toda la carrera de Klimt.

El flechazo de la joven estudiante con Klimt fue fulminante; el primer día que visitó el museo solo tenía ojos para ese cuadro, para esa mujer de mejillas sonrosadas y ojos ligeramente caídos que observaba con curiosidad y dulzura a los visitantes. La obsesión por ella creció hasta el punto de conocer cada centímetro de la obra. Y ahí estaba, transcurrido el tiempo, y con pruebas irrefutables pidiéndole al director que si por favor podía hacer un estudio de rayos X de la dama para corroborar su hipótesis.

Lo que podría haber finalizado con los empleados de seguridad desalojando a la joven terminó en Roma con una exploración a fondo y la confirmación de que debajo de una dama había otra dama. En ocasiones, hace falta un poco de locura para conseguir hallazgos que provoquen nuevas lecturas y abran nuevas líneas de investigación.

—Es maravilloso, no sé cómo agradecerte tu descubrimiento. Sabes que tu nombre estará ya siempre asociado al de Klimt, que en los libros se contará que fuiste tú la investigadora que lo hizo posible. He pensado montar una exposición sobre Klimt que gire en torno a esta obra; me gustaría inaugurar a principios del año que viene. Por supuesto, tendrás el lugar que te corresponde.

Todo estaba preparado para la inauguración, solo quedaba un día que se aprovecharía para terminar de pegar alguna cartela y tener los folletos dispuestos. Cuando se subió la persiana de acceso y durante el paseo de rigor por la sala saltaron las alarmas, *Retrato de una dama* no estaba en su pared. El marco fue encontrado en la claraboya que arrojaba luz al lugar. Un marco abandonado a la carrera. Las dos damas habían sido robadas.

Por mucho que uno se acostumbre hay que estar siempre preparado para que la historia que pueda rodear a una obra de arte sea todavía más rocambolesca e inverosímil que la anterior. La capacidad de asombro debe permanecer siempre alerta, despierta. Ese misterio, historia, aventuras o peripecias van también asociados a la obra en cuestión y sin duda aumentan su valor para el público y para el mercado. Qué sería de *La Gioconda*, acaparadora de titulares, sin las infinitas noticias que han ido tejiendo sobre ella una leyenda que sobrepasa con mucho al propio cuadro; qué sería de ella sin los estudios constantes sobre, por ejemplo, su supuesta identidad. El misterio es intrínseco a las grandes obras y a los grandes autores, provocando en determinados casos que ese misterio supere incluso al valor artístico de la propia creación.

Si los avatares sufridos por una obra fueran tangibles en lo económico, *Retrato de una dama* batiría récords de cotización en cualquier subasta. Porque todo lo contado hasta ahora es verdad y no hemos terminado.

Es cierto que a Klimt no le ha hecho falta mucho más *marketing* para haberse convertido en uno de esos pintores que provocan siempre grandes colas, con obras icónicas que la gente peregrina para ver. Klimt, de los abanderados de la Secesión vienesa, ese grupo modernista que surge de la escisión de la Asociación de Artistas Austriacos, a quien el gran público recuerda, sobre todo, por un beso archiconocido.

Gustav Klimt

Pero volvamos a la dama y a la inverosimilitud del relato. La dama que se ve está repintada sobre otra que permanece invisible y que Klimt decidió invisibilizar para no verla y poder, quizá, borrar de su memoria. La dama que no se ve murió repentinamente y podría ser una mujer de la que se enamoró de manera irreversible, que es, por otra parte, como suelen ser los enamoramientos. Esa musa fallecida le sumió en una tristeza que le llevó a pintar encima a la segunda chica para hacer desaparecer el instante en el que tuvo delante a la primera. Sin sombrero, sin bufanda, sin melena parecería otra, aunque hay rastros imposibles de desvanecer.

Por si fuera poco, fue uno de los últimos trabajos que realizó, porque moriría no mucho después tras un deterioro rápido de su salud. Llegados a este punto, os recomiendo buscar un sencillo dibujo de otro austriaco ilustre, Egon Schiele, menos reconocido y más polémico, que realizó de Klimt en su lecho de muerte.

Hasta aquí lo concerniente a la obra. Ya hemos hablado del robo real a finales de los años noventa del pasado siglo. Pues bien, veinte años después, el cuadro aparece, y lo hace en el mismo sitio donde fue sustraído. Una mañana, un jardinero que arreglaba las hiedras de las paredes del edificio encuentra una pequeña puerta metálica empotrada en la fachada, al abrirla saca una bolsa de basura negra que decide inspeccionar, y allí estaba nuestra dama; bueno, nuestras damas, conservadas perfectamente y dispuestas a seguir dando que hablar.

El robo todavía no se ha esclarecido del todo y las hipótesis no hacen más que ensanchar los márgenes de lo creíble. Un ladrón local, al que la policía pidió asesoramiento en su momento, confesó el hurto explicando que lo que robó aquellos días previos a la inauguración era una copia, porque el original lo había sustraído antes. La razón de robar una falsificación fue que tanta expectación por el descubrimiento de la joven estudiante iba a sacar a la luz que lo exhibido no era más que una copia y causar un gran perjuicio al trabajador de la galería que supuestamente le había ayudado. Tan rocambolesco que hay que leerlo dos veces para descifrarlo.

Puede que el supuesto ladrón solo buscase hacerse famoso, pero, para terminar de retorcer la cosa, unos días antes de que todo sucediera, el director del museo tuvo la ocurrencia de buscar la complicidad de los carabineros y fingir un supuesto robo que diera notoriedad a la exposición.

En definitiva, todo tan increíble que va a ser cierto. Si me tengo que quedar con algo es con lo que concierne a Claudia y su capacidad para perseverar y habernos brindado una obra de arte nueva escondida detrás de otra. Con dieciocho años y papel cebolla cumplió uno de los sueños de cualquier conservador.

Gustav Klimt

María Antonieta con vestido de muselina

MARIE-LOUISE-ÉLISABETH VIGÉE-LEBRUN
1783

No puedo dejar de pensar en ti, padre, en lo contento que estarías, y también nervioso. Te imagino revisando los pinceles, las pinturas, comprobando que todo está perfectamente ordenado. Recuerdo como si hubiese sucedido hace un minuto el instante en el que te acercaste a aquel dibujo que hice de un hombre con barbas. Nunca te dije que ese barbudo era un individuo que frecuentaba el barrio y que solía pedir limosna cerca de donde vivimos ahora, en la esquina con la Rue Poissonnière. No olvidaré tu cara al descubrir ese retrato que en mi memoria es el primero que hice en mi vida. Creo que tenía seis años y, para mí, aquella expresión tuya, esos ojos abiertos primero, que denotaban algo de incredulidad y que fueron relajados hasta humedecerse y la sonrisa que vino a continuación entremezclando sentimientos que yo intentaba descifrar a toda prisa, esa expresión es con la que te llevo siempre en el pensamiento. Así has quedado grabado en mi memoria. Aquel día, tu rostro confirmó lo que ya empezaba a

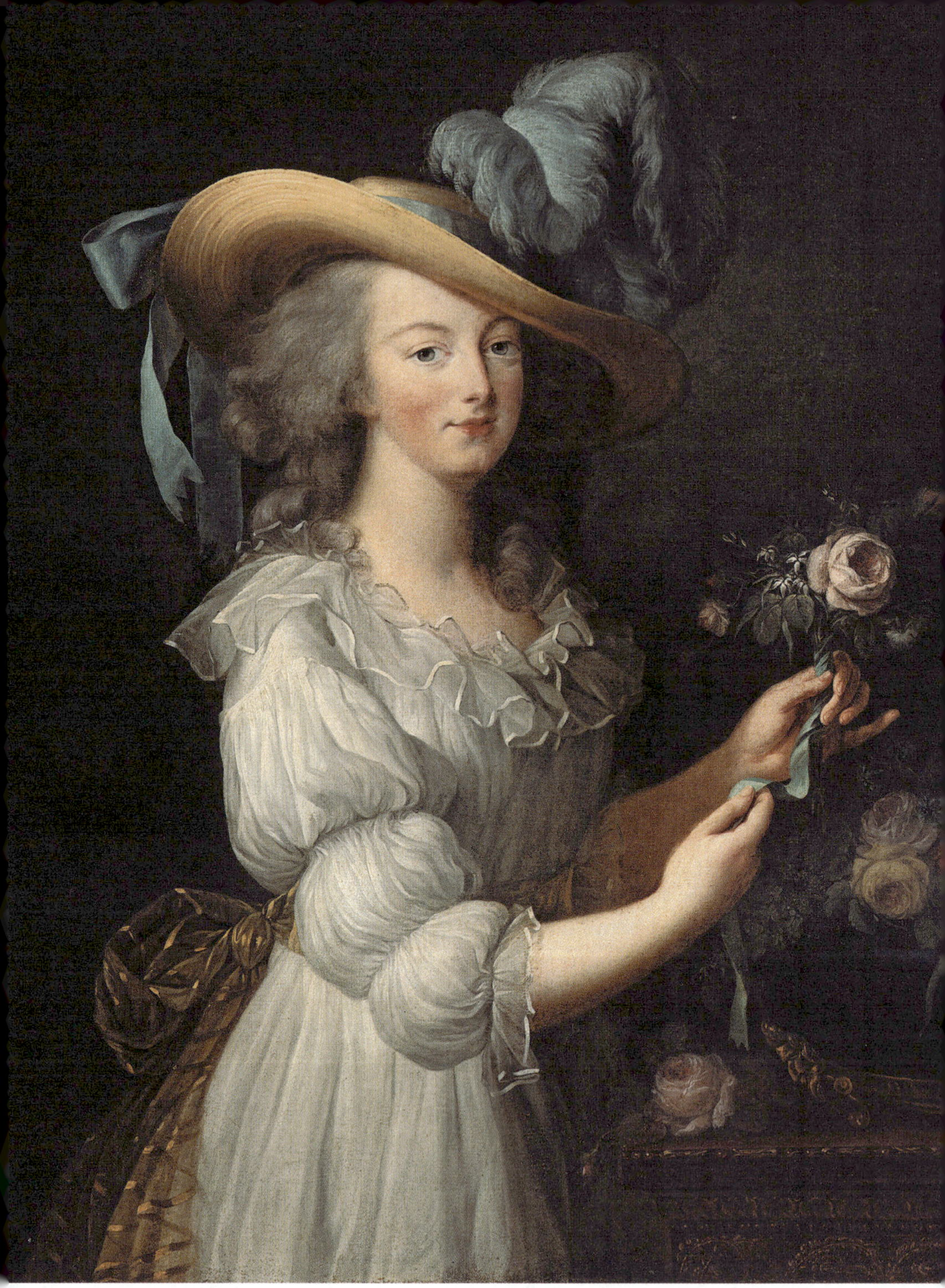

tener asumido, quería dedicarme al oficio de pintar. Si un dibujo puede despertar en quien lo admira un arco de emociones tan grande, consagraré mis días a eso. Padre, me alzaste luego al aire y celebraste como si fuese una fiesta mi logro y empezaste a procurarme todo tipo de herramientas para que adquiriera más destreza. Yo, que siempre iba a tu estudio a husmear en qué invertías tanto tiempo, no sabía entonces que iba a dedicar mi vida a la misma pasión.

Te fuiste hace once años, once larguísimos años en los que te he llorado tanto que creo que muchos de mis cuadros llevan mis lágrimas.

Ya sabes que me casé; no te gustaría nada Jean-Baptiste. No es que sea especialmente malo, pero se cumplieron todos los augurios de amigos que me aconsejaron que no lo hiciese. Uno de ellos llegó a decirme que era preferible que me atara una piedra al cuello y me lanzara al río que contraer matrimonio con él. Pero en casa las cosas no iban bien, madre se casó con un ser al que odio desde el día en que lo conocí, un usurero explotador que se quedaba con todo lo que gano con mis pinturas. Pagué los estudios de Étienne, llevé dinero a casa, pero nunca era suficiente, ese Jaques-François fue lo peor que nos podía pasar. Así que por eso me casé, y el dinero que antes iba a las manos de ese padrastro indeseable ahora se lo gasta en el juego mi marido. Al menos, y aunque sea por egoísmo, Jean-Baptiste me anima a pintar y a investigar y a descubrir nuevas técnicas.

Como ves, el presente no se ha convertido en el futuro soñado entonces, cuando descubriste al barbudo; tampoco puedo decir que haya dado cumplimiento a las últimas palabras que nos dijiste a mi hermano y a mí con la voz ya moribunda y la cara apagándose en cada suspiro: «Sed felices, hijos míos». Soy feliz porque puedo vivir haciendo lo que más me gusta, pero ya está. En los demás ámbitos de mi vida he fracasado. Pero deja que te diga algo, pasarme la mayor del tiempo pintando hace que esa sensación de tristeza no logre invadirme casi nunca. Estoy segura de que nunca seré tan feliz como cuando, después de los años de internado y de nuevo en casa, me quedaba escuchando las conversaciones que tú y tus amigos teníais hasta altas horas hablando de filosofía, arte, política. Cómo me reía con las ocurrencias de Davesne y, ¿sabes?, sigo siendo amiga de Doyes, tu gran confidente, la bondad personificada.

Te dejo, tengo que salir ya, pero que sepas que sí acertaste en una cosa. Me dijiste, convencido, cuando apenas tenía yo seis o siete años: «Serás pintora», y hoy puedo confirmarte que lo soy y que me gano la vida con ello y que ahora mismo voy a Versalles porque María Antonieta quiere conocerme y probablemente la pinte. La reina de Francia, padre, la mismísima reina a la que, al parecer, le han hablado de mis retratos, que ya tienen cierta fama en algunos círculos de París, quiere que la pinte.

Hace diecisiete años, en aquel abrazo convertido en vuelo creo que me diste el primer impulso para llegar hoy a Versalles. Un beso, padre. Gracias por todo. Te echo de menos.

A Élisabeth Vigée-Lebrun le costó mucho superar la inesperada muerte de su padre cuando ella tenía solo doce años. Era la mayor de dos hermanos que demostró una precocidad deslumbrante en el mundo de la pintura. La escena reproducida anteriormente, en la que ese padre admira un dibujo de la niña, pudo tener lugar cuando ella contaba con tan solo seis años y ya se adivinaba cuál iba a ser su destino; quizá fuera el primero de los más de seiscientos retratos que realizó en su larga vida, porque murió mayor, muy mayor para la época, a los ochenta y cuatro años, después de una existencia digamos que movida y llena de idas y venidas.

La niña Élisabeth estuvo cinco años en un internado, desde los seis a los once, en los que no paró de dibujar a compañeros, profesores, paisajes y todo lo que desfilaba por delante de sus ojos. Su meteórica carrera queda patente cuando, a los quince años, tiene su propio estudio y le llueven los encargos de la alta sociedad parisina; son muchos los adinerados que quieren un retrato de esa niña prodigio a la que fueron enseñando los amigos de su padre que ella escuchaba charlar y discutir desde la cama.

Nada hacía adivinar la vida que se le venía encima entonces, porque las vidas se te vienen encima sin que prácticamente nada pueda hacerse para evitarlo.

Sin duda aquella mañana en la que salió rumbo a Versalles para encontrarse con María Antonieta marca para siempre la biografía de esta artista que ya se manejaba con enorme soltura con los pasteles, como antes había hecho su anhelado padre. Élisabeth admiraba a Rubens y se quedó impresionada al poder ver sus cuadros en el palacio de Luxemburgo. La primera vez que vio a María Antonieta, imaginamos que en el palacio del Pequeño Trianón, el rincón y refugio de la reina en Versalles, le pareció estar delante de una diosa. La detallada descripción que hace en sus memorias de aquel encuentro nos sirve también para analizar la capacidad analítica de Élisabeth:

> María Antonieta era alta y de complexión admirable, algo robusta, pero no excesivamente. Sus brazos eran soberbios, sus manos pequeñas y perfectamente formadas, y sus pies encantadores. Tenía el mejor andar de cualquier mujer en Francia, con

la cabeza erguida con una dignidad que estampaba a su reina en medio de toda su corte, sin que su semblante majestuoso, sin embargo, disminuyese en lo más mínimo la dulzura y amabilidad de su rostro. Para cualquiera que no haya visto a la reina es difícil hacerse una idea de todas las gracias y toda la nobleza combinadas en su persona. Sus rasgos no eran regulares; había heredado ese óvalo largo y estrecho peculiar de la nación austriaca. Sus ojos no eran grandes; en color eran casi azules, y eran al mismo tiempo alegres y amables. Su nariz era delgada y bonita, y su boca no demasiado grande, aunque sus labios eran bastante gruesos. Pero lo más notable de su rostro era el esplendor de su cutis. Nunca había visto uno tan brillante, y brillante es la palabra, porque su piel era tan transparente que no mostraba sombra en la pintura. Tampoco pude representar el efecto real como deseaba. No tenía colores para pintar con tanta frescura, con tintes tan delicados, que eran solo de ella y que nunca había visto en ninguna otra mujer.

Es difícil explicar con palabras el efecto que puede producirte una persona, pero el hecho de llegar a decir que no tenía colores para pintar tanta frescura da una idea clara de lo que debía de ser tener delante a María Antonieta. Superados los nervios del primer encuentro, se produjo entre ambas mujeres una enorme complicidad que provocó que la reina no quisiera que la pintara nadie más. Esa complicidad dio origen, probablemente, al cuadro que acompaña a este capítulo.

Porque se trata de una obra revolucionaria y que llenó de estupor a muchos críticos y miembros de la alta sociedad de la época. Cómo se atreve a retratar a la reina con una simple camisola o muselina que solo debe ser empleada en la intimidad de palacio. Dónde están los vestidos, trajes y ropajes regios, bien armados con su aro, dónde está el miriñaque. La reina retratada semidesnuda, sin apreturas, pudiendo respirar, y encima despreciando la seda, tejido tan francés, en favor de un algodón llegado de las Indias.

Este retrato fue una de las tres obras retiradas del Salón de París de 1783, las tres pintadas por Élisabeth. En una encontramos a una reina, a una duquesa y a ella misma. Las tres mujeres sin diferencias aparentes en el trato, las tres iguales, otra tropelía para los burgueses de la época.

Para que nos hagamos una idea de lo que es una *influencer* de verdad, y sin redes sociales ni internet ni nada parecido: La demanda de la *chemise à la reine*, se «viralizó» de inmediato y se hizo sumamente popular en Francia y fuera de Francia. A María Antonieta, siempre aconsejada en estilismo por Rose Bertin, llegaron a acusarla de querer hundir la industria francesa y los comerciantes de seda reportaron enormes pérdidas los años siguientes, mientras muchas mujeres suspiraban en secreto por hacerse con una de esas muselinas.

Polémicas al margen y no teniendo del todo claro si este cuadro fue un paso más de la reina a la guillotina, Élisabeth salió de Francia casi al mismo tiempo que caía la cabeza de la monarca e inició un periplo por Italia, Rusia y Austria, siendo aclamada en cada uno de esos países.

Tuvo una hija con Jean-Baptiste (que la siguió arruinando una y otra vez y del que se divorció tras huir de Francia), Julie Lebrun, que murió a los treinta y nueve años.

Podéis, si tenéis tiempo, buscar, además de los numerosos retratos de María Antonieta, un cuadro en el que madre e hija aparecen juntas y sonriendo. Ese cuadro también dio mucho que hablar, pues se les veían los dientes y entonces la gente tenía que reírse con la boca bien cerrada; eso de enseñar los dientes era un atrevimiento y casi indecoroso. Hay historiadores que consideran que ella fue la primera en hacerlo. Es cierto que hay obras anteriores con los dientes «al aire», pero reflejan a personajes incapaces de controlar sus emociones como los borrachos o a lo sumo los niños. Nadie hacía un retrato sereno enseñando incisivos. La revolución de la sonrisa, o de los dientes, podemos llamarlo.

Enterrada en el cementerio de Louveciennes, en su lápida se puede leer: «Aquí, al fin, descanso». Descansa la que probablemente fue la pintora más célebre del siglo XVIII.

Último retrato

LUCIAN FREUD

1976-1977

Qué diferente todo desde la última vez que posé para ti, querido Lucian. En tres años ha cambiado tanto mi paisaje vital que no puedo casi recordar aquellas mañanas en tu estudio, retorcida en la cama con mi sexo descubierto y oliendo tu pintura. Refunfuñabas si me movía o si sentía algún escalofrío, y me repetías una y otra vez que tú no hacías retratos de lo que veías, sino que intentabas traspasar la primera capa, el primer encuentro para llegar a la esencia de la persona. Pero siempre llegas a lugares incómodos, es como si nos moldearas con tus manos a cada uno. Al verlos, siempre me ha dado por pensar que eran como dibujos de arcilla en dos dimensiones, esculturas carnosas que nos interpelan desde una fealdad que iguala a unos y otros. Una fealdad de la que, al contemplarla, durante un rato, termina emanando algo a lo que no llamaría belleza, más bien humanidad.

Has sido capaz de crear un estilo tan reconocible que todo el mundo sabe que es un Freud al chocar con una de tus obras, porque con ellas se choca y se corre el riesgo de salir herido. Todos los males que encerramos los humanos están en esos rostros a los que has privado de expresividad. Tus desnudos no son desnudos físicos, van más allá de mostrar el pecho, los genitales o el culo. Desnudas nuestros cuerpos y, sobre todo, nuestras caras hasta dejarlos sin sentimientos, inertes. El resultado no es la paz interior que se podría presuponer, es una especie de muerte anticipada, de ser humano cansado camino de la imperturbabilidad.

La felicidad siempre permanece al margen del resultado, no se intuye su llegada. El acto placentero que podría ser desnudarse lo reduces a un automatismo carente de erotismo y de perspectiva. La gloria siempre lejana del resultado final, es como si a tu estudio llegásemos animales heridos dispuestos a que nos arrancaras lo que queda de nuestras almas. En todos tus retratos, en los de personajes muy conocidos y en los anónimos, creo siempre advertir que hubo esplendor, un pasado que pudo ser dichoso o no, pero siempre vivido. Pero en cuanto coges los pinceles y, sin sentarte, comienzas a esbozarnos, cae el disfraz que cuidadosamente nos habíamos colocado por la mañana.

Si paseas hoy por Londres, o ayer, o mañana, verás que todo el mundo va con máscaras que impiden que nos adentremos en el laberinto que recorre su interior. Es una manera de protegerse de posibles agresiones que hagan insoportable el día a día. A alguien que parece ir más o menos feliz nadie le preguntará qué le sucede, si está bien. Preguntas difíciles que requieren una confianza que no le damos a cualquiera. Tus retratos son esa pregunta y al mismo tiempo la respuesta. Quizá por eso el desnudo, porque de alguna manera nos pones al mismo nivel que a animales indefensos incapaces de huir.

No sé cómo puedes apañarte con ese enjambre de pinceles y pinturas amontonados en la silla. Ni tampoco esa manía de pintar de pie, que creo sigues teniendo. Es como si quisieras imprimir una fuerza mayor a cada pincelada, agrandar el grosor, manchar más fuerte. Quizá estar de pie te hace más poderoso,

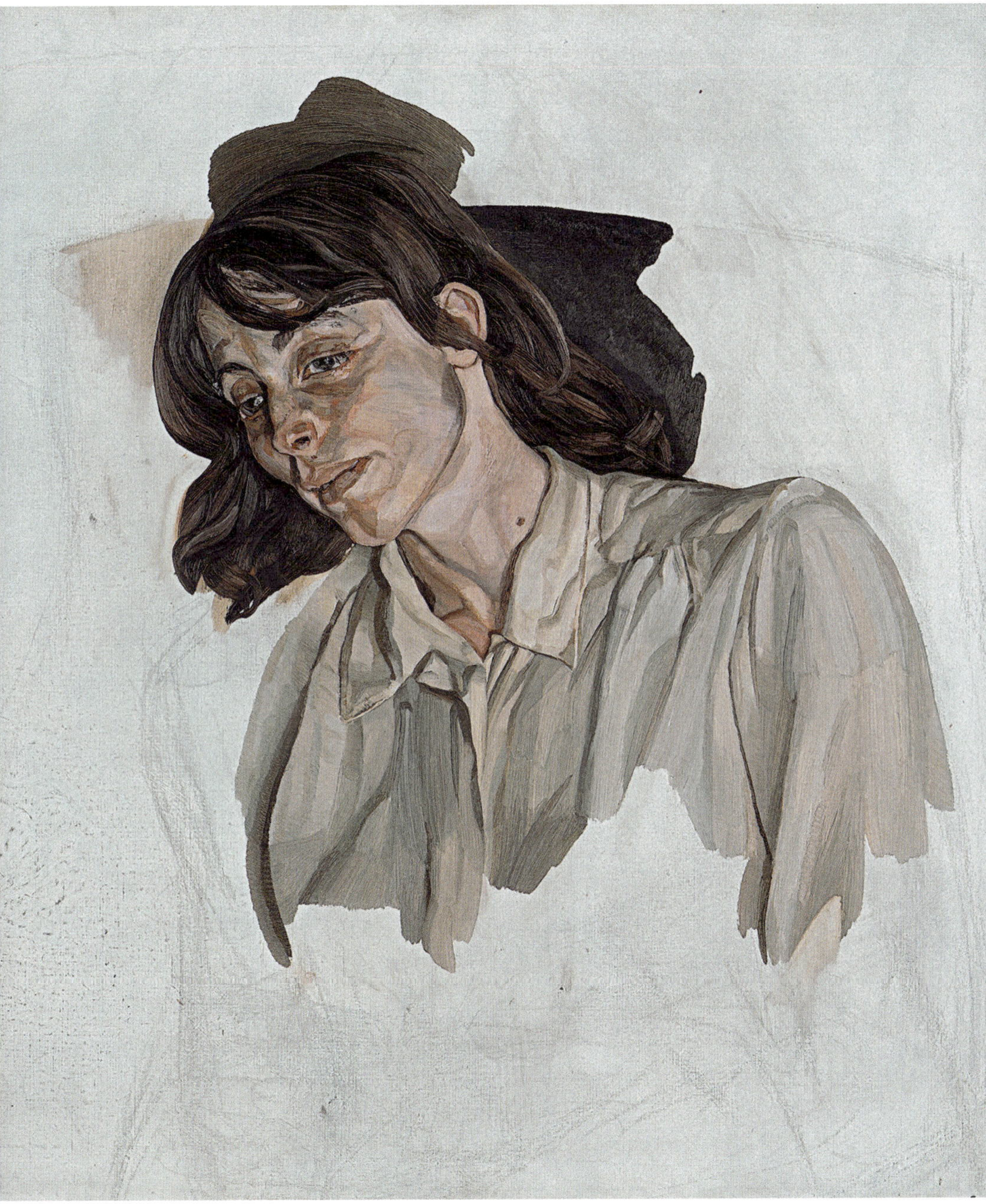

más dueño de la situación. En cualquier caso, debes terminar exhausto después de esa coreografía diaria en la que bailas con nuestra ausencia. Porque los retratados aquí nos hacemos tan pequeños que acabamos por convertirnos en invisibles. Ese es, casi seguro, tu secreto: nos desnudas tanto que no nos da miedo echar al personaje que traemos con nosotros. Logras que la obra final no sea lo que esperamos, que ni siquiera nos guste ni sea lo ideal para colgar en el salón de casa y la vean las amigas a la hora del té, pero, sin embargo, nos vemos reflejados en ella. No buscas el parecido y no encuentro la palabra para definir lo que consigues. El parecido te da igual, y eso, en un retrato, es una apuesta sumamente arriesgada. No nos parecemos y, en cambio, nos reconocemos inmediatamente al vernos.

Tres años han pasado desde aquella sesión y ahora vengo a que me retrates por última vez; sabes que no habrá más, mi cuerpo no aguanta. Hoy no me desnudaré, tendrás que intentar conseguir lo mismo solo con mi rostro. Intuyo que esta vez será más fácil, salir de casa sin máscara. ¿Para qué? Ya no tengo que disimular.

La mujer que aparece retratada en esta obra es la misma que podemos encontrar en *Retrato desnudo* que se puede ver en la Tate de Londres y que Lucian Freud ejecutó tres años antes. Aquí la protagonista del cuadro tiene una actitud diferente, su rostro marcado parece estar buscando un descanso necesario. Ensimismada en sus pensamientos, hay teorías que afirman que está gravemente enferma y siente la cercanía de la muerte; de hecho, el título de *Último retrato* nos da una pista casi definitiva. Uno tiende a pensar que, sabiéndolo, Freud hace un retrato muy suyo, pero menos Freud de lo habitual, suavizando los matices y siendo más cuidadoso con la contundencia con la que se suele emplear en otras obras.

El que sea un cuadro inacabado supone también una bella metáfora, ver el esbozo a lápiz y la pintura solo en determinadas zonas le da una especie de carácter autodestructivo, es como si el lienzo estuviese en descomposición y se fuese a tornar totalmente blanco en algún momento. Es la muerte acechando a la modelo, la vida consumiéndose sin prisa, pero sin descanso ni tregua. La belleza serena de ella la espera con una dulzura con la que es sencillo empatizar. El blanco conquista centímetro a centímetro, ya sube por el pecho y se encamina de forma inexorable a la cara.

A Lucian Freud se le resistieron pocos personajes a los que retratar, desde Kate Moss —que sin parecerse a Kate Moss es la mismísima Kate Moss— a la reina Isabel II de Inglaterra. Este último retrato provocó un debate sin precedentes en el Reino Unido, algo que, por otra parte, es de agradecer, el arte como centro de conversación. Recuerdo leer en su día, en el año 2001, cómo fotógrafos oficiales de la reina dijeron, de forma jocosa, que a Freud había que encerrarle en la Torre de Londres después de semejante atentado o que con Enrique VIII no se hubiese atrevido. En realidad, lo que hizo Freud fue lo mismo que hacía con todos. No se trataba de retratar a la reina, sino de arrancarle su antifaz y ver qué había debajo, y debajo había una señora que no pasaba por su mejor momento, con corona, eso sí, pero sufriendo.

Lucian Freud nació en Berlín en 1922. Nieto de Sigmund Freud, con la llegada de Hitler al poder emigró a Londres, donde fue admitido en la Central School of Arts and Crafts. Es curioso que fue uno de los cabecillas de la llamada Escuela de Londres junto a Bacon y Auerbach; digo que es curioso porque ninguno era inglés. Luego se unirían Hockney, Hodgkin y compañía.

Dejando a un lado sus obras iniciales, sus coqueteos con el surrealismo, y aconsejado por Francis Bacon, pronto descubre en el retrato su paraíso, libera la pincelada e intenta en cada obra plasmar la carne humana de la forma más material y realista posible.

Encuentra en amigos, amantes y celebridades a sus mejores modelos, a los que a veces desespera por su lentitud. Freud —la genética es la genética— quiere trazar un retrato psicológico de su modelo antes de empezar a pelearse con el lienzo.

Va depurando su estilo rudo, inconformista, incómodo y a veces sórdido carente de erotismo y más real que la propia realidad; un realismo extremo, podríamos decir. Extremo, porque pone a prueba nuestro ojo, que suele estar acostumbrado a retratos en los que siempre vemos lo que esperamos ver. Con sus trabajos no pasa, nuestras expectativas siempre quedan defraudadas, para bien, porque son como un puñetazo en la boca del ego de cada uno. Además, siendo el resultado casi hipnótico, iguala al retratado, a pesar de su más que presumible fama, con todos nosotros. La flacidez universal. El secreto lo contó él mismo en varias entrevistas al decir que no se dedicaba a pintar lo que alguien aspiraba a ser, se dedicaba a pintar lo que alguien era. Y entre esos dos puntos de la aspiración y la verdad se encuentran los rostros desilusionados o derrotados de muchos de sus cuadros.

De su biografía se ha escrito mucho y daría para cientos de páginas. Solo apuntemos que se casó cinco veces, que tuvo catorce hijos (la prensa más sensacionalista le atribuye al menos cuarenta), que perdía una y otra vez apostando en el hipódromo llegando a pagar sus deudas con obras y que murió en 2011 convertido en uno de los artistas más cotizados del mundo.

Por supuesto, él se autorretrató en numerosas ocasiones y tuvo la misma piedad consigo mismo que con el resto. No hacía distinciones.

Lucian Freud

Retrato del Dr. Haustein

CHRISTIAN SCHAD

1928

No sé por qué te he encargado este retrato, no entiendo bien la razón, quizá para dejar constancia de que he vivido en una ficción durante demasiado tiempo, o para confesar que bajo mi apariencia segura y el aura que siempre me acompaña de sabiduría y saber estar se esconde un hombre frágil que hace tiempo que transita entre sombras sin saber si está aquí o allá. Me has pedido que no haga más gesto que el habitual, el natural, pero hace tiempo que la naturalidad me abandonó. Tengo la sensación de no ser yo al que pintas, de que me utilizas como un mero objeto de estudio, como si fuese un conejillo de Indias para algún tipo de experimento. Me consta que no te conformas con retratar a gente llamémosle normal, que buscas siempre que haya algo escondido que pueda aflorar luego en la obra. ¿Sabes? Tus cuadros tienen mucho de tratado de psicología, dotas de una luz imposible las caras, borras las sombras de ellas, todo es piel brillante que no puede mentir, nada se oculta en la mirada que, sin ser una mirada directa, interpela directamente a quien encuentra.

Me pediste que viniera vestido con la ropa habitual, como si fuese a trabajar, con traje, corbata, gemelos, y ahora entiendo que, en realidad, buscas mi desnudez a través del disfraz que cada día me pongo y con el que afronto cada jornada asfixiante, consciente de que al final de esa jornada tendré que volver a casa y entonces sí disfrazarme de hipocresía y mentira. Sabes lo difícil que es mantener una mentira, lo complicado que es medir cada gesto, cada palabra, cada mirada. Vivir con la incertidumbre permanente de si alguien le habrá dicho algo, de si algún conocido nos vio a lo lejos por la calle. Claro, a ti te preocupan poco esas cosas, por lo que me dicen vas de cama en cama sin mirar mucho hacia atrás.

En el fondo, me dan envidia los tipos como tú, capaces de pasar página cada noche, de llegar a casa y saludar a quien te espera como si no hubiese pasado nada. A mí me atormenta el engaño y sin embargo no sé cómo terminar con él. Podría separarme y ya está, lanzarme a los brazos de quien ahora vive entre sombras, agazapada, esperando mi señal. También podría dejar a esa sombra y volver a la normalidad de los años pasados, que fueron felices y en los que nada hacía presagiar que hoy iba a estar así, nervioso e inquieto de una manera enfermiza. Imagino que te lo contó ella mientras posaba para ti, seguro que bastante más segura de sí misma de lo que lo estoy yo. La conocí en una de las fiestas que organiza mi mujer, siempre está organizando fiestas; yo creo que medio Berlín ha pasado por nuestra casa, y, claro, entre esa mitad estaba ella. No pude centrarme en otra cosa durante toda la noche que no fuera seguirla con mis ojos, verla desplazarse de conversación en conversación, observarla reír alto sin importarle qué pensarían los demás invitados. Solo avanzada ya la velada, me atreví a acercarme con la excusa de ofrecerle algo de beber.

Christian Schad

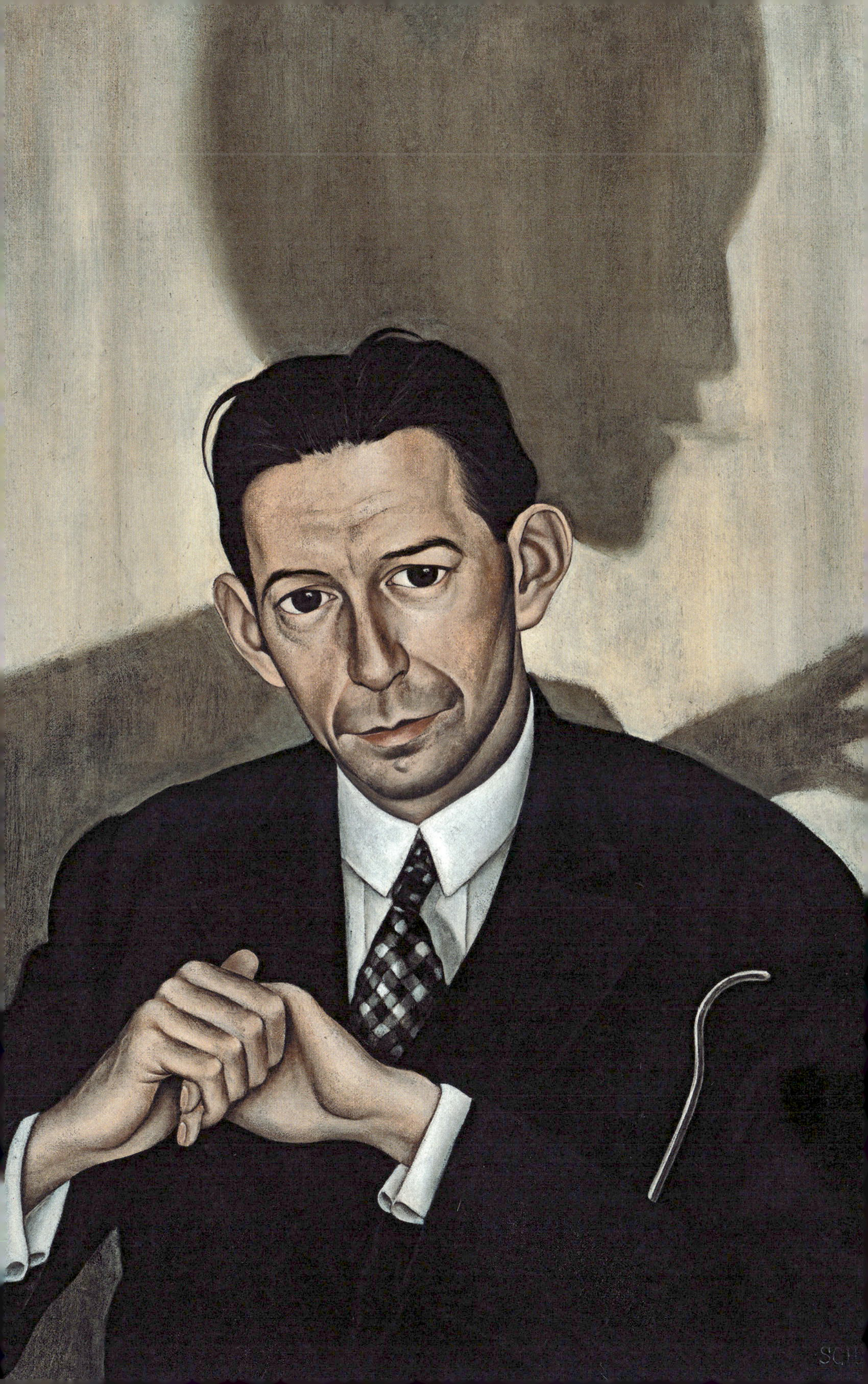

Ella ha puesto bocabajo mi mundo; su sofisticación, su elegancia, su aspecto casi varonil, su independencia y sus ganas de vivir me han atropellado y han nublado mi razón, o también se puede pensar que llegó para todo lo contrario, para aportar luminosidad. Qué sé yo, lo que es seguro es que no puedo seguir así, porque no voy a vivir plenamente ninguna de las dos vidas con las que cargo.

Si alguno de vosotros habéis visitado el Museo Thyssen de Madrid y os habéis encontrado con este cuadro, quizá hayáis sentido esa incomodidad o escalofrío que provocan las obras llenas de misterio e intriga. Es obvio que la sombra que hay detrás del personaje es la principal culpable de esa sensación pero, una vez imantados por esa silueta, la cara del protagonista también denota un aire de extrañeza que hace que la escena completa no sea agradable de mirar, aunque no seas capaz de dejar de admirarla. El cuadro es luminoso, la sombra da fe de ello, y sin embargo a mí siempre me ha parecido oscuro. Digo que es luminoso porque solo hay que ver el rostro perfecto del doctor Haustein, lo que todos buscamos cuando hacemos una fotografía: que la cara no tenga ninguna sombra, que no haya nada de negritud sobre la piel. Esa sensación, lejos de alumbrar, otorga al conjunto un mayor tenebrismo o una mayor desazón. El rostro limpio, el traje negro y el doctor ocupando tres cuartas partes del lienzo para dejar aire por arriba y que, de su cabeza, de su pensamiento nazca la sombra de lo que en un primer vistazo puede parecer una extraña y peligrosa —como suelen ser todas— criatura que no es de este mundo.

Es muy probable que, si os gusta el cine, irremediablemente vuestro pensamiento vuele hacia el *Nosferatu* de Murnau, la película de 1922 que bebió del expresionismo alemán, que seguro que Schad conocía sobradamente y que tuvo que influir en este cuadro realizado seis años después. Añadamos a todo ese artefacto de la derecha que parece ser una sonda uretral, instrumento médico desagradable donde los haya, y tenemos el bodegón de la incomodidad completo. Hay que recordar que nuestro doctor era un reputado dermatólogo experto en enfermedades venéreas.

Todo eso es lo que salta a primera vista cuando te encuentras con el doctor y la sombra al doblar una esquina del museo, pero la historia que esconde detrás es todavía peor o más perturbadora si cabe.

La sombra es Sonja, la mujer de la que el doctor Haustein andaba locamente enamorado, ese amor que perturba cada pensamiento y cada acción que se intenta realizar, y que se convierte en una preocupación imposible de alejar de nosotros y a la que se vuelve periódicamente varias veces, casi a cada instante haciendo que sea difícil reconocer a quien la sufre porque empieza a padecer un proceso de transformación que le aleja de todo y de todos. Porque el doctor sufre cuando llega a casa, sufre porque no debe ser fácil dejar en el umbral todo lo que llevas dentro. Esa sombra representa todo eso, el amor furtivo, la clandestinidad de los pensamientos, lo oculto, lo escondido.

A Sonja la podéis ver en otro retrato realizado por Schad el mismo año, ella con una línea de expresión parecida, pero con un lenguaje corporal totalmente diferente. Se la ve segura de sí misma, sofisticada, fumando en pipa larga, extremadamente moderna. Schad sitúa detrás a personajes célebres de la época a los que se ha identificado pero a los que no vemos, porque la importante es ella y nadie más.

Hay que tener en cuenta que los personajes que retrata Schad han vivido la Primera Guerra Mundial de una manera u otra; él no la sufrió directamente porque se refugió en Suiza para evitar alistarse, pero en esos años veinte se intenta superar la depresión en los cafés y cabarés y en las fiestas nocturnas como las que daban el doctor y su esposa. Tiene por tanto sentido que, siendo hombres y mujeres viviendo la vida, su rictus sea el de gente que todavía se recupera de un hecho traumático, que se lame las heridas y camufla en la madrugada el dolor de lo sufrido.

Pero volvamos con los dos amantes. La mujer del doctor tiene conocimiento de esa doble vida y se quita la suya, se suicida al no poder soportarlo; ella, la organizadora de noches interminables, no aguanta el engaño. Nuestro doctor seguiría el mismo camino unos años más tarde, cuando la Gestapo empieza a perseguir a los judíos. Él lo era. Sus orígenes supusieron una sentencia de muerte que decidió precipitar. Al ser detenido ingirió cianuro.

Por eso decía al principio que el cuadro sobrecoge por sí solo cuando nos lo encontramos, pero conocer todo lo que tiene detrás multiplica por diez ese sobrecogimiento.

A Schad se le ubica dentro del efímero grupo de la Nueva Objetividad, un nombre ideado por el galerista Gustav Friedrich Hartlaub. Los líderes de este movimiento son Otto Dix (más adelante le dedicaremos un capítulo) y George Grosz. La Nueva Objetividad tiene como bandera, a mi entender al menos, la frialdad, la distancia y, en algunos casos, la crudeza. Les preocupa el detalle, aun a sabiendas de que esa nitidez puede provocar interferencias en la armonía final; suelen integrar objetos o imágenes que redunden en la intención última, que no era otra que captar la actitud vital privada y pública en la Alemania de Weimar.

Schad se subió a ese carro en una Alemania en la que todo estaba a punto de saltar por los aires. De ahí que esa sombra, amoríos al margen, nos la podemos tomar como un preludio de lo que estaba por venir y nadie veía todavía.

Christian Schad

Arreglo en gris y negro n.º 1 (Retrato de la madre del artista)

JAMES MCNEILL WHISTLER

1871

Quiero pintarte, madre, como homenaje a todo lo que hiciste por mí y por mis hermanos, por los que sobreviven y los que tuviste que enterrar. Por tu generosidad silenciosa, por tu disposición a ayudarnos siempre o tener la palabra adecuada en el momento preciso. Quiero retratarte inundada de serenidad y melancolía, como si vinieses de otro tiempo y hubieses aterrizado en este Londres desde otro planeta. Pareces sacada de un libro de historia y en tu cara se adivina un pasado lleno de contradicciones y largas travesías entre sombras. Tu expresión servirá para representar la de tantas mujeres que en silencio han ido soportando cargas vitales que os ponían a prueba constantemente. Eres la fuerza tranquila de quien ha vivido mucho y no pasará a la historia, a pesar de que la historia sería imposible sin mujeres como tú.

Fuiste severa en nuestra educación, muchas veces no parecíamos niños sino fieles devotos que jugaban con una

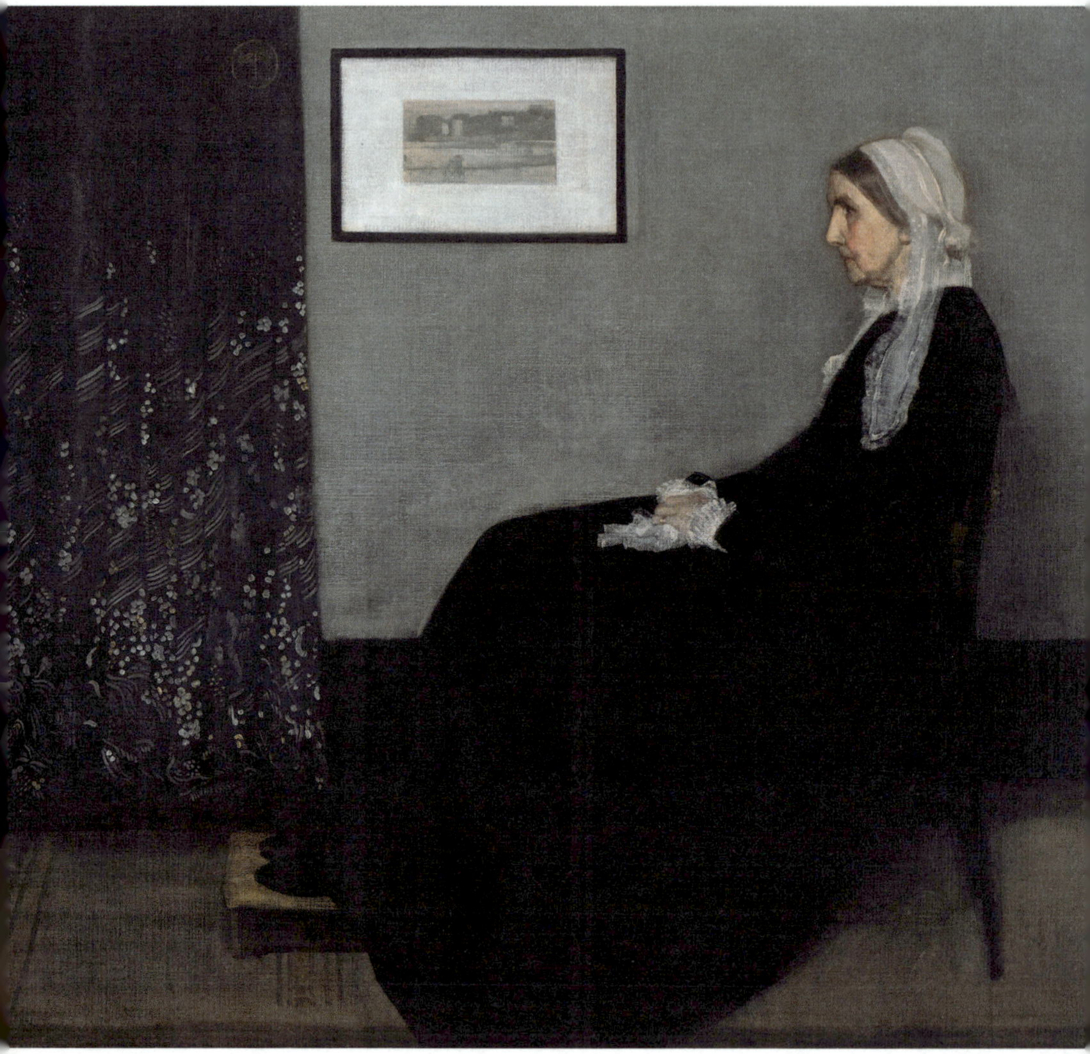

Biblia, pero siempre te preocupaste por nosotros. Supiste vivir en la abundancia de aquella Rusia a la que fue papá para construir ferrocarriles y en la austeridad que se impuso tras su muerte. Y ahora estás en este Londres frío, haciendo galletas cada tarde para mis amigos, a los que miras con la curiosidad con la que se mira a los animales en el zoológico, te ríes con su bohemia y su manera de afrontar la vida, y descubro en ti que quizá detrás de aquella férrea juventud que afrontaste había una mujer diferente y alegre que podría haber llevado otra vida. Pero la vida es la que es y es fácil decirlo ahora, viéndote ahí sentada, paciente, mientras te pinto con el rictus de entonces, pero con el poso y el paso del tiempo devorándote. No sé cómo conseguir recrear la austeridad y el cariño al mismo tiempo. Quiero que este cuadro sea un homenaje, pero que a la vez deje constancia de una personalidad que ha marcado de alguna manera mi existencia.

Recuerdo las esperanzas que tenías depositadas en que aflorara en mí la fe y pudiera hacer carrera en la Iglesia. Fue después de volver de Rusia. También me vienen al pensamiento los quebraderos de cabeza que tuviste que sufrir durante mi estancia en París, en los que no te contaba ni la mitad de las penurias que estaba padeciendo pero que tú sospechabas. Me alegro de que estés aquí, de que te mudaras después de la muerte de papá y pusieras del revés mi mundo, tan ajeno al tuyo. Haciendo galletas para todo el que viene, incluso ese Oscar Wilde con el que tanto te ríes, aunque digas que me copia expresiones.

Me alegra compartir contigo estos años, haberte convencido para que dejaras la soledad que advertía en cada una de las cartas que me llegaban. Siempre tuvimos una especie de conexión especial capaz de superar la distancia y el tiempo; bastaba un gesto, un matiz, unas letras para saber qué le pasaba al otro. Imagino que le sucederá lo mismo a todas las madres e hijos, pero me encanta ser capaz de adelantarme a tus pensamientos y que tú hagas lo mismo con los míos.

Ahora, por ejemplo, sé que estás acordándote de papá y de cómo lo conociste, y de los hijos que no eran tuyos y a los que diste el amor que necesitaban sabiendo que no podrías ocupar el lugar de la madre muerta. Siempre he pensado en lo difícil que debe de ser enamorarse de un viudo, porque, en cierto modo, si la desgracia no hubiese acontecido, no habrías llegado a él. Se necesita de la pérdida para casarse con un viudo y siempre advertí en ti la duda de si eras simplemente una segunda opción. Una duda legítima que, sin embargo, no perturbó tu cariño hacia sus hijos, hacia mis hermanastros. Creo que piensas en eso y en los años de frío en Rusia en los que nos colmaron de atenciones; tu cabeza vuela a aquellos lugares con la sensación de haber vivido muchas vidas en una, de haber atravesado años y años que parecen una eternidad.

Por eso no te molesta posar, porque has sido capaz de domar el tiempo y saber que cada momento tiene su importancia y es el ahora lo que cuenta. Por eso te pinto, porque, con todos tus defectos, representas el amor incondicional que ahora intento corresponder.

Cuentan que el tiempo que estuvo el niño James en una escuela donde trataban de encaminar sus pasos hacia la Iglesia lo pasó haciendo caricaturas y monigotes de todo lo que veía. Cuentan también que durante su breve intento de convertirse en cartógrafo militar le daba por adornar los mapas con sirenas y animales fantásticos, algo que, digamos, no estaba muy bien visto dentro del ejército. De James McNeill Whistler, además de su talento como pintor, todos los testimonios destacan su ingenio y su rapidez verbal que rivalizaron con el mismísimo Oscar Wilde, quien llegó a copiar expresiones suyas. Esta obra, que comúnmente se conoce como *La madre de Whistler* y que él tituló *Arreglo en gris y negro n.° 1*, es quizá una de sus creaciones más conocidas, tanto que en 1934 el servicio postal de Estados Unidos emitió un sello especial por el día de la madre con ese «arreglo» como motivo.

Gris y negro, el nombre que James le puso es certero y describe por sí solo la escena. Todo es gris y negro en el lienzo y, sin embargo, se aprecia luminosidad en esa supuesta oscuridad. El contaste entre el luto de la madre y la pared, entre el luto de la cortina y la cara blanquecina con mirada perdida crea una falsa sensación de figura recortada del fondo, de tridimensionalidad. Las manos, un reto siempre para cualquier pintor, aparecen posadas sobre las piernas agarrando un pañuelo. La cara y las manos son las únicas porciones de piel que quedan expuestas al espectador, en el que la escena despierta, al menos a mí, una extraña mezcla de tristeza y tranquilidad, de oscuridad y paz.

Hay teorías que afirman que James no tenía pensado retratar a su madre, pero que, harto de esperar a una modelo en su casa del barrio londinense de Chelsea, decidió utilizarla a ella. Otros estudiosos hablan, en cambio, de que sí era su madre la primera opción, pero no el retratarla sentada, y que la silla fue una solución para paliar de alguna manera el cansancio que provocaba someter a una señora de sesenta y siete años a esas largas sesiones. Si tuviese que apostar por una, me inclinaría por la segunda, sobre todo por el detalle del reposapiés, un elemento que claramente estaba destinado a hacer más cómodas las horas, aparte de servir para interrumpir el negro puro del vestido de la mujer.

Cuando se presentó en sociedad este *Arreglo en gris y negro n.º 1* (a nuestro pintor le gustaba poner títulos musicales a sus obras), no despertó mucho entusiasmo; rechazado por la Royal Academy de Londres en primera instancia, terminó siendo aceptado por la mediación del director de la National Gallery. Pero el punto de inflexión en su carrera fue el *Arreglo en gris y negro n.º 2,* encargado por el filósofo e historiador Tomas Carlyle. La descripción y todo lo dicho sobre el *Arreglo n.º 1* sirve para el *n.º 2:* composición parecida, colores y contraste similares. Ambos de perfil, como los clásicos retratos del Renacimiento, ambos con esa mirada posada en algún lugar de la imaginación, el negro dominando al protagonista, el gris bañando la habitación...

Casado y viudo después de cinco años de matrimonio, nuestro James McNeill Whistler no debía de aceptar de muy buen grado las críticas, hasta el punto de que llegó a denunciar al crítico más famoso de la época, John Ruskin, por sus afirmaciones sobre *Nocturno en negro y oro. El cohete cayendo*, un cuadro que en cierta forma avanza la abstracción que estaba por llegar. Ruskin era un fan de los prerrafaelistas y se le ocurrió decir algo así como que lo que había hecho el artista era arrojar unos botes de pintura sobre el blanco. Whistler había querido plasmar una noche de fuegos artificiales sobre el Támesis sin figuras humanas, sin formas reconocidas, una osadía para alguien que defendía ideas totalmente contrarias o que quizá no supo ver las que estaban por llegar. Para la historia del arte quedará siempre la pregunta que el abogado defensor de Ruskin hizo a Whistler. Bueno, para la historia del arte quedará más bien la respuesta:

—¿Cuánto tiempo le ha llevado pintarlo?

—La mitad de un día.

—¿Y pretende cobrar doscientas guineas por medio día de trabajo?

James McNeill Whistler

Aquí es donde aparece ese humor y rapidez de la que hablábamos y que inspiraba a Wilde.

—No, señor, no cobro eso por medio día de trabajo, sino por la experiencia de toda una vida.

Ganó el juicio, pero solo le compensaron con una cantidad simbólica que quedaba muy, muy lejos de lo que tenía pagar a los abogados.

«Ya te he dicho muchas veces que te metes en demasiados líos, hijo». Imagino a la madre, de haber estado viva, diciéndole eso, de perfil desde la silla, sin girar ni un milímetro la cabeza, no fuera a ser que todo se fuese al traste.

Retrato de Beatrice Hastings

AMEDEO MODIGLIANI

1916

¿Leíste lo que publiqué sobre ti, la primera impresión que me causaste? Siempre me he preguntado por qué no me has dicho nunca nada sobre ese artículo. La segunda vez que nos encontramos, creo que fue en el café Rotonda, parecías otro hombre, me costó reconocerte. Tu amabilidad, tu aspecto físico, tu, no te lo tomes a mal, limpieza. Parecías hasta tímido cuando te levantaste de tu silla y encaminaste los pasos hacia mi mesa y en voz baja me pediste si podía ver alguno de tus trabajos. No salía de mi asombro. ¿Es el mismo Amedeo con el estuve hace unas semanas? El mismo tipo desaliñado, impetuoso casi hasta lo grosero y altivo. Claro que imagino que los efluvios etílicos te dominaban entonces, pero, aun así, nunca vi a un hombre con dos caras tan diferentes en tan poco espacio de tiempo. Ahora que te conozco —demasiado, diría yo—, entiendo esas alteraciones, los constantes cambios de humor, la imposibilidad ya no de domarte, sino de llegar a comprenderte del todo. Nunca nadie te conocerá del todo. Eres un ciclón excesivo que deja un reguero de cadáveres a su paso. Pisas y alguien, en algún lugar de la ciudad, siente retumbar el suelo.

Amedeo Modigliani

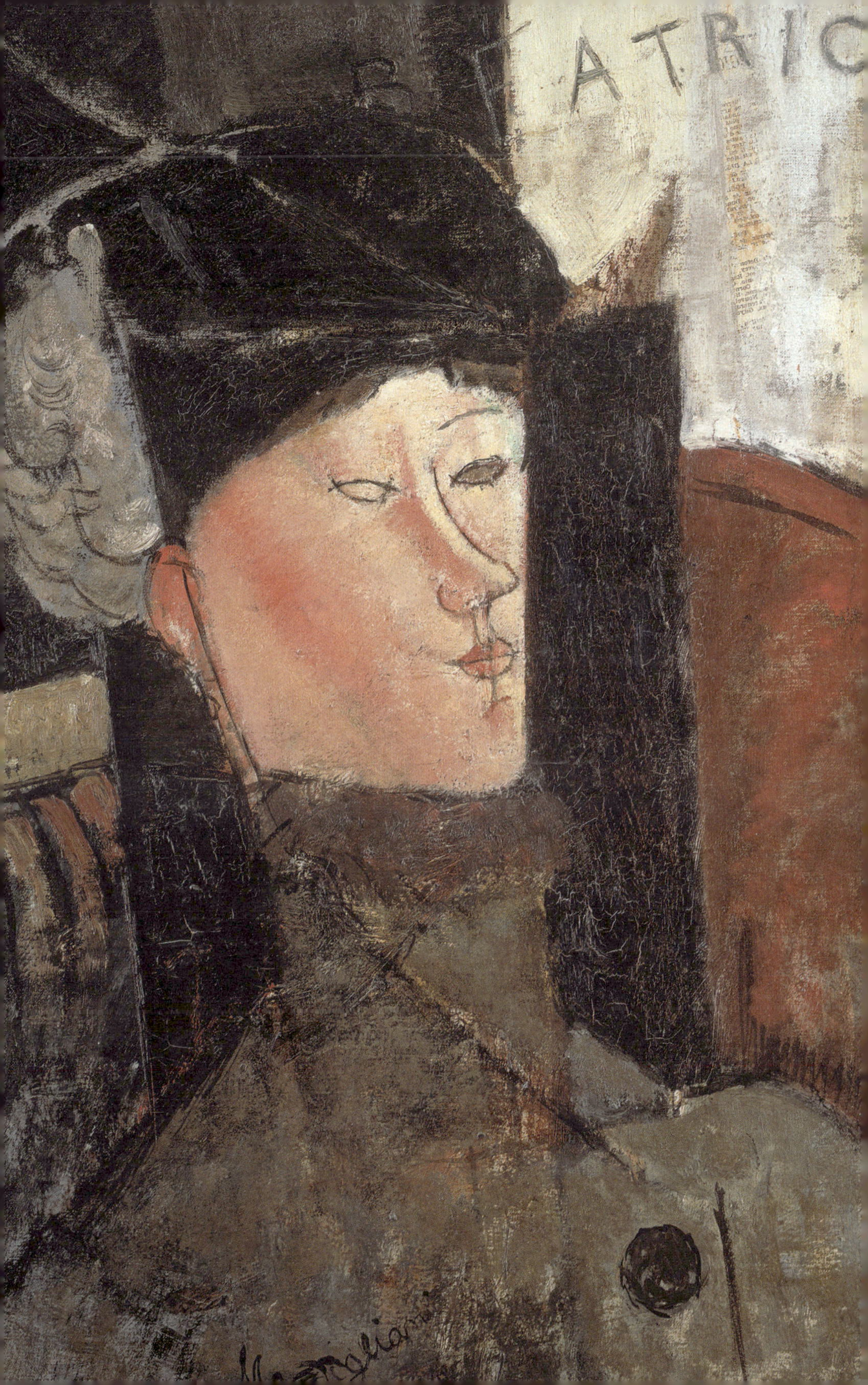
ATRIC

Reconoce que te cautivé en aquel primer encuentro, y que ese sentimiento incontrolable e irrechazable que supone ser conquistado te hizo actuar de aquella manera pueril, desenfadada. Igual pensabas que me ibas a impresionar por esa actitud arrogante, sobrevenida con ayuda de las copas que no dejabas de ingerir; en absoluto, aunque, a pesar de la imagen deplorable, sí atisbaba algo escondido en ti que despertó una especie de curiosidad que solo me ha traído problemas. Porque tú eres un problema, se mire por donde se mire. Tengo claro que no estamos hechos el uno para el otro pero, de momento, no podemos vivir el uno sin el otro, y eso es un tremendo problema, ¿no te parece? No entiendo por qué siempre me complico la vida. En vez de encontrar a alguien que me dé cierta tranquilidad, voy a dar contigo que solo me provocas incendios.

Créeme, cada día nado a contracorriente como si buscase llegar al lado contrario de donde tú te encuentras y así poder decirte adiós. Pero es inútil, el mar me arrastra una y otra vez a este estudio, a tu viejo colchón y a una noche sin final a la vista. Luego, cuando me quedo a solas, vuelvo a hacerme preguntas, vuelvo a intentar entrar en razón. «Aléjate de él», me dice una voz interna, y nunca le hago caso, soy estúpida. Si tengo claro que no tenemos futuro, ¿cuál es la razón de malgastar los días así? Somos masoquistas, yo más, porque a ti te daría igual perderme ahora mismo; seducirías a otra antes de que saliera de nuevo el sol y yo sería solo un retrato más en tu colección. Me lo merezco, nos lo merecemos, nos merecemos el olvido que nos brindaremos no muy tarde. ¿Cuánto hace que nos conocemos? Un año y medio escaso. Parece toda una vida. Ha cambiado el mundo de repente, nos despertamos con el sonido de las bombas que se mezclan en nuestras cabezas resacosas y pesadas que tardan en activarse. Nos gritamos, nos hacemos daño y nos entregamos de nuevo a la absenta, al hachís y a lo que se ponga por delante que nos haga esconder nuestras miserias. En el comedor social no nos distinguimos de los rateros que mendigan un chusco de pan. La periodista y el pintor, dos pordioseros más.

Te digo lo que escribí de ti tras aquella primera tarde: «Un hombre complejo. Es un cerdo y una perla. Feo, salvaje y codicioso».

Mi error fue catalogarte como complejo, ahí debí adivinar mi infortunio. Siempre me ha gustado la complejidad. Mi primer marido es prueba de ello; mi amante, que a su vez era mi jefe y por quien vine a París, lo refrendó. Huir de los convencionalismos siempre ha estado en mis planes, y así me va. Me encantaría, al menos en algún instante, aspirar a lo que aspira cualquier persona normal: a un amor sin estridencias, sin ruido, sin palabras malsonantes. Creo que hay personas que estamos predispuestas a buscar el sufrimiento en la dificultad. A ir directas a lo complicado, aun siendo conscientes de que nos espera el abismo. No tenemos remedio, abrazamos relaciones que nacen condenadas, porque, en el fondo de nuestras almas, creemos que somos capaces de cambiar al que tenemos enfrente. Y ese es el principal error, creer que el rival, porque yo ya te considero un rival, puede cambiar su forma de entender el mundo.

Siempre me quedará el consuelo de que, de vez en cuando, pude apreciar la perla y dejar de ver al cerdo. Eso, y haberte animado a pintar de nuevo.

Vaya tos tienes hoy, debería verte un médico. Un día te vas a ahogar y te derrumbarás sobre uno de esos rostros estirados que no puedes dejar de pintar.

La primera impresión es la que cuenta, pero la segunda, no menos importante, es la que puede reafirmar o no la primera. A Beatrice Hastings el segundo encuentro con Amedeo Modigliani le cambió no solo la opinión, le cambió la vida. En ese café Rotonda, tal como ella describiría, descubrió a un tipo arreglado y encantador que, sonrojado y levantándose gentilmente la gorra, la invitó a ver sus cuadros. Iba a escribir que Modigliani era entonces un joven crápula que vivía a tope la bohemia de aquel París al que ella había aterrizado para levantar «acta notarial» de lo que sucedía en los diferentes círculos artísticos para una revista. Pero no es que Modigliani fuera entonces joven, es que Modigliani siempre fue joven y así murió, recordamos, con treinta y cinco años.

La reflexión, imaginada, sobre la condena que puede suponer conocer a una persona y sentirte irremediablemente atraída la pueden contrastar las amantes que vinieron después de ella y chocaron de nuevo contra Modigliani. Que lo diga la familia de Jeanne Hébuterne, que un día después de la muerte del pintor se tiró por una ventana. Tenía veintiún años y estaba embarazada. Sus padres se negaron de manera tajante a que se la enterrara cerca de él. La pareja ya tenía una hija que fue criada por familiares. La historia de amor de Modi, apodo por el que se le conocía, y Jeanne es una de las más trágicas que se pueden encontrar en la historia del arte. Ella, guapísima y prometedora pintora, lo deja todo por él. Después de su paso por Niza buscando la tranquilidad a su vuelta a París, subsisten como pueden en un apartamento lúgubre donde el artista encontraría la muerte por una tuberculosis meningítica y ella al día siguiente, por una sensación de vacío que no pudo soportar. Diez años después de la muerte de ambos y por intermediación del hermano de Modi, los restos de Jeanne fueron trasladados al cementerio del Père Lachaise y ya descansan, si en el caso de él se puede decir así, juntos. Los epitafios no tienen desperdicio.

Amadeo Modigliani
pintor
Nacido en Livorno el 12 de julio de 1884
Muerto en París el 24 de enero de 1920
Llamado por la muerte cuando había llegado a la gloria

Jeanne Hébuterne
Nacida en París el 6 de abril de 1898
Muerta en París el 25 de enero de 1920
Compañera devota hasta el sacrificio extremo

Volvamos con Beatrice, nuestra protagonista, que vivió más tiempo, pero que, en 1943 y después de haber vuelto a Inglaterra, decidió también acabar con su vida. Prueba de la relación tormentosa de ambos es el hallazgo de hace unos años en el cuadro *Retrato de una chica*, donde se descubrió, después de un estudio, la fantasmagórica silueta de un retrato realizado con anterioridad y que corresponde a Beatrice. Probablemente decidió borrarlo para terminar de sacarla de su vida, eso o la penuria económica le hizo reutilizar la tela. Conociendo sus antecedentes, me inclino más por lo primero.

Modigliani era el exceso personificado, un tipo que nació rozando la miseria y que murió en ella. Era un genio inclasificable que terminó encontrando un estilo tan propio que casi todo el mundo es capaz de distinguir un cuadro suyo. Iba para escultor, pero entre los problemas respiratorios causados por una tuberculosis temprana que le acompañarían toda su vida, y lo caro que era el material para esculpir, optó por la pintura y, aun así, le ayudaban y financiaban amigos y amigas.

Es probable que encontrar una manera tan personal de crear le costara también el hambre que le acompañó siempre; no abrazar las modas de tu época puede llevarte a ser pobre en vida y en cambio ocupar un puesto en el Olimpo. París era un -ismo en sí mismo: fauvismo, cubismo, dadaísmo, surrealismo... Y Modigliani, a pesar de admirar a Picasso, cruzó la acera por donde no circulaba ninguno de esos movimientos, una acera sin transitar, un territorio por explorar. Una de las cosas que más se puede admirar de un artista es la capacidad de ser en sí mismo (otra vez -ismo) un movimiento, y él puede presumir de haberse acercado a ese logro.

Sus cuellos estirados, rostros afilados, ojos almendrados en ocasiones sin perfilar o sin terminar de dibujar. Inspirado en las máscaras africanas, su obra es tan reconocible que ha sido objeto de copia y de falsificaciones repetidamente. Para que no nos falte un poco de drama en el final, su hija, autora de la biografía *Modigliani: hombre y mito,* y que era un bebé cuando su padre murió y su madre se tiró desde un quinto piso, falleció en 1984, año del centenario de Modigliani, después de entablar duras discusiones por, entre otras cosas, la autenticidad de dos esculturas encontradas en un foso cerca de su estudio en Livorno.

Ser imitado y sin embargo ser inimitable podría ser el título de la vida de un hombre que dejó poco más de trescientos cincuenta cuadros pintados.

Díptico del duque de Urbino

Retratos de Federico de Montefeltro y Battista Sforza

PIERO DELLA FRANCESCA

1472

—De qué me ha valido tanto poder, amigo Piero, si no la tengo a ella. De qué me sirve dominar todo ese territorio, si ella no me puede acompañar. No sé por qué la vida ha querido ponerme a prueba con su ausencia. ¿Sabes? Habrá quien piense, dentro de decenas de años, que elegí que nos retrataras de perfil para dar la sensación de autoridad, de prosperidad, para recordar a esas monedas de la Antigüedad. Otros, más maliciosos, escribirán que la parte derecha de mi rostro no se podía mostrar, y no les falta razón. No tengo ojo derecho, las cicatrices recorren mi mejilla y suben hasta casi la frente, soy un mal modelo, pero mis torneos y batallas me ha costado dibujarlas. Si esa hubiese sido mi pretensión, te habría pedido que me arreglaras la nariz, esa nariz imposible partida en tantas ocasiones y que parece nacer unos centímetros alejada de cualquier superficie, como si fuese

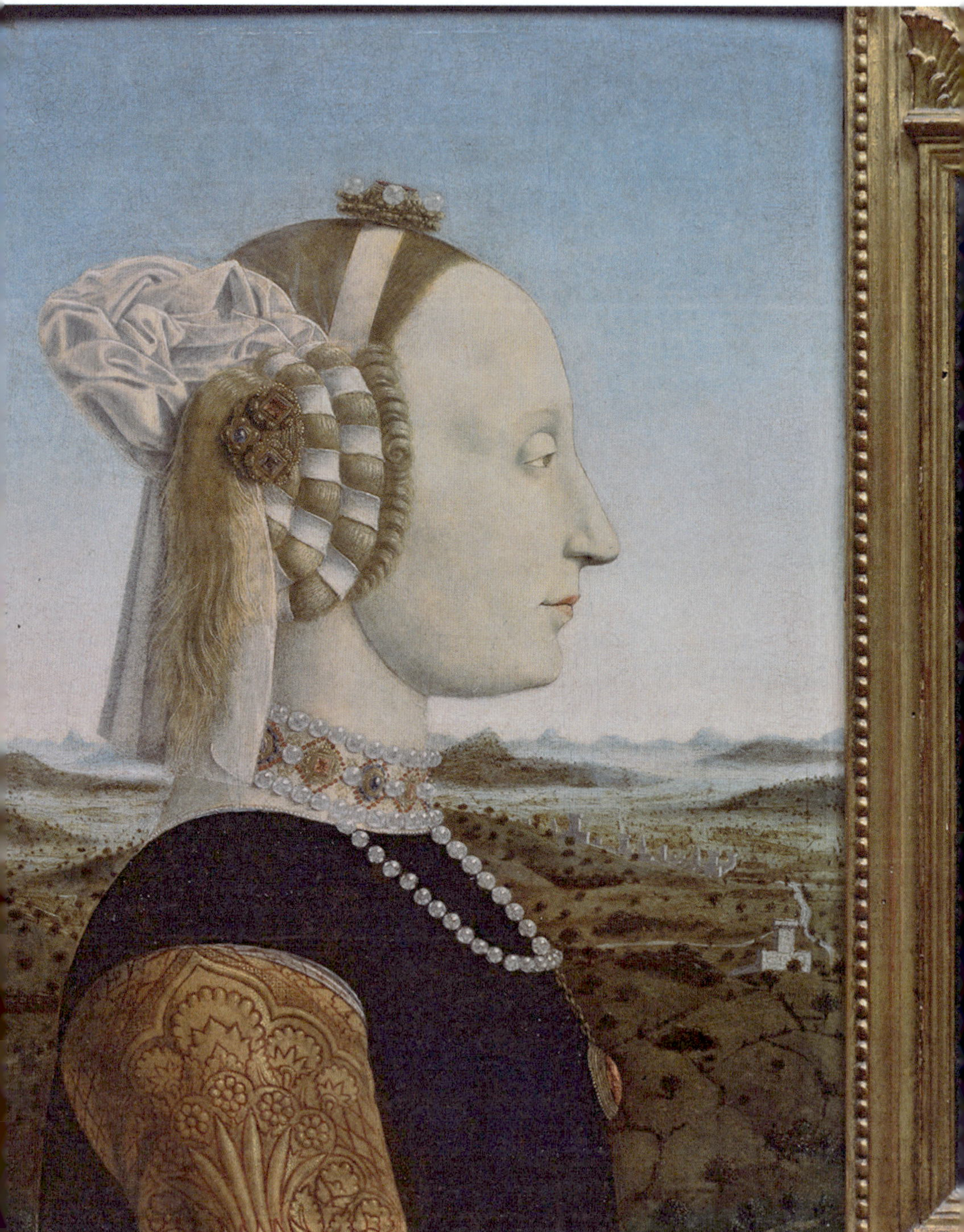

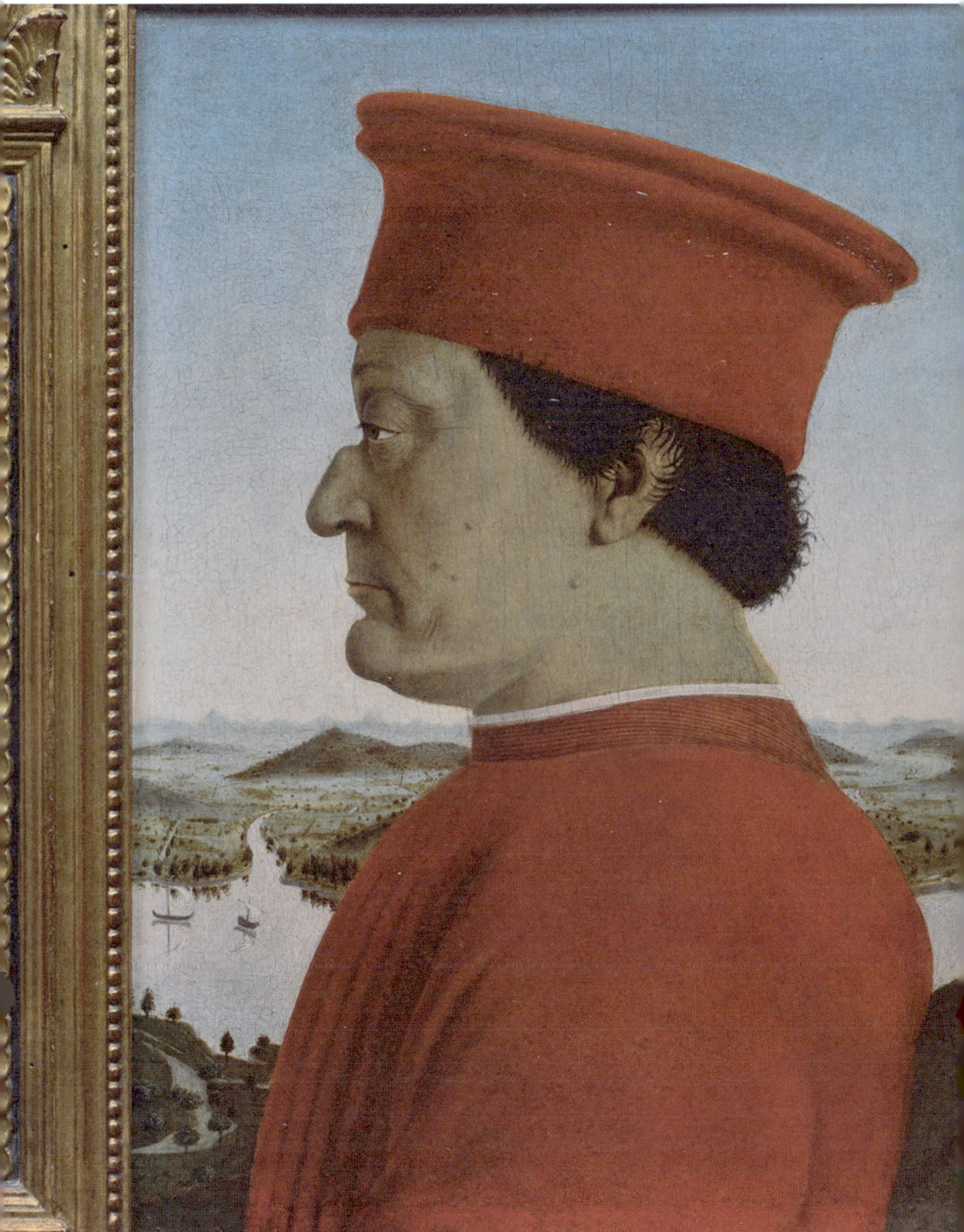

una península con bandera propia. Y no quiero que la toques ni la cambies, es uno de los símbolos que me hace reconocible. No, no es ninguno de esos asuntos lo que me lleva a pedirte, de nuevo, un perfil; es algo más íntimo, quiero permanecer siempre mirándola a ella y que ella me mire a mí. Es así de sencillo, y probablemente nadie hable de eso cuando vea la obra terminada y cuando pasen los años y yo ya no esté.

»¿No te parece una buena forma de recordar lo que fuimos? Parece un mal sueño que hace unos meses, cuando pensé en este trabajo para ti, ella viviera. Fue suya la idea de que fuera un cuadro doble y pintaras también el reverso, estaba ilusionada y ansiaba ver el resultado final.

»Era consciente de su debilidad; desde el nacimiento de Guidobaldo algo no iba bien, pero siempre imaginé que la llegada del buen tiempo mejoraría su salud. El destino es caprichoso, yo celebrando la toma de Volterra y ella respirando por última vez. Dudo que encuentre a una mujer igual, culta, refinada y tan capaz como el que más de llevar las riendas de todo durante mis largos viajes, demasiado largos, si lo pienso ahora, demasiadas ausencias, demasiado tiempo perdido.

»Tengo todavía en mi memoria el calor que hacía el día de su entierro en el monasterio de Santa Clara; verla con el hábito, la claridad de su tez y su fragilidad es algo que no olvidaré jamás.

»Ese es el fin último de este retrato, mirarnos siempre. Te agradezco el esmero que estás poniendo, la máscara mortuoria que realizaste para poder terminarlo. Estoy seguro de que ella compartiría el entusiasmo por el resultado final, que empiezo a adivinar.

—Espero que de verdad os guste cuando acabemos y que sea el homenaje deseado que queréis hacer a vuestra esposa. Nada me complacería más. De todos los trabajos que he realizado para vos, este es el que más desvelos me ha provocado. Soy consciente de lo que significa y por eso quiero concluirlo con calma y meditar bien cada trazo y cada detalle, por insignificante que parezca. Estoy seguro de que este díptico permanecerá en la memoria de la gente y en la historia durante siglos, y no será por mi ejecución ni mi técnica; es más, a muchos les costará citar mi nombre cuando lo vean; será por el significado, por todo lo que encierra. Será por vuestra culpa, únicamente por eso. Escribirán sobre el perfil, sobre el paisaje, sobre la tez de ella, sobre el reverso y el anverso. Se extenderán teorías de todo tipo sin saber que todo es más sencillo, que este cuadro es una declaración de amor póstuma de un hombre que llora una pérdida. Lo demás, incluido un servidor, es accesorio.

Exagera Piero della Francesca cuando dice que a muchos les costará recordar su nombre como autor de esta tabla. La pena con Della Francesca es la falta de documentación que hay sobre su figura y que alguna de sus obras más importantes no haya llegado hasta nuestros días. No está claro cuándo nació, probablemente en 1416, pero podría ser un par de años arriba o abajo. Vino al mundo en la Toscana, en Borgo Sansepolcro, y de su infancia y adolescencia no hay mucho donde buscar. Sí es cierto que perteneció a una familia bastante adinerada y que aprendió pronto matemáticas, geometría, perspectiva y demás conocimientos que empleó a fondo en muchas de sus obras. Solo hay que ver las figuras de los duques para corroborarlo. El paisaje que envuelve a los protagonistas es de una perfección espacial maravillosa, sobre todo para ese Renacimiento temprano en el que se mueve nuestro pintor. Las montañas, los árboles se van alejando de nuestra vista, no solo espacialmente, también de manera visual a medida que profundizamos en el díptico. El fondo se torna borroso imitando a nuestro ojo cuando intenta ver un punto demasiado alejado. Esos ojos que a él empezaron a fallarle en los últimos años de su vida impidiéndole pintar y haciendo que dedicara sus esfuerzos a la realización de diferentes tratados en los que queda patente uno de sus principales mandamientos: la vida se puede explicar y plasmar a través de las matemáticas. Esos tratados y esta obra influirían en numerosos artistas.

Uno se atrevería a decir que a Della Francesca casi le interesaba más eso que la pintura en sí, sin que dicha afirmación ponga en duda su calidad como pintor, que es algo incuestionable y le sitúa a la altura de los grandes de la historia, aunque la historia no le haya tratado igual de bien que a otros.

En Urbino imaginamos que fue feliz, porque el duque tuerto de nariz singular y su esposa querían convertir la ciudad en el epicentro cultural de Italia, en un rincón donde el pensamiento y las artes fueran pilares básicos que sustentaran la sociedad; eso sí, entre batalla y batalla del duque, que se iba dejando miembros y apéndices en cada una de ellas.

Quizá haya exagerado en el texto libre de este capítulo y lo de pintarlos de perfil no tenga ninguna connotación romántica y eso de mirarse sea solo producto de mi imaginación. Es muy posible, puesto que los perfiles eran ideales para representar a hombres y mujeres poderosos y darles el aire solemne que los retratos de este tipo requerían, pero amén de esas consideraciones y de la fealdad del duque, yo tiendo a pensar que el guerrero, que terminó enamorado de Battista, también pidió algo de eso. Se casaron cuando ella tenía catorce y él treinta y ocho. Tuvieron siete hijos, el último, varón, el mismo año en el que ella moría, a los veintiséis. Doce años de matrimonio en los que la duquesa se convirtió en la principal consejera del poderoso «mercenario», en los que se quedaba a cargo de todo cuando él iba a partirse la cara en batallas que perseguían ampliar sus dominios. Una mujer sumamente culta que sabía hablar en latín y griego y que, sin duda, influyó de manera decisiva en querer convertir Urbino en ese lugar al que cualquier artista quería ir.

En el retrato vemos su piel pálida; pálida porque eran los dictados de la moda de entonces y pálida porque es una piel sin vida. Da la sensación de que esa serenidad se acerca a lo fantasmagórico y que, una vez sabido que la pintó después de muerta, Della Francesca quiso que se apreciara la diferencia entre habitar el mundo de los vivos y el de los muertos. Si observamos el díptico fijamente, parece como si el espectro de ella mirara desde el más allá al duque. Collares, peinado y tejidos típicos junto a una frente prominente propia de los cánones de belleza renacentistas para una mujer que nunca más se ajustaría a ellos.

Hablábamos antes del único hijo varón de la pareja, Guidobaldo da Montefeltro. Al niño lo pintó Della Francesca años después o, al menos, todo hace indicar que lo pintó, porque la autoría siempre ha sido cuestionada. Es un retrato de perfil también, en el que se aprecia cierto parecido con su madre y en el que comprobamos que no ha heredado, por fortuna para él, ningún rasgo paterno. Según diferentes teorías, parece que el duque lo encargó para llevárselo consigo en sus luchas contra Lorenzo de Medici. Vamos, como cualquier padre que en un largo viaje echa un vistazo a las fotos del niño que lleva en el móvil, pero en vez de fotos mira un Piero della Francesca. Reconozcamos que hemos avanzado mucho, pero algo hemos perdido.

Un apunte sobre el reverso de este cuadro, que por sí solo es ya una obra de arte, donde encontramos a la pareja en su entrada triunfal a Urbino acompañados de las «virtudes» más destacadas de cada uno, desde la justicia y la fortaleza de él a la templanza de ella.

Piero della Francesca, al que podemos buscar en varios autorretratos en sus obras, murió el 12 de octubre de 1492, el mismo día en el que nacía un nuevo mundo a miles de millas.

Autorretrato II

JEAN DUBUFFET

1966

Se reían de mí al ver este autorretrato, pero no saben que lo contrario sería un desengaño inaguantable. Imagino al caballero bien vestido, o vestido según los dictados del momento, delante y frunciendo el ceño. A una dama de la alta sociedad con un visón que abriga su cuerpo y achicharra sus pensamientos huyendo en cuanto tiene ocasión de la visión de ese tipo pintado a rotulador que la mira. Esa sería la mejor recompensa, sentir el desprecio de quien prefiero no tener el aprecio. Hay una dicotomía brutal en esto que expreso. Por un lado, sin el favor del público mi obra está condenada a la marginalidad, y, en cambio, si cuento con su aprobación, con su respeto e incluso con esa palabra tan odiada por mí que es admiración, siento el fracaso rondarme. Necesito el fracaso público para mi éxito privado, necesito el fracaso para no fracasar.

Pongamos por caso que ese caballero o esa dama se plantan delante de mi obra y empiezan a sonreír, no a reírse de ella, que significaría mi triunfo, digo a sonreír, a experimentar una especie de placer. Y charlan sobre ella y de sus bocas sale la funesta frase: «Me gusta». Me gusta, pero, ¿qué cojones soy? ¿Una quiche en la que los huevos han sido batidos en el punto preciso y las verduras eran de temporada? Soy acaso un plato de

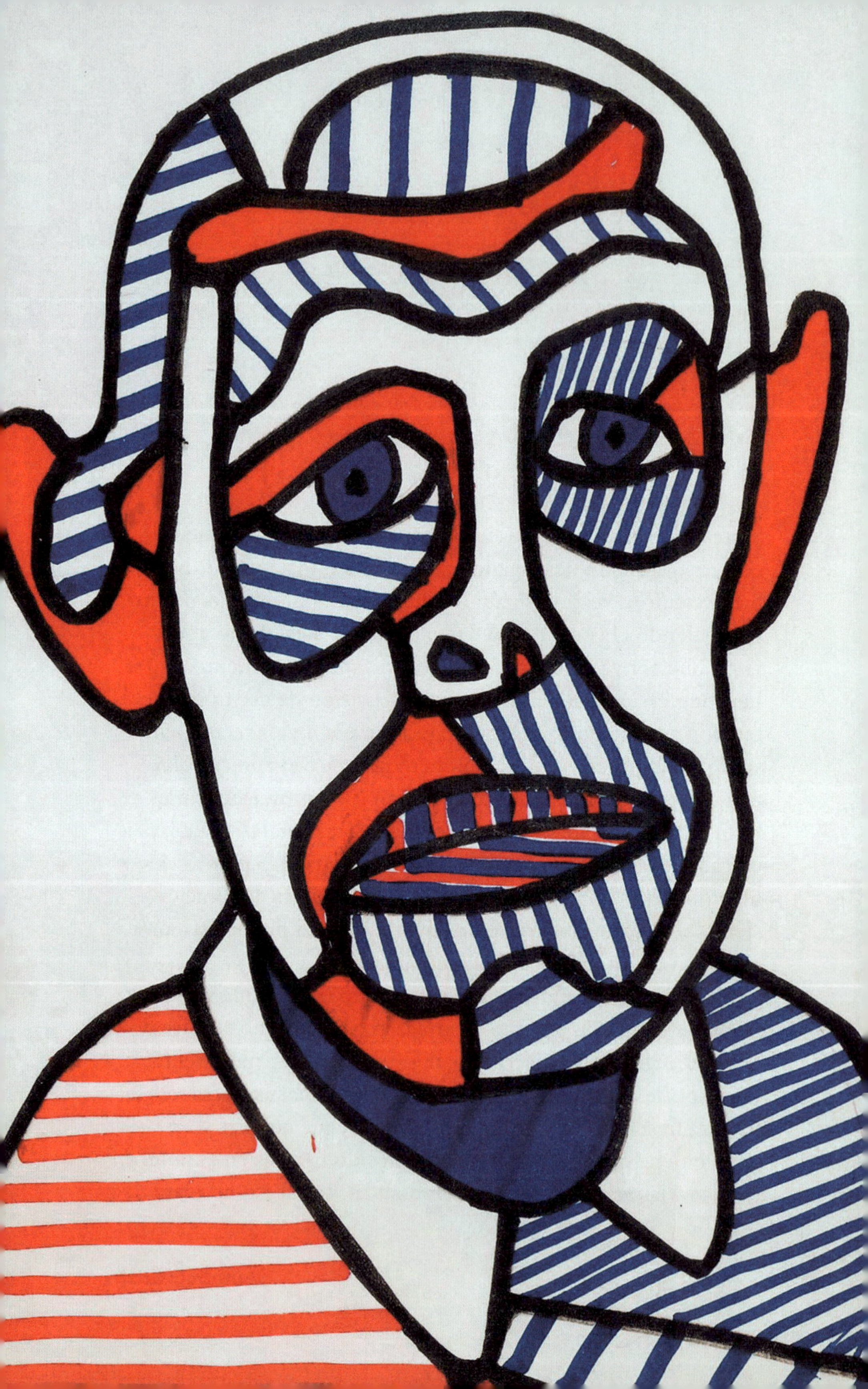

degustación. «Me gusta» es lo más terrible que me pueden decir, lo más terrible que se le puede decir a cualquier artista, aunque a muchos les plazca escucharlo. No estamos aquí para ser un plato de buen gusto, estamos para contradecir las normas e incluso para contradecirnos a nosotros mismos. Para debatir con el adversario que muchas veces está en el interior de nuestra cabeza. Si a usted le gusta mi obra es que algo he hecho mal, no he logrado apartarme del camino más transitado, de los estándares habituales y he sido parte del rebaño. No es culpa suya, que le guste mi obra demuestra su mal gusto, es culpa de un servidor que quiso conducir por una vía secundaria y, sin pretenderlo, terminó en la principal siguiendo las señales que todos siguen. Yo quiero saltarme el stop y el semáforo. Es más, quiero ir por caminos donde no existan ni el stop ni el semáforo.

Probablemente no entiendan nada de lo que estoy diciendo. Prefiero su rechazo, pero que sea sincero, añoro sentirme repudiado por su mirada y su opinión que, en el fondo, me importa bien poco. Y sí, soy contradictorio. Lo sé. Me da pena el espectador que no sabe apreciar mi obra, pero es que no creo que si la aprecia sea de la manera ideal. Si le gusta, mal y, si no le gusta, también mal; pero, puestos a elegir entre esos dos males, me quedo con el segundo, un mal menor.

Todo esto solo lo puede empeorar una cosa, que ese caballero y esa dama estén admirando mi obra en un museo, las nuevas catedrales, donde se ejerce el culto a cualquier religión. Si fuera el caso, el caballero y la dama estarían siendo adoctrinados y probablemente influenciados a expresar un «Me gusta» forzado por el alineamiento que se provoca en todo ser humano que traspasa las puertas de cualquier museo. «¿Cómo no me va a gustar algo que está aquí colgado?», pensará internamente él; «¿Cómo voy a expresar rechazo a una obra que este lugar sagrado ha tenido a bien exponer?», pensará ella. Las instituciones imponen sus gustos o moldean el gusto de la masa que, sin saberlo, termina abducida. No me digan que no han sufrido eso en sus propias carnes, el sentirse obligados a que les guste algo por el mero hecho de que le gusta al vecino y al vecino del vecino e incluso al vecino del vecino del vecino al que ni siquiera saludan en la escalera. Resumiendo, que entiendo que no me entiendan, prefiero no agradarles, vaya palabra odiosa, y en el caso de hacerlo, sepan que me están convirtiendo en un fracasado. Eso sí, si no les gusto no les tildaré a ustedes de ignorantes, simplemente no saben apreciar el arte que nace del impulso, no están preparados para él, y entonces me darán un poco de pena. ¿Me han comprendido? Espero que no, será mi primera victoria dentro de esta derrota que supone formar parte de un capítulo de un libro. ¡¡Joder, tan bajo he caído!!

Si leemos entrevistas realizadas a Jean Dubuffet, entenderemos algo más de esa semihipocresía y narcisismo de pensamiento con los que transitó el arte del siglo XX este comerciante de vino y licores que, llegado un momento, decidió dedicarse solo al arte y más concretamente al *art brut*, movimiento que él se inventó y que sí, significa «arte brutal», arte alejado de convencionalismos, de normas y de lugares comunes. Su primer mandamiento era alejarse de lo que él denominaba «corrientes artísticas al uso», el arte que está de moda, que suele ser parejo al tiempo vivido. El arte en bruto es ese que, en teoría, no está manchado por ningún arte conocido, por ninguna corriente anterior o imperante en el momento. Un arte que nace incluso de la ausencia de vocación de quien lo crea, es como si brotase por generación espontánea. El verdadero arte para él sería el folio garabateado por un niño o las manchas de los enfermos mentales sobre un papel en blanco. No hay nada que influya a un niño o a un loco, llegan vírgenes al acto final, a empuñar el lapicero o el pincel y vomitar sobre el lienzo en blanco o la pared o la cuartilla lo que tienen en la cabeza y que, a su vez, les llega sin ningún tipo de esclavitud cultural, ética, moral ni social.

Dubuffet nació en 1901, en Le Havre, la ciudad donde Monet pintó uno de los cuadros capitales del siglo XX veintiocho años antes, el 13 de noviembre de 1872, a las siete treinta y cinco de la mañana, como ha demostrado una investigación reciente. Ese cuadro es *Impresión, sol naciente,* que dio origen al impresionismo. No sabemos si esa obra «le gustaría» a Dubuffet, pero cumple alguno de los requisitos que él siempre demandó para dejarse conquistar; el primero, plasmar las emociones tal cual las ves sin dejarte pervertir por lo que te rodea. Bueno, no nos desviemos. Nuestro artista cuenta en su biografía que vivió una niñez marcada por un padre excesivamente autoritario que tenía como *hobby* dictar normas y hacerlas cumplir, y ahí es posible que haya que encontrar el origen de su contestatario pensamiento. Si a un niño le impones todo, es casi seguro que terminará odiando las normas y vivirá para saltárselas en cualquier faceta de la vida que emprenda, porque aceptarlas es volver a la niñez y dar la razón al padre.

Su dedicación a la pintura fue bastante tardía, a los treinta y un años, y llegó después de ganar una suma considerable de dinero comerciando con vino y teniendo como principales clientes a las fuerzas de ocupación nazis en el París de la Segunda Guerra Mundial, algo que tampoco le planteó muchos dilemas morales. Con dinero contante y sonante en el bolso es más fácil levantar una teoría como la suya, es mucho más sencillo querer estar al margen de galerías y museos y dedicarse a disputar a Breton el trono de lo impulsivo como motor principal de la creación.

Lo curioso es que con el paso de los años fue claudicando en lo referente a los museos y fue aceptando que su «radical» pensamiento anticultural se difundiera en los mayores templos culturales, y que la publicidad fuese la mejor manera de divulgar sus ideas antipublicitarias. Un uso perverso del sistema que tiene como finalidad criticar al propio sistema. Vender una de sus creaciones le horrorizaba (recordemos que es más fácil mantener esa postura si tienen reservas monetarias en el zurrón), ya que suponía o deseaba que su obra fuese imposible de introducir en los circuitos comerciales o culturales dominantes y fuera rechazada una y otra vez. Hago arte, pero es tan auténtico que nadie lo va a entender y mucho menos a comprar, venía a decirnos. Soñaba con la marginalidad, pero la marginalidad nunca puede ser un objetivo, viene dada, como la elegancia, y eso imaginamos que le torturaba. Hay una frase suya con la que estoy bastante de acuerdo y que ayudará a entender mejor todo este laberinto mental que he intentado recorrer aquí. Decía que «el auténtico arte se encuentra allí donde nadie se lo espera». Es cierto, casi seguro que en ese lugar esté el mejor arte posible, pero tiene que haber unos ojos abiertos para ser capaces de recibirlo; lo contrario es la nada.

Ophelia

JOHN EVERETT MILLAIS
1851-1852

Llevaba inmóvil dos horas, mirando al techo del estudio en el que se dibujaban formas caprichosas. Conocía cada poro de esa pared, habría sido capaz de escribir un poema sobre ella. Era el décimo día en el que me introducía en esa bañera que Millais había decorado en su estudio del 83 de Gower Street. Fuera, Londres cortaba el aliento; en esta ciudad, el invierno es más invierno por ese viento que palidece los rostros y tiñe de rojo las mejillas. Siempre asocié esas caras sonrosadas tan inglesas al aire afilado que me empujaba hasta aquella bañera en los primeros meses de 1854.

Millais, al que conocí a través de Walter, quería representar la más fiel Ofelia posible, una Ofelia en pleno ahogamiento, la tragedia shakesperiana en un cuarto de baño.

Entraba en aquel piso cada mediodía sin saber exactamente cuándo saldría. Me metía vestida en aquella bañera, perdía la mirada y extendía levemente el antebrazo con los dedos de la mano ligeramente cerrados. Era la postura de quien espera la muerte siendo consciente de ello, una muerte buscada, una salida, pero en vez de esperar verla descender del cielo, en mi caso la muerte bajaba de ese techo.

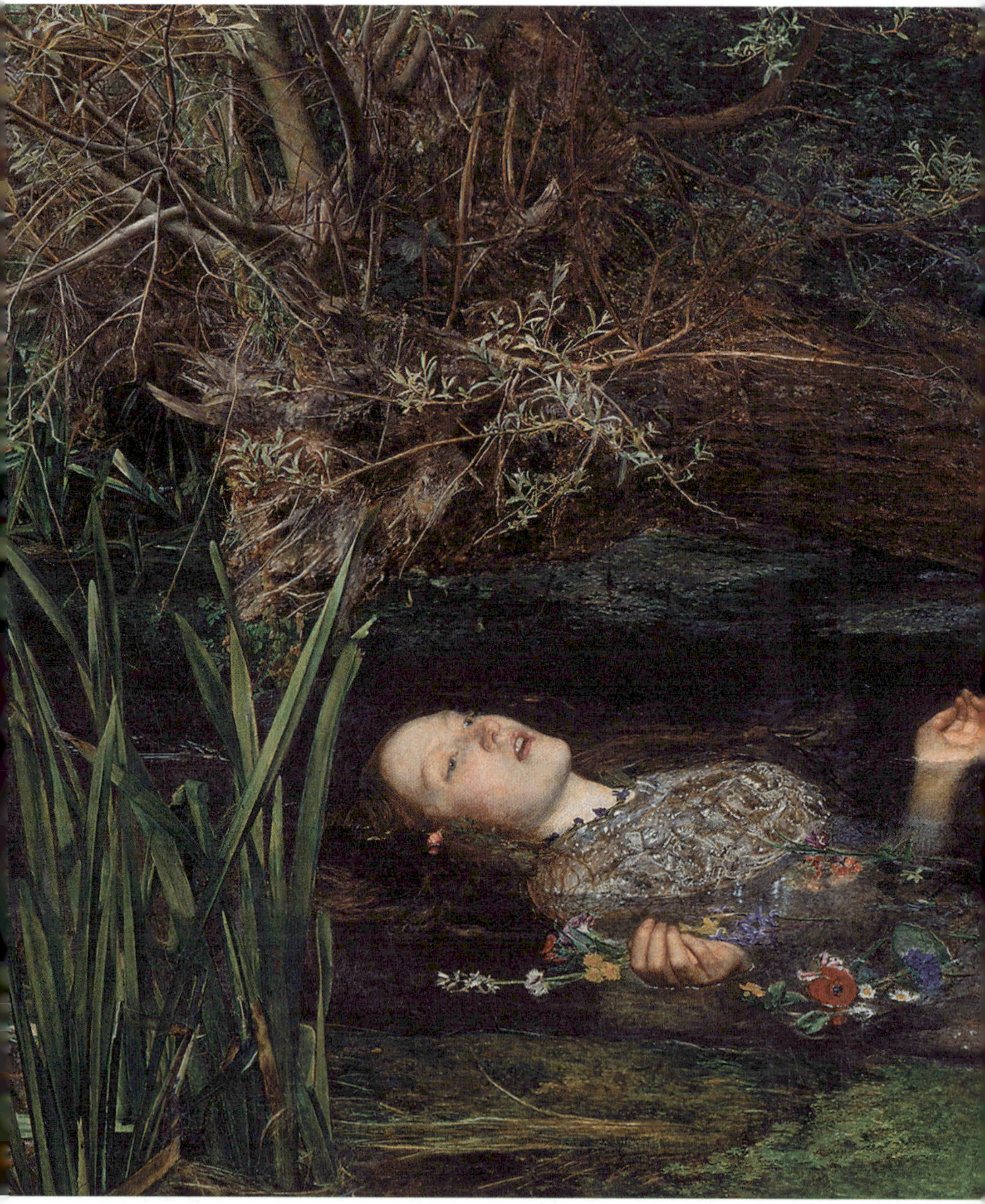

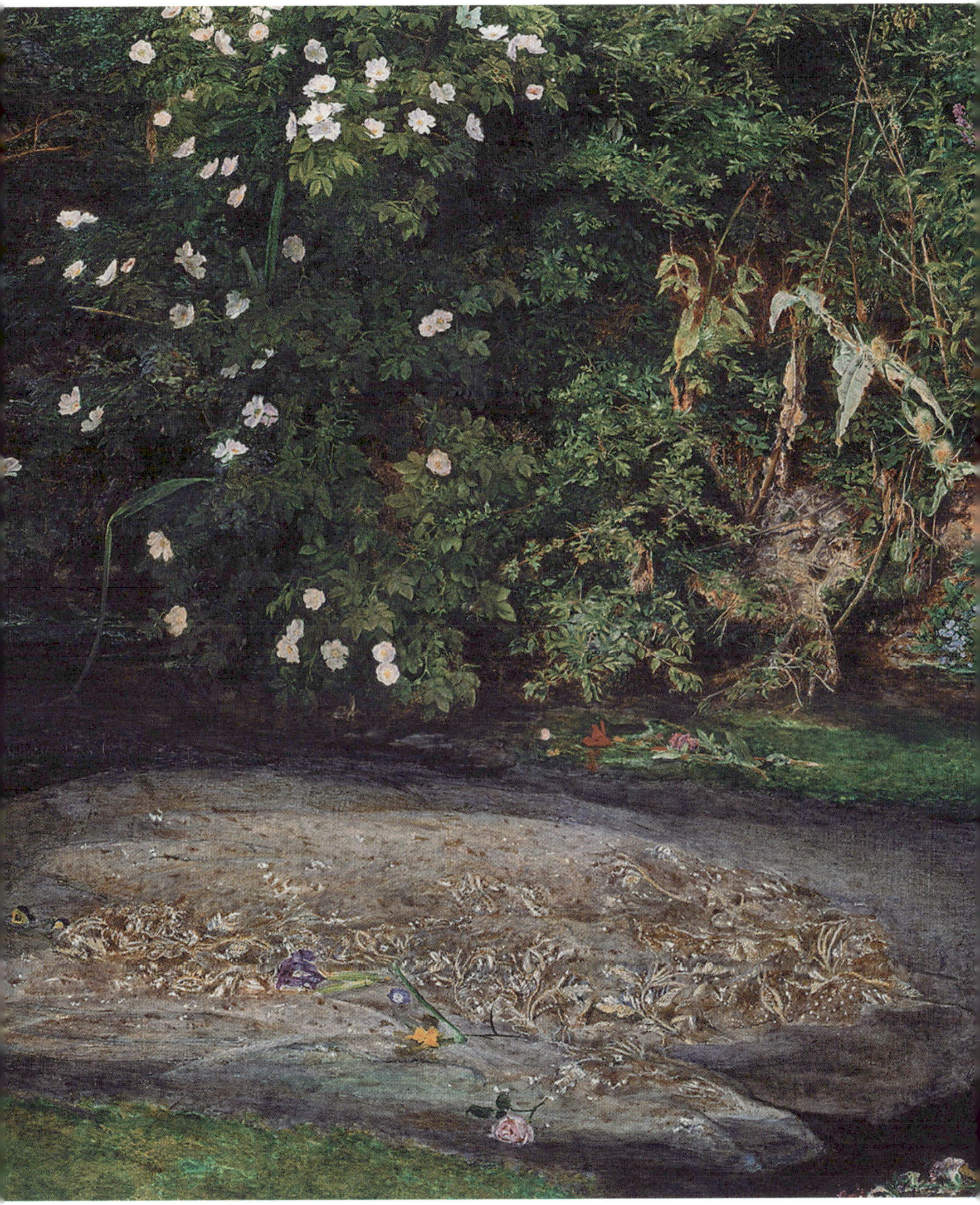

Antes de introducirme en el agua, Millais encendía velas en el hueco que había entre el suelo y la bañera, y ese calor en la espalda hacía algo más llevaderas las horas.

No hablábamos mucho, yo andaba absorta en mis pensamientos y él concentrado en cualquier detalle que pudiese arruinar el realismo de la escena. Uno de los matices que más le preocupaba era mi boca. No se imaginan lo que puede llegar a cansar tener los labios siempre en la misma actitud, con la misma apertura, «como queriendo decir algo antes del instante final», me repetía. Pues ni la ropa mojada, ni la espalda contra el lecho de hierro de aquella vieja bañera, no, era dibujar con la boca esa expresión que va de la vida a la muerte y de la palabra al silencio la que más me agotaba. Mirando la amarillenta pintura de mi cielo particular imaginaba el que habría a esas horas a orilla del río Hogsmill del que tanto me hablaba el artista. Él había visitado el lugar en repetidas ocasiones y sobre ese escenario ya bocetado me pintaba sin descanso.

Una mañana empecé a sentir más frío del habitual en la espalda, llegaba hasta las piernas, hasta los dedos de los pies. Es curioso, pero ese frío no me hizo rilar, era capaz de permanecer tan inmóvil como la situación requería, dejé ese sentimiento helador aparcado y la sesión continuó.

Anduve por el lecho del río entre sauces, ortigas, margaritas, cogía violetas para mi collar y respiraba ese aire puro que se respira en las orillas de cualquier parte, tanto geográficas como vitales. Esa bañera era una de mis orillas, había logrado salir de la tienda de sombreros y ahora un grupo de pintores se peleaban por retratarme; por fin podía soñar con un futuro artístico, con escribir poesía e inspirarme en el talento que me rodeaba. Tenía un horizonte, lejos, pero horizonte. No sabía entonces que las orillas también anuncian la llegada a lugares a los que es mejor no llegar, pero eso forma parte del juego de la vida, del destino. Si Walter Howell Deverell no hubiese traspasado aquella tarde el umbral de la tienda de sombreros, yo no estaría aquí ahora; si no hubiese visto en mí un supuesto ideal de belleza, no tendría mi pelo mojado y la mirada perdida. Nadaba en la rutina y me sacaron de ella para llegar a una playa llena de incertidumbre.

La caída de un vaso me sacó de la ensoñación y mi cuerpo empezó a temblar sin descanso, incontrolable. Cada uno de mis músculos se contraía y se relajaba a gran velocidad, espasmos imposibles de gobernar me sacudían, nunca había experimentado el dolor del frío de una manera tan intensa. Transcurrieron unos diez o doce interminables segundos hasta que Millais salió también de su estado febril para auxiliarme. Agarró toallas y mantas y me intentó dar un calor que no llegaba. Creo que nunca logré sacarme aquel escalofrío, me acompañó el resto de mis días.

Las velas que disponíamos debajo de la bañera estaban apagadas, ninguno de los dos nos dimos cuenta, ambos estábamos lejos de aquel lugar. Ese fue el principio del fin de mi vida, la enfermedad se instaló en mis días y pronto encontró a la desdicha como compañera con la que complementarse.

Aquel día, en ese cuarto de baño de Londres, empecé a morir. Una muerte lenta que estaba escrita diez años después. Ofelia sería yo.

Elizabeth Siddal murió el 11 de febrero de 1862 en Londres, un día imaginamos que con viento frío como los de aquellas jornadas en casa de John Everett Millais. Murió unos diez años después de congelarse en una bañera intentando ser la Ofelia shakesperiana, luchando por no mover esos labios casi cerrados, solo abiertos para que escapase una última palabra llegado el caso.

La historia de la sombrerería es cierta y también lo es su descubrimiento por ese movimiento denominado los prerrafaelistas que, como su nombre indica, buscaban la inspiración o unos ideales en la pintura anterior al revolucionario Rafael Sanzio. Sus gustos miraban al siglo XV italiano, una búsqueda de ideales y de misticismo en unas obras que reivindican la naturaleza y el simbolismo con una enorme técnica. Es curioso que el «movimiento prerrafaelista» tiene su puesta de largo en el mismo piso donde estaba la bañera que dejó helada a nuestra protagonista, en el 83 de Gower Street. Allí armaron una especie de cofradía o hermandad, en 1848, James Collinson, William Holman Hunt, John Everett Millais y Dante Gabriel Rossetti. Es en este último en el que nos vamos a detener para no desviarnos mucho del tema y comprobar, una vez más, las intrahistorias que esconde un cuadro.

Rossetti se casó con Elizabeth; para ser exactos, se casaron diez años después de empezar una relación. A él, hijo de un profesor del King's College, le daba pavor defraudar las expectativas familiares que no contemplaban el matrimonio con una modelo en una época en la que ser modelo se confundía con la prostitución.

Elizabeth era sensible, poeta y artista, pero tanto la poesía como la pintura quedaron en un segundo plano bajo la figura de Rossetti, como tantas veces por desgracia ha sucedido. Ella encarnaba los ideales de belleza de los prerrafaelistas, su largo pelo rojizo, su boca, su rostro. Todos querían pintar a Elizabeth Siddal.

Enamorado, y por lo que se cuenta infiel, Rossetti hizo que la vida de Siddal transcurriera entre la tristeza y la infelicidad que se pueden apreciar en los poemas que escribía y en la manera que tenía de autorretratarse, alejada de tanto ideal.

Rossetti quería pintarla en exclusiva, por eso es sencillo seguir su rastro en muchas obras. Ella seguía dibujando, e incluso el crítico John Ruskin la apadrinó al principio de su carrera.

En 1861, después de un año de matrimonio y once de relación, da a luz de manera prematura a una niña muerta. Eso termina por acentuar las sombras que se ceñían sobre su personalidad, provocadas por una salud delicada y acrecentada por la adicción al láudano, un remedio farmacéutico a base de opio que se extendió en los círculos artísticos como fuente de inspiración. La leyenda cuenta que a Siddal (con una sola L porque Rossetti decidió quitarle una) se la veía pasear con los brazos en el pecho como si estuviese meciendo a un niño imaginario y pidiendo silencio para que no le despertaran. A partir de ahí, nada, su cabeza ya no pertenecía a este mundo o no estaba en este mundo. En 1862 apareció muerta en la cama: sobredosis de láudano, aunque el suicidio estaba prohibido en aquella época en Inglaterra. Una prohibición absurda, porque qué le importa al que se va a quitar la vida, ¿acaso hay pena más grande o condena mayor?

Rossetti, que a pesar de las turbulencias en la relación siempre la animó a pintar y escribir, destruyó cualquier detalle que pudiese hacer pensar en el suicidio para así poder enterrar a su amada, esa amada a la que no supo amar. Dentro del ataúd metió el único ejemplar de sus poemas manuscritos. Años después y ante las penurias económicas que atravesaba, se dejó convencer por un grupo de amigos para que autorizara la exhumación del cadáver y rescatar ese libro, *Poems*, atacado ferozmente por la crítica.

Sobrecoge pensar en esa noche de 1869 o 1870 en la que un grupo de hombres se abre paso en la oscuridad del cementerio de Highgate y vuelven a encontrarse con aquella dependienta de la tienda de sombreros que escribía poesía y dibujaba como ellos y a la que la vida se le fue torciendo y torciendo hasta entrar en una especie de espiral de la que fue imposible salir.

Con su muerte, el carácter de Rossetti fue también girando hacia el abismo, encaminándose hasta ese lugar en el que vives ya más por lo que recuerdas que por lo que está por llegar. La siguió pintando, y en 1864 llegaría una de sus obras cumbres, *Beata Beatrix*, estableciendo un paralelismo entre su amor por Elizabeth y el de Dante Alighieri por Beatriz.

El alcohol y las drogas fueron escalando posiciones en sus prioridades y en 1882 moría, solo y desgraciado.

La tumba de Elizabeth Siddal es objeto de peregrinaje para muchos que quieren estar cerca de una mujer a la que hemos visto más de lo que creemos, a la que nos encontramos en obras sin saberlo y que estaba llamada a ser algo más que la modelo de un puñado de artistas en el Londres del siglo XIX. Y quizás sus desgracias comenzaron en una bañera donde el frío la cogió para no soltarla jamás.

Toda esta historia se podría haber resumido en uno de los poemas de la propia Siddal:

> Tus fuertes brazos me rodean, amor.
> Mi cabello se enamora de tus hombros;
> lentas palabras de consuelo caen sobre mí.
> Sin embargo, mi corazón no tiene descanso.
>
> Porque solo una cosa trémula queda de mí,
> que jamás podrá ser algo,
> salvo un pájaro de alas rotas
> huyendo en vano de ti.

John Everett Millais

No puedo darte el amor
que ya no es mío,
el amor que me golpeó y derribó
sobre la nieve cegadora.

Solo puedo darte un corazón herido
y unos ojos agotados por el dolor,
una boca perdida no puede sonreír,
y tal vez ya nunca vuelva a reír.

Pero rodéame con tus brazos, amor,
hasta que el sueño me arrebate;
entonces déjame, no digas adiós,
salvo si despierto, envuelta en llanto.

Retrato de la periodista Sylvia von Harden

OTTO DIX
1926

Mira mis dedos, largos como los de un pianista, tan largos que parecen puestos después, quiero decir, como si alguien los hubiera implantado en algún momento de mi adolescencia para gastarme algún tipo de broma macabra. Son dedos que escondo a menudo, excepto cuando fumo, como es el caso. Dedos convertidos en garras, falanges que intento disimular en mi día a día, aunque los tenga que utilizar a menudo. ¿Sabes?, hay muchas partes del cuerpo que puedes esconder, pero los dedos, las manos, es casi imposible. Salen de paseo con tanta frecuencia, los necesitamos para casi todo, es inevitable que se vean y que alguien los mire, así como de reojo, que es la peor manera de mirar, porque significa que algo te llama la atención y te produce pudor fijarte más atentamente o preguntar por ello. Claro que, en mi caso, esas miradas son continuas y no se limitan solo a mis manos. Me miran el peinado, las orejas, la nariz, los labios, los ojos y, por supuesto, el monóculo. ¿Soy rara? Sí, probablemente sea rara, pero la rareza la crean los que están enfrente, los que miran, los que te juzgan y atraviesan con sus formales ojos y su

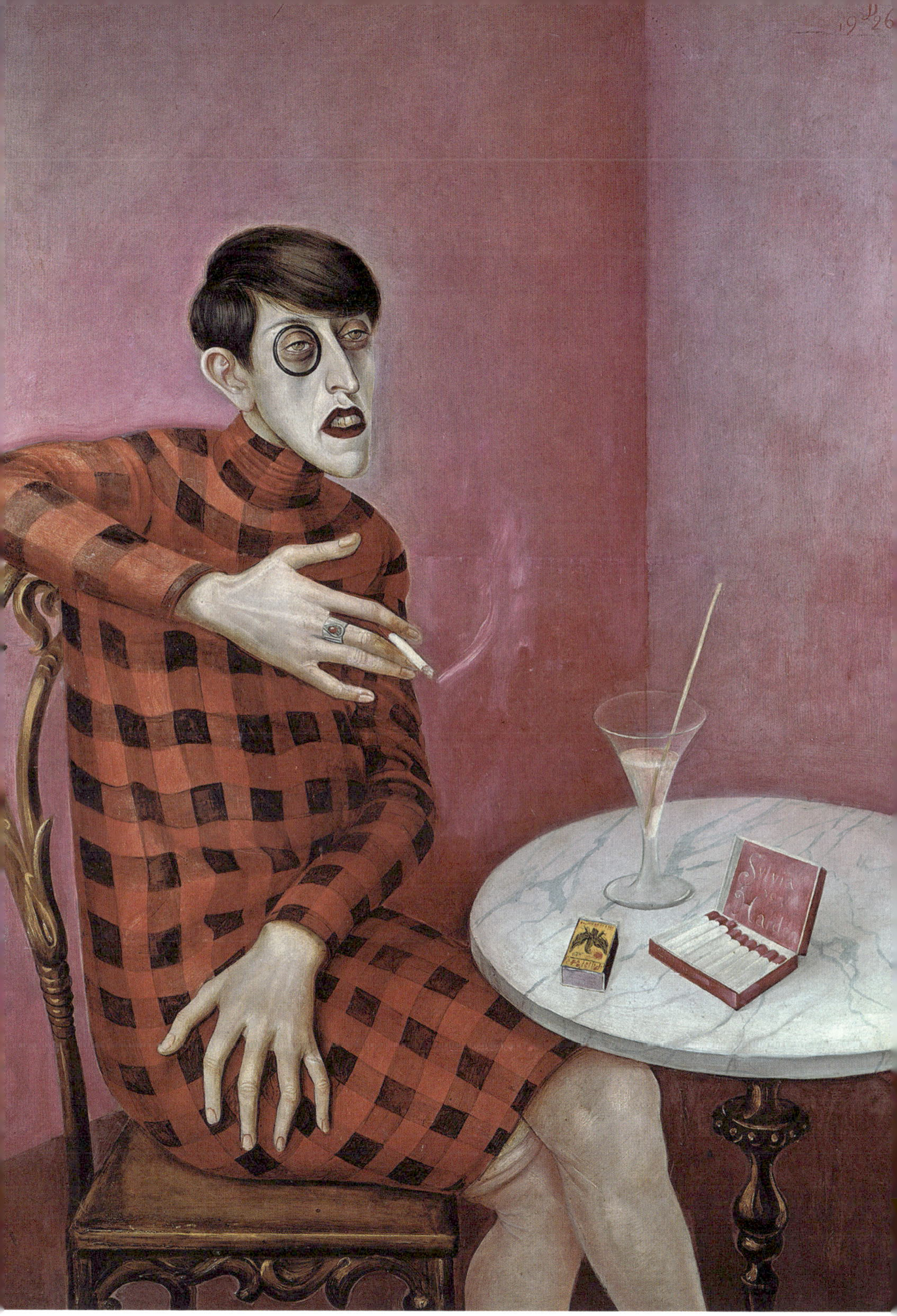
Sylvia

formal aspecto. Por suerte, en Berlín empieza a haber de todo, se ven más mujeres atrevidas que viven como quieren y visten lo que les da la gana, sin prejuicios ni miedo a ser objeto de la burla de esos biempensantes que están podridos por dentro. Que dejen vivir a la gente, que cada cual se ponga el disfraz que desee. Todos somos personajes, ese hombre que ahora mismo camina por la calle, ¿lo ves?, ese carga con su personaje, interpretará un papel como el que interpretamos todos. Esa pareja con el niño, igual. La cuestión es, yo no los analizo, son parte de la película, se deben a un guion que probablemente no coincide en nada con el mío, pero qué más da; si todos tuviésemos el mismo guion, la realidad sería insoportable.

Y dices que quieres que se me vean las manos y que no me quite el monóculo. A veces pienso que buscas que se rían de mí. Pero estoy dispuesta a correr el riesgo, aunque no me seduzca la idea de estar unas horas aquí sentada esperando a que te llegue la inspiración.

Que represento una época, repites una y otra vez, un modelo de mujer liberada, que soy el fiel reflejo de la modernidad. Me conquistas con frases grandilocuentes con las que me dejo engañar; al fin y al cabo, los engaños piadosos son necesarios de vez en cuando. También te digo que lo del cigarrillo, el cóctel y demás adornos pueden provocar que el resultado sea tópico; en ocasiones, si se pone el acento tan explícitamente, se puede conseguir el resultado contrario al deseado y caricaturizar lo que se perseguía. Ya bastante caricatura parezco o me hacen sentir.

Tampoco quieres que me suba la media, eso no es moderno, eso es que se han ensanchado y se me van cayendo a cada paso.

Ves cómo me observan, no lo pueden evitar. Menos mal, como te digo, que estoy acostumbrada, pero al principio me veía a mí misma como un animal del zoo ante el que desfila un público deseoso de ver cosas raras. Soy rara, no menos que ellos, todos lo somos, benditas rarezas y benditos días que vivimos en esta Alemania con tantas cicatrices. Los locos años veinte que permanecerán en la memoria como los años del cabaré y del humo y de las noches sin final. Hace dos días, como el que dice, éramos un país en guerra, gris y destrozado. Toca apostar por el color, por la vida y por la diferencia.

Venga, toma los apuntes que necesites, va a empezar la función. Ah, y pídeme otro Martini, por favor, que tengo la sensación de que esto va para largo.

Es tan imaginado todo lo anterior que se parece demasiado a la realidad. La periodista Sylvia von Harden escribió un artículo explicando cómo se produjo su primer encuentro, o encontronazo, con Otto Dix. Y no hay mejor descripción de ella que la que hizo de sí misma recreando aquel encuentro y la insistencia de uno de los máximos exponentes de la Nueva Objetividad alemana, ese movimiento, ya saben, que entronca con el realismo crudo.

> —¡Tengo que pintarte! De verdad, tengo que hacerlo. ¡Representas toda una época!
>
> —Es decir, que quieres pintar mis ojos apagados, mis orejas estrafalarias, mi larga nariz y mis labios finos. Quieres pintar mis grandes manos, mis piernas cortas, mis enormes pies... Cosas que solo podrían espantar a la gente, y no deleitar a nadie.
>
> —Te has descrito fielmente. Todo eso me permitirá hacer un retrato representativo de una época que no se preocupa por la belleza externa de la mujer, sino por su condición psicológica.

Aquella insistencia trajo esta obra. La casuística juega, en ocasiones, un papel determinante en la historia del arte. Otto se cruzó con Sylvia y sufrió un flechazo pictórico que se tradujo en varias sesiones de posado. Y eso a pesar de la respuesta que él dio, porque no es muy diplomático decirle a alguien que quiere retratarle por ser una persona que no se preocupa por su belleza visible, que lo que quiere es ver en qué se traducen esos rasgos que, *a priori*, no cumplen con lo establecido o lo esperado.

Otto Dix nació a finales del siglo XIX y tuvo que sortear los augurios de un profesor de dibujo que le predijo un futuro poco prometedor en las bellas artes. Su vida cambia radicalmente, como muchas entonces, con el estallido de la Primera Guerra Mundial. Herido física pero sobre todo emocionalmente, lo visto en el campo de batalla permanecerá siempre en su subconsciente y se puede rastrear en numerosas obras, la más obvia, esa serie de aguafuertes titulada *Guerra*, donde queda patente el horror experimentado. Retratista consumado, su manera de ver a quien tiene delante es difícil de asimilar para el que posa. No busca la belleza, o más bien su objetivo es captar la belleza que transmite lo real, aunque lo real no sea bello. Prefería no conocer muchos detalles del retratado o de la retratada para que esas pinceladas no estuvieran condicionadas por el *curriculum vitae* vital de quienes se iban a sentar enfrente. De manera natural, si alguien nos cuenta sus heridas, es probable que tendamos a intentar poner alguna venda durante el proceso creativo para aliviar un poco el dolor. Eso nos pasa a diario, no mantenemos la misma conversación con alguien de quien sabemos que acaba de sufrir una pérdida o un desengaño que con alguien de quien no sabemos nada. Si a cualquiera de nosotros nos dicen: mira, se acerca Fulanito, que se acaba de separar y está destrozado, nuestra predisposición, nuestro lenguaje verbal y corporal será muy diferente a si el mismo Fulanito llega directamente sin esa advertencia y empieza la charla.

Otto prefería no saber, porque estaba seguro de que esa ignorancia ayudaba a la ejecución y el retrato iba a ser capaz de captar la esencia y hablar por sí solo.

Durante el periodo de entreguerras, y en aquella Alemania de Weimar, Berlín se convirtió en una ciudad ansiosa de modernidad y diferencia, llena de bullicio, noche y hombres y mujeres deseosos de disfrutar todo lo disfrutable. En ese escenario y con un hombre marcado por el dolor, el resultado, con todos los contrastes posibles, solo podía ser duro y real, realismo exagerado.

La Segunda Guerra Mundial cambió la suerte de Dix antes de llegar a las trincheras: fue uno de los primeros catedráticos destituidos por el avance del nacionalsocialismo y luego uno de los «artistas degenerados» señalados por los nazis. No volvió a encontrar su hueco o a encontrarse a sí mismo. Reconocido en vida, su manera de entender el arte parece no tener cabida en la Alemania que intenta sobreponerse a una primera mitad de siglo demoledora.

Sylvia es periodista, es mujer, es moderna, es poeta, es sofisticada, es más guapa que como la vemos en el cuadro y no deja indiferente a nadie cuando camina por las calles de ese Berlín que se empeña en ser feliz. Es curioso cómo las personas hacen a las ciudades y cómo se puede llegar a forzar la felicidad para intentar dejar un trauma atrás. En esos años, algo parecido debía de suceder en la metrópoli alemana y en otras tantas europeas. A la felicidad no se la espera, se la sale a buscar. Una mujer con el pelo a lo *garçon*, con monóculo, tez blanca y labios pintados de rojo rabioso era un estandarte de aquellos tiempos y de la feminidad. Otto Dix lo supo ver y por eso suplicó pintarla. Casada con un escritor, madre de un niño, se exilió en 1933 en Inglaterra, donde la vida era ya otra.

Como curiosidad, el espíritu de Sylvia se puede encontrar en la película *Cabaret* de Bob Fosse, si buscáis el *Willkommen* en internet comprobareis que hay un fotograma que es exactamente una reproducción del cuadro. En ese número musical se cantan cosas como: «¿Así que la vida es decepcionante? ¡Olvídalo! ¡No tenemos problemas aquí! Aquí la vida es hermosa».

Lo dicho, retrato de una época.

Otto Dix

El paraguas

MARÍA BASHKIRTSEFF

1883

Veis a esa niña, veis su mirada, su gesto, sus ojos. Si os fijáis atentamente comprobaréis que ella no está en el mismo lugar que vosotros. Es fácil adivinar que ella no os contempla; si la mirada dejara una estela o dibujara una silueta en el aire os atravesaría y se perdería en el horizonte. Seguro que sabéis de lo que hablo. Son esos momentos, que suelen ser efímeros, en los que el pensamiento se evade de tal manera que dejamos de controlarlo y somete a todo nuestro cuerpo a una especie de ausencia forzada de la que cuesta reaccionar. Nos quedamos hieráticos mientras el mundo sigue en movimiento y todos alrededor van con sus asuntos a cuestas, ajenos a que una persona está petrificada a su lado. Cuando esto sucede solemos ser invisibles para el resto y ellos, a su vez, intrascendentes para nosotros. Es un viaje lejano a algún lugar de la memoria, a algún recuerdo que nos atropella, o simplemente un viaje a la resignación. Sí, porque a veces la resignación es la salida más cercana y también la más compleja. Muchos estudiosos te animan siempre a no resignarte, a seguir luchando y peleando en pos de una victoria futura que suele ser siempre una incógnita y que rara vez llega. Resignarse está mal visto, salvo que se haya intentado hasta la extenuación; se puede fallar, pero solo está permitido si el objetivo es subir a lo más alto de la montaña o cruzar el río más ancho. Se perdona menos si las fuerzas fallan antes, si el oxígeno falta pronto y prefieres sentarte en mitad del camino o agarrarte a un tronco, aun a sabiendas de que nunca llegarás a la cima. Nos pasamos la vida intentando hacer cumbre como si no lograrlo fuese a decepcionar a alguien.

Esa mirada no se dirige a vosotros, no. Atraviesa el tiempo y el espacio para posarse en un lugar indeterminado que solo conoce ella. De ahí debe venir esa frase que a todos nos han dicho alguna vez: «Estás en tus pensamientos». Esos pensamientos constituyen el lugar más personal e incontrolable al que podamos acceder y el más infranqueable para el de al lado. Son vivencias mentales que rara vez compartimos y que nos llevan a encontrarnos con nosotros mismos en algún remoto rincón de nuestra existencia o de nuestros anhelos. De ese estado de somnolencia o aturdimiento salimos de golpe, de una manera traumática, al menor contacto con la realidad de la que precisamente nos hemos aislado. Es una burbuja frágil, delicada, que se rompe sin que queramos y sin avisar. Un respingo y somos los de antes o somos los que precisamente queríamos dejar atrás.

A esa niña que camina a toda prisa hacia la madurez la van a despertar en cualquier momento, por eso quise pintarla así, para que el instante fuese imperecedero. Esa niña, en el fondo, soy yo, con otro cuerpo, pero soy yo, detenida en una etapa de mi vida en la que no sabía que estaba condenada a morir tan pronto; soy yo, resguardándome de la lluvia, intentando no mojarme. Empaparme significaría empeorar de mis dolencias y que las toses se hagan insoportables y el frío se adhiera a los huesos agarrándolos y entumeciéndolos. Me proyecto en esa criatura a la intemperie que por unos minutos ha logrado no

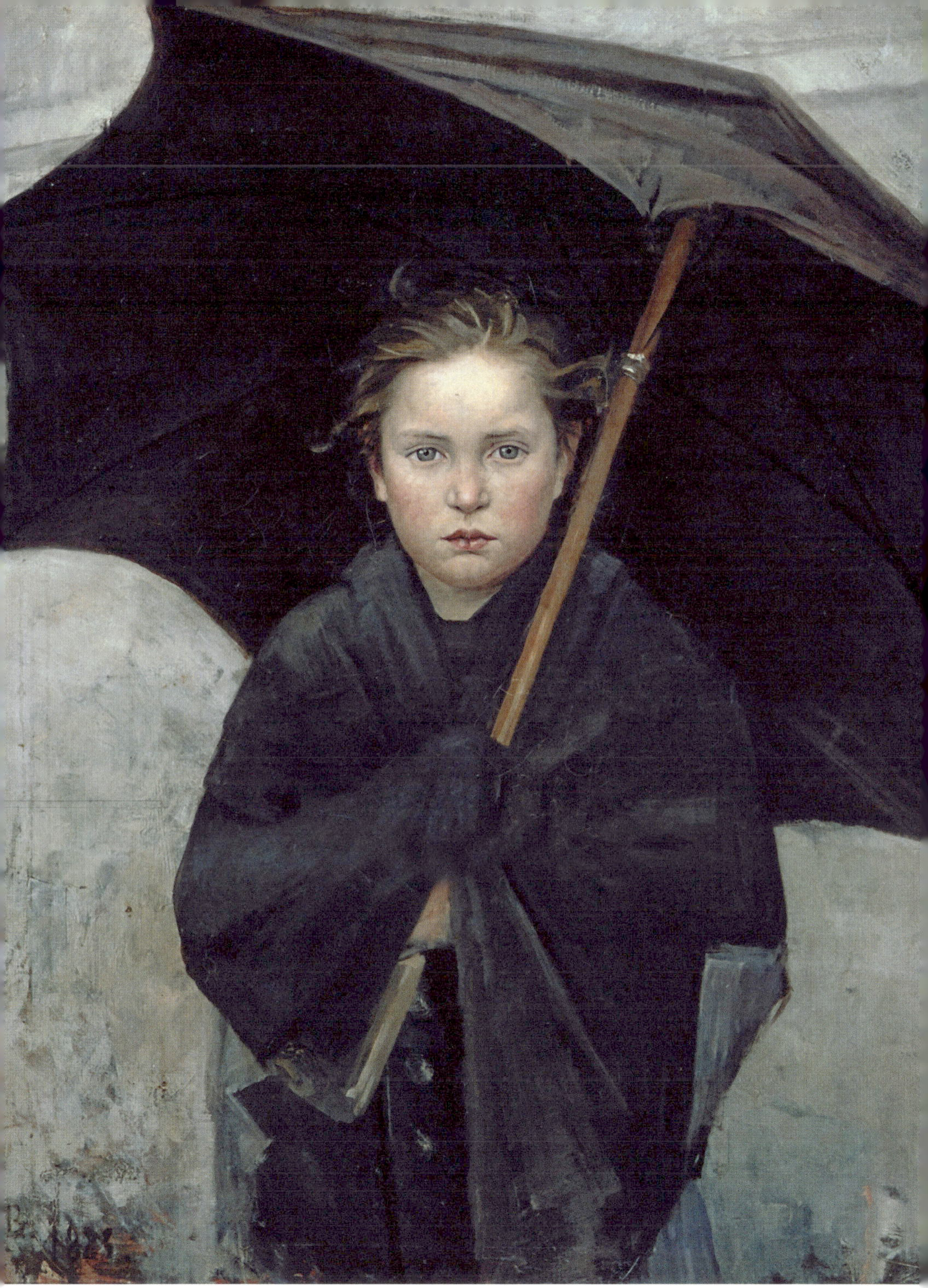

estar en ningún sitio para poder llegar a muchos. El paraguas que invade toda la escena y que prácticamente se funde con ella no es físico, el paraguas es la mirada que la protege de lo que tiene enfrente.

La niña no se moja porque en realidad no está ahí. La niña no se moja porque ni siquiera puede ver la lluvia que siempre cae cercana.

> Marie se levanta un poco, suelta un suave suspiro, el suspiro de los niños pequeños al despertar, y dos gruesas lágrimas ruedan por su mejilla... luego, su cabeza vuelve a caer en la almohada.

Esas palabras, escritas por un amigo de la infancia, describen bien los últimos días de María Bashkirtseff, que murió a los veinticinco años por una tuberculosis que la había condenado años antes. Estuvo a punto de ser cantante de ópera hasta que una laringitis, primer síntoma de la tuberculosis, lo impidió. Es muy posible que hubiese logrado hacer carrera en la música, un eminente profesor de canto de París definió su diapasón de mezzosoprano, tres octavas menos dos notas.

La imposibilidad de triunfar en la ópera y rendir a sus platónicos amores en particular y a la sociedad en general desde un escenario le hizo cambiar de arte y convertirse en pintora, también tenía el don del pincel. Y su carrera no hizo más que crecer y crecer en prestigio.

Antes de los pinceles y de la ópera, sus padres se habían separado siendo ella muy pequeña. Su madre, junto a su tía, se dedicó a poner tierra de por medio con su padre viajando por

Europa. Italia, París... La joven María aprende idiomas, lo observa todo y se empapa de un estilo de vida que le gusta. Y en esos años empieza a madurar la idea de que debe convertirse en alguien conocido para poder subsistir o hacer su vida como ella quiera. Fue consciente de que por el hecho de ser mujer iba a tener que esforzarse más; lo que a un hombre le costaba un día, a una mujer siete, por eso aprovechó el tiempo. Nunca entendió ese trato, mitad condescendiente, mitad humillante, que sufrían ellas. Además, estaba acostumbrada a ser el centro de atención, la mejor en casi todo. Sus primeras obras, presentadas a los salones, estaban firmadas con nombres neutros que de alguna forma podían allanar el camino. Siguió viajando, visitó España y se quedó cegada por la obra de Velázquez, que admiró en un todavía joven Museo del Prado.

Abrazó el naturalismo y, tras adquirir conciencia política y, sobre todo, social —en ello influyeron sin duda las lecturas de Zola—, dota a muchas de sus obras de una fealdad real. Los niños son niños con harapos que regresan de la escuela y advertimos suciedad en sus caras, por ejemplo. Estudiaba y practicaba día y noche en el taller de Rodolphe Julian, donde compartía espacio con otras artistas con las que rivalizó y también trazó una peculiar relación de amistad. Despuntó con su *Atelier de mujeres de la Academia Julian*, donde vemos a todas las señoritas pintando y tomando apuntes para retratar a un chico. Es una lástima que algunas —bastantes— de sus obras no hayan llegado a nosotros por los saqueos de la Segunda Guerra Mundial, aunque tenemos pistas de su producción por carboncillos y grabados que se hicieron.

En uno de los salones donde presentó un par de obras coincidió con uno de los triunfadores de la época: Jules Bastien-Lepage, que influyó en ella de manera decisiva a pesar del poco tiempo que les quedaba a ambos para todo. Si bien a Jules le gustaba más el retrato de campo, a María uno de los méritos que se le atribuyen es dotar de cierta crítica social a algunas de sus obras.

Repasando trabajos de uno y otro, he llegado a una Juana de Arco pintada por Jules cuatro años antes y que se conserva en el Metropolitan de Nueva York. He ampliado la imagen hasta centrarme en la cara de esa Juana y he visto la misma mirada perdida que observo en la niña con paraguas. Los ojos extraviados buscando llegar a algún sitio.

María murió en París en 1884, Jules un mes y pico después.

En los últimos meses de su vida empezó a esculpir, y de nuevo comprobamos que también tenía ese don. Una de sus pocas esculturas, que al menos hayan llegado hasta nuestro tiempo, es una preciosidad titulada *Dolor de Nausicaa,* que se conserva en el Museo de Orsay. Sería de sus últimas creaciones y en ella, curiosamente, una mujer se tapa el rostro con los brazos, aprieta sus ojos con las manos. No quiere ver ya nada, o quiere invocar ese viaje lejano a algún lugar de la memoria.

Escribió su diario hasta pocos días antes de morir. Un diario que se convirtió en un fenómeno editorial y que comenzó a redactar de manera concienzuda desde muy joven, jornada tras jornada, sin maquillaje ni disfraz, con una brutal sinceridad. Sus preocupaciones, desvelos, alegrías, su egocentrismo y narcisismo. Todo está en sus páginas. Lo empezó joven, fue extenso y lo terminó joven, tremenda paradoja.

> Yo, como objeto de interés, soy quizás demasiado insignificante para ustedes, pero imaginen que no soy yo, imaginen que este es un ser humano que relata todas sus impresiones desde la infancia. Será, entonces, un extraordinario documento humano.

María Bashkirtseff

Retrato de Ambroise Vollard

PAUL CÉZANNE

1899

Casi hubiese preferido no organizar aquella exposición. Es cierto que vendimos casi todas sus obras, pero esa idea de hacerme un retrato que surgió bromeando es hoy un pequeño tormento que dura meses. Paul me exige demasiado en estas sesiones de más de tres horas; esta mañana, mientras caminaba hasta su estudio, las conté, y llevamos exactamente ciento dos, no vislumbro todavía el final.

Lo que me costó convencerle para reunir sus cuadros, los viajes que tuve que hacer a Aix para regatear con los lugareños y que me vendieran esas telas que usaban casi de trapos. Me gustaría ver la cara de Zola, el engreído Zola, el escritor de éxito, al enterarse de que lo que guarda con desprecio en el armario y le da vergüenza enseñar ha multiplicado su precio por diez y por veinte. Así aprenderá a no reírse de su amigo, a no cruzar de acera si lo ve por París, a no inspirarse en él para sus personajes; cómo se atreve a escribir un libro sobre un pintor fracasado, alguien incapaz de gobernar su genio. Pero de eso hace ya muchos años, conviene enterrar la historia para no despertar fantasmas del pasado.

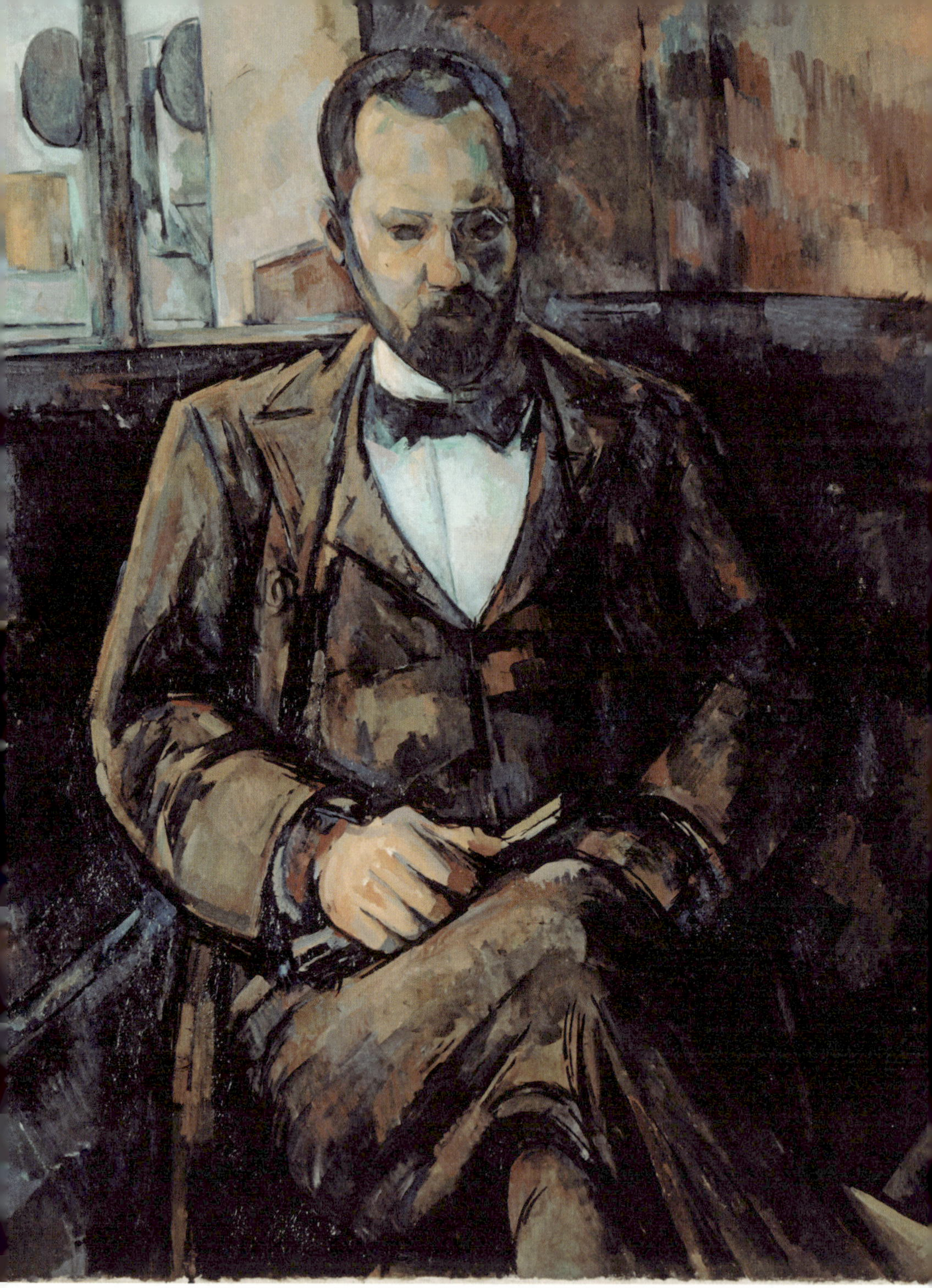

Ahí está Paul, por fin, con un éxito del que poder hablar, pero con la misma cara de perturbación que le ha acompañado desde que le conozco. Llevan razón los que se asustan al verle, los que prefieren no entablar contacto directo con él. Su vida, a pesar del desahogo económico que tiene ahora, es una ruina. Sigue teniendo la misma mirada encolerizada con la que le conocí, es como si su cabeza no perteneciese a este tiempo, y probablemente no pertenezca. Vamos a traspasar la frontera que separa el siglo XIX del XX y creo, sinceramente, que Paul nació fuera de época, por eso no ha triunfado como debiera y ha costado tanto dar a conocer el talento que atesora. Su pincel está pintando el futuro, pero nadie es capaz de verlo.

Me da pena pensar en el muchacho al que su padre menospreciaba y pasaba unas cuantas monedas mensuales para mantenerle, sin acercarse nunca a él para intentar comprender qué es lo que hacía. Debe ser triste sentir el aliento paterno siempre soplando detrás, juzgándote, apiadándose de uno con una extraña mezcla de vergüenza y lejano, muy lejano, cariño. Cómo tuvo que ser su niñez para que no le contara nunca que había tenido un hijo. Seguro que su muerte provocó una especie de alivio, soltarse el yugo de una presencia constante en el pensamiento que te atormenta y hace que tu personalidad vaya mermando y mermando hasta convertirte en alguien a quien casi no reconoces.

Paul es un genio incomprendido porque la incomprensión le ha acompañado desde que nació. Una y otra vez rechazado en los salones de pintura, tan convencionales, tan poco visionarios, tan incapaces de apostar por algo que se alejara del clasicismo de un París asfixiante. No me extraña que aproveche, cada vez que puede, para huir a Aix. Allí respira otro aire menos viciado, a pesar de los recuerdos. Es triste que su padre no pueda ver ya desfilar por delante de su sombrerería a los jóvenes artistas que peregrinan hasta allí para contemplarle pintar en directo, le imagino dejando por un instante su lectura del *L'Événement* y mirando con curiosidad esa procesión de «desarrapados» cargados con sus caballetes queriendo absorber algo de lo que pueda decirles o enseñarles su hijo. Se lo perdió, como de alguna manera el mundo actual se está perdiendo asistir en directo al nacimiento de una nueva era pictórica, porque eso es Paul Cézanne, una era en sí mismo, la frontera que delimita un arte de otro, el antes y el después de la pintura. Yo, al menos, sí he podido asistir en primera fila a ese alumbramiento, y créanme que los libros de historia contarán que el hombre que se ruborizaba al ver a una modelo desnudarse dejó escrita una de las páginas más brillantes del arte de todos los tiempos, porque el arte es el presente, pero también su acomodo en el futuro.

Llevamos más de dos horas de sesión y está claro que no terminaremos hoy. Me ha pedido que traiga ropa de repuesto para dejar la que llevo aquí y que él pueda quedarse rellenando algunos blancos cuando regrese. Se vuelve a ir de París; en realidad, nunca estuvo aquí.

Quien habla, quien supuestamente pudo tener ese largo pensamiento en una de las sesiones con Paul Cézanne, es Ambroise Vollard. La historia del arte está llena de héroes anónimos que contribuyeron con gestos casi silenciosos a que podamos disfrutar hoy desde otra perspectiva de determinadas obras. Vollard es uno de esos héroes. Un tipo que iba para abogado, pero que se enamoró de la pintura. Vollard frecuentaba la galería de otro héroe anónimo, Julien Tanguy, al que los artistas de Montmartre apodaban «Père Tanguy» —Padre Tanguy—, por el trato que les dispensaba y la manera que tenía de entender el intercambio y ventas de cuadros. En aquella galería conoció el trabajo de un artista huraño, antipático para muchos y de apariencia extraña, llamado Cézanne. Poco después de aquellas visitas al Padre Tanguy, Vollard logra abrir su propia galería en el número 37 de la calle Lafitte. Uno de sus grandes objetivos era montar una exposición con toda la obra que pudiese reunir de ese artista que le había deslumbrado años atrás. Consiguió reunir ciento cincuenta cuadros después de recorrer desvanes de París y de Aix-en-Provence. De convencer a todos para que se los vendieran, algo que no debió de costarle mucho porque la gran mayoría miraban con incredulidad esas obras que no seguían las modas del momento.

La exposición en Lafitte fue un éxito y ahí empezó a desaparecer la sombra que siempre había acompañado a la figura de Cézanne.

Ser un visionario fue aislando a Cézanne; adelantarte a los gustos imperantes, anticiparte a ellos, suele provocar un rechazo inicial que, en su caso, contribuyó a un enorme aislamiento personal y psíquico que le convirtieron en una especie de bicho raro entre sus coetáneos. Durante gran parte de su vida, su existencia estuvo marcada por el no. No a entrar en la Escuela de Bellas Artes de París, no a exponer en los salones de la época, no a los ojos del público y no a su encaje dentro de los impresionistas. Pintaba al aire libre, pero era la forma lo que le obsesionaba más que la luz, que era la materia prima de muchos de sus contemporáneos.

Cézanne descubrió en el Louvre a Velázquez, Caravaggio, Rubens, y fue a ellos a los que, de alguna manera, quería rendir cuentas pictóricas; esa era la luz que le interesaba y las formas que quería conseguir.

El retrato que tanto tardó en hacer de su amigo Vollard, y que quizá no esté terminado del todo, es muy interesante para ver hasta qué punto Cézanne supo asomarse a los movimientos artísticos que estaban por cambiar las reglas del juego. Esta creación podría perfectamente ser una especie de pasillo que conduce al cubismo. Os recomiendo que busquéis el retrato de Picasso al bueno de Vollard para comprobar más fielmente a lo que me refiero.

Picasso y Braque, que están a punto de reinventarlo todo, aprendieron de su densidad, de su pincelada, de su solidez. De ese intento por reducirlo todo a las formas esenciales alejándose de la luminosidad que deslumbraba entonces. El genio de Málaga llegó a reconocer que Cézanne fue su único maestro y que estudiaba sus obras una y otra vez. Picasso es el creador de la pintura moderna, pero esa modernidad tuvo un padre que creyó morir sin que nadie fuera a seguir su estela.

El carácter poco atractivo de Cézanne influyó, seguro, en el poco reconocimiento que tuvo en vida, su falta de *marketing* contrasta con el de otros artistas que enseguida encontraron acomodo en los salones y en las galerías. Lo suyo fue una constante búsqueda y un constante aprendizaje que le hizo cada vez más solitario y más extraño; su presencia incomodaba.

Murió en 1906, con el siglo XX en pañales, sin saber que él encarnaba la transición entre el ayer y el mañana en el mundo del arte. Murió después de aguantar un chaparrón de horas mientras pintaba y desmayarse en el camino de regreso a su estudio en Aix, un estudio que sigue casi como él lo dejó, con el caballete, los pinceles y demás utensilios esperando que los vuelva a empuñar. El cubismo nacería un año después.

Ambroise Vollard vería el cambio de paradigma en el arte y seguro que sonrió mientras Picasso le retrataba en 1910 en, casi con total seguridad, muchas menos sesiones que las que Cézanne necesitó años atrás.

En 2012, el cuadro *Los jugadores de cartas*, de Paul Cézanne, alcanzó en subasta el precio de ciento noventa y un millones de euros. Cézanne lo había pintado en 1890, cuando Zola, París y compañía se preguntaban dónde había quedado su talento.

Retrato de la madre de Van Gogh

VINCENT VAN GOGH

1888

Si te tuviese delante, madre, te diría todo lo que no te he dicho durante estos años, todo lo que me he ido callando y que de alguna manera ha tejido en mí una especie de tristeza que muchos confunden con la locura que me acompaña. Si te tuviese delante, te explicaría que no siempre he estado enfermo, que la enfermedad vino como consecuencia de una forma de estar en la vida que me era ajena, que no entendía. Nunca he sabido si era el Vincent que esperabas; imagino la ilusión tuya y de mi padre cuando nació vuestro primer hijo y el terrible impacto de su muerte tan temprana, recién nacido; todos esos anhelos y desvelos los proyectasteis en mí de algún modo al ponerme su mismo nombre. Soy el que murió y también soy yo, soy los dos a la vez y siempre he tenido la sensación de que, en realidad, no soy ninguno; cargo con su sombra, que es la vuestra; cargo con los meses de búsqueda y espera, con la irrepetible felicidad de la primera vez. No hay dicha como esa, la de la primera vez; por mucho que se diga lo contrario, nada se puede comparar a eso. Quizá por ese motivo

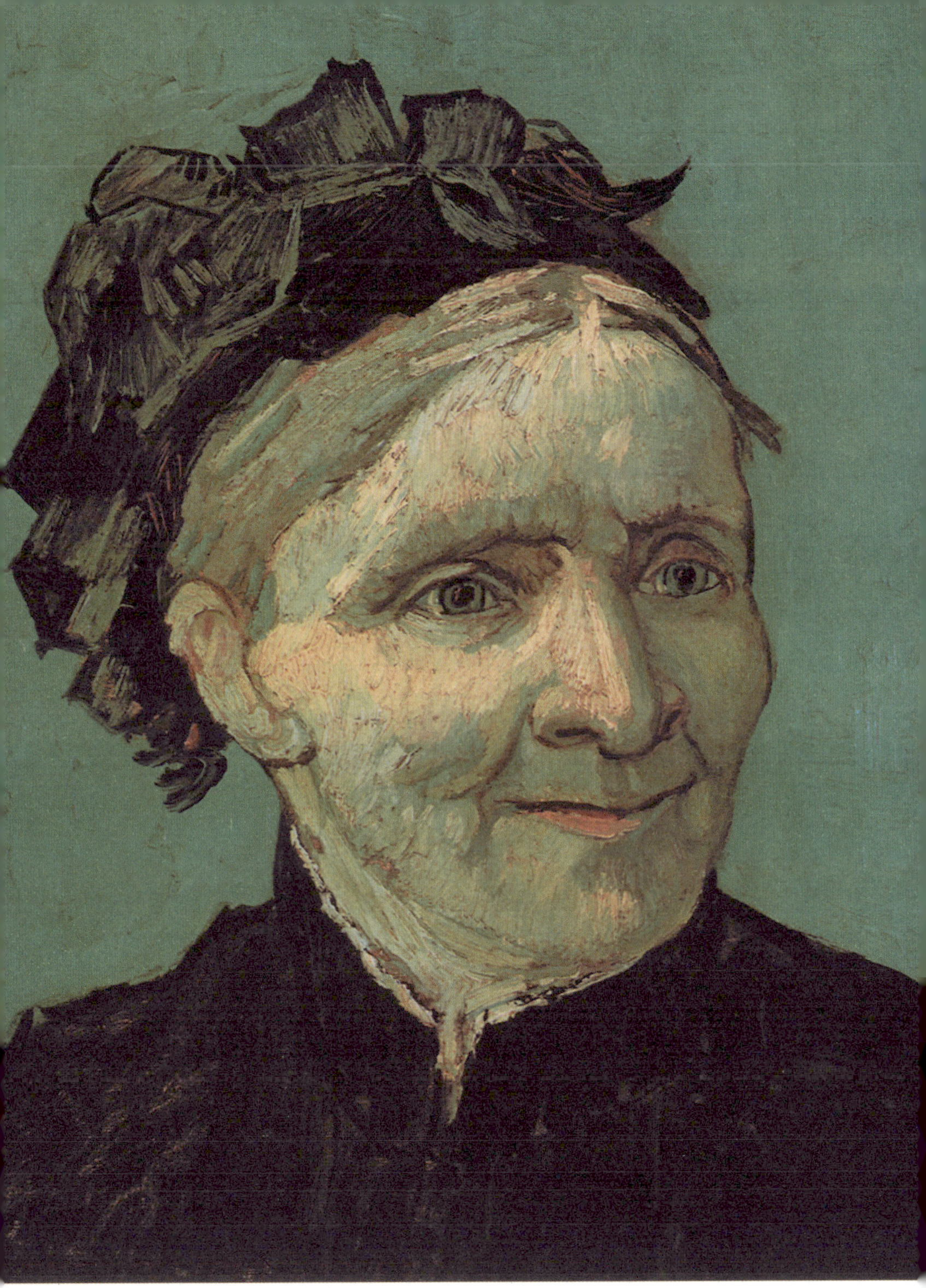

cualquier comportamiento extraño o no acorde a lo esperado os decepcionaba el doble, cada paso mío era vigilado, observado, confiscado. A Theo todo le ha resultado más fácil; ese será mi mejor regalo para él, haberle liberado de la presión de ser el que no fue y poder ser el que es.

Pero, reproches aparte, si te tuviese delante, te diría también que, si cierro los ojos y pienso en momentos felices, me vienen siempre a la cabeza aquellos en los que te veía pintar. Esas acuarelas de flores, esa alegría manchando el papel y cómo nos reíamos cuando me pedías que diera mi opinión y yo siempre decía que era muy bonito, siempre era bonito. Ese es el mejor arte, el que extrae de la boca de un niño ese adjetivo; ya habrá tiempo después de profundizar en otras cuestiones y hacer otras lecturas.

Copié y copié esas flores tuyas cientos de veces, y, si lo pienso, esa ha sido una de mis mayores influencias, creo que no he hecho otra cosa en estos años que volver a pintar esas flores buscando regresar a ese instante, de los pocos que tengo conciencia de estar complemente sano. Es terrible echar la vista atrás y no poder levantar un acta notarial de más lugares y momentos en los que me sentía bien. Nunca me he sentido bien, ni cuando parecía que iba para clérigo, ni vendiendo arte, ni siquiera pintando, salvo días efímeros en Auvers o en campos abiertos donde el aire llenaba mis pulmones y parecía como si expulsaran fuera a los fantasmas que habitan mi cuerpo. Pero nunca he vuelto a ser aquel crío que te veía canturrear mientras pintabas e intentabas abstraerte de tanta Biblia.

Ahora veo esta foto en blanco y negro que me has mandado a través de mi hermano, tal como le solicité, y te reconozco, a pesar de los años transcurridos, a pesar de la vejez que invade tu rostro; adivino esa sonrisa dulce que siempre he llevado conmigo y que no ha sido capaz de borrar ni mi continuo exilio, tanto físico como mental, ni los sinsabores que mis otras hermanas te han provocado. De Anna hace mucho tiempo que no sé nada; ella siempre me vio como una especie de bicho raro con el que era mejor no tener mucho trato. A Wil la echo mucho de menos; en el fondo, éramos almas gemelas con los mismos miedos, las mismas aprensiones y la misma inseguridad. Ella me comprendió siempre, o casi, aunque la influencia de Anna resultó decisiva para que me mirara con otros ojos. Soy consciente de que mi presencia en el hogar se volvió incomoda, que para papá era un continuo sufrimiento, qué iba a pensar la comunidad de su pastor con un hijo que ni siquiera acudía a la iglesia. Mi desorden vital iba resquebrajando los cimientos de esa casa, y a la pobre Wil no le quedó otra que aliarse con la mayoría. Le envié una carta con un dibujo en el que aparecíais las dos paseando por el campo. Yo creo que nunca ha superado ver morir a papá, verle desplomarse al llegar a casa, sentir que somos tan frágiles y que puedes dejar este mundo sin previo aviso. ¿Por qué todo ha sido tan complicado? ¿Por qué no ha habido más paseos así, más días soleados?

Voy a pintarte con un tono verdoso detrás que resalte tu piel, acentuaré esa sonrisa tímida y daré más vida a tus ojos. ¿Sabes una cosa, mamá? Estoy seguro de que moriré antes que tú.

Murió mucho antes el hijo que la madre. Van Gogh se pegó un tiro en 1890, Anna Carbentus le sobrevivió diecisiete años. Sobre Vincent ya se ha escrito mucho, sobre sus entradas y salidas del sanatorio mental donde él mismo se recluyó para intentar ahuyentar esos fantasmas que merodeaban por su cabeza desde joven y que terminaron de una manera trágica en Auvers después de dispararse en el pecho y de pintar más de sesenta obras en apenas dos meses, algo que no hacía presagiar el final que estaba a la vuelta de esas esquinas donde el destino espera agazapado, escondido para dar un zarpazo definitivo a un tipo que parecía tener ese destino escrito hacía años, quizá desde la infancia, quizá desde que tuvo que cargar con la pesada responsabilidad de ser él y también el hijo que murió, sustituir a otro Vincent. Es imposible adivinar qué hubiera sucedido sin ese hecho traumático en la biografía del artista. Si su sensibilidad, confusión y manera de encarar los días hubiesen sido las mismas. Cada episodio de nuestras vidas va dando forma a lo que somos y a lo que seremos y dibujando el modo en el que afrontaremos el camino a recorrer. Es probable que sin el primer Vincent el segundo se convirtiese en un niño «normal» y ganara una existencia menos atormentada, pero tal vez el arte perdiese a uno de los grandes genios y artistas más populares de todos los tiempos.

He traído este cuadro hasta aquí porque, como siempre, la infancia, la figura materna y paterna condicionan a la persona y al artista. No se sabe con exactitud el tiempo que llevaba Vincent sin ver a su madre cuando decidió pintarla, «tal como la conservo en mi memoria». Pidió una foto suya y decidió emprender una de sus obras más personales, retratar a su primera fuente de inspiración, a la mujer a la que veía pintar bonitas acuarelas que siempre conservó en el recuerdo, a esa madre entregada que presenció cómo la distancia fue creciendo dentro del seno familiar, cómo su hijo pelirrojo era diferente al resto de chavales, incluso a sus hermanos, habitante de un mundo lejano que solo existía en su mente.

Vincent entraba y salía de la casa de sus padres de forma constante, aunque la primera vez el tener que marchar a un internado le dejó una profunda huella; conoció el «destierro» físico, que unido al mental fue oscureciendo su figura. La lectura de la Biblia, la sombra de su padre —pastor protestante, que veía en el comportamiento de su hijo una amenaza a su posición en la comunidad—, el abandono escolar, sus vaivenes laborales de marchante de arte a predicador, sus constantes cambios de humor, todo ante los ojos de esa madre a la que quería pintar para tenerla siempre presente.

Hay que tener en cuenta que no existen muchos retratos realizados por Van Gogh debido, sobre todo, a que no tenía dinero para pagar a modelos que estuviesen horas posando para él. Retrataba a amigos y se autorretrataba, también por eso tiene valor este cuadro para el que tuvo que valerse de una vieja fotografía en blanco y negro. Anna tiene sesenta y nueve años en ese instante y esa edad tendrá ya siempre que la miremos como lo hacía Vincent un año antes de morir.

Dos semanas antes de ese disparo, que de alguna manera cambió parte de la historia del arte, Vincent escribió a su madre y a su hermana Wil. Nada hacía presagiar esa vuelta de la esquina de la que hablábamos al principio.

Carta 650

Muy queridas madre y hermana,

Gracias de todo corazón por vuestras largas cartas, que me han causado mucho placer. De momento, me siento más tranquilo que el año pasado. Mi confusión mental se ha calmado mucho. A decir verdad, siempre pensé que volver a ver mi ambiente de otros tiempos produciría ese efecto.

Pienso a menudo en vosotras dos, me gustaría mucho volver a veros...

...Por mi parte, estoy completamente absorbido por esta extensión infinita de trigales, sobre un fondo de colinas, grande como el mar, de colores delicados, amarillos, verdes, el violeta pálido de una tierra escardada y roturada, moteado regularmente por el verde de las plantas de patata en flor, todo ello bajo un cielo delicado, de tonos azules, blancos, rosas, violetas.

Me encuentro en un estado de calma casi demasiado grande, en el estado necesario para pintar esto.

Espero de todo corazón que paséis unos agradables días con Theo y Jo, en que veréis, como yo, lo bien que cuidan de su pequeño, y que también él tiene buen aspecto.

Todo mi cariño por hoy. Tengo que salir para ir a trabajar.

Os abrazo en mi pensamiento.

Vuestro afectísimo,

Vincent

Autorretrato en el sexto aniversario de boda

PAULA MODERSOHN-BECKER

1906

Ahí están reflejadas todas las horas invertidas en la Escuela de Anatomía de París, estudiando huesos y músculos, intentando acertar con las proporciones. Revisitando la prehistoria y a aquellos cazadores primitivos que mostraron el camino. Viajando a la Grecia clásica, cayendo rendida a la precisión del Renacimiento. Qué felicidad aquellos días de escuela en una ciudad que no descansaba y en la que aprendías en cualquier esquina. No sé cómo me afectará la maternidad, he sido ya madre de la hija de Otto, pero imagino que el haberla llevado dentro cambiará la manera de sentir. Me abrazo el vientre como protegiendo un tesoro que de alguna manera siempre me he resistido a buscar. No sé cómo acompañar mi verdadera vocación, la artística, con esta que ni siquiera es vocación. No creo tener vocación de madre, o sí, pero qué significa serlo hoy en día. Tendré que renunciar a mi verdadera pasión, buscar huecos donde no los hay para poder pintar y expresar lo que siento, intentar ser esa ama de casa que se espera que sea y a la vez acudir a tertulias donde se debata sobre la necesidad de trabajar al natural. ¿Cómo lograré estar a la altura en dos sitios y en dos quehaceres que necesitan tanta implicación, tanta euforia, tanta devoción?

Yo he vivido los meses más felices de mi existencia este año. Por fin he sentido que soy alguien, que mi trabajo empieza a tener sentido, que los viajes, las idas y venidas sirvieron para llegar hasta donde estoy. Otto no lo entiende. A pesar de su cariño, siempre ha pensado que lo mío era un entretenimiento, algo con lo que matar el tiempo. Y mira que tuvo detalles o muestras de interés, como cuando se empeñó en abrir aquel tragaluz en el taller de Worpswede para que tuviese un chorro de luz cenital mientras pintaba. Pero no era eso lo que yo quería, necesitaba otro tipo de luz, aquel ritmo pausado y tranquilo me asfixiaba, las jornadas entre mi hijastra, la cocina y el caballete se sucedían con tal monotonía que llegó un punto en el que era incapaz de distinguir si era lunes o viernes, porque todo era igual, todo se parecía demasiado.

Otto ha cambiado desde que cruzamos nuestros caminos en la Exposición Universal de París. Antes era más efervescente, sus ojos tenían más chispa; ahora esos ojos parecen acomodados o apagados o quizá decepcionados. No le gusta mi devoción por África ni por lo antiguo, por esas máscaras que son, a mi entender, un camino ignoto por el que transitará el arte del futuro. Me pasaría todo el tiempo reinterpretando esas figuras misteriosas, alumbradas en lugares recónditos, que demuestran que el arte es infinito e inabarcable. Pero él prefiere que me centre en eso que denomina «pintura más artística», más convencional o, como la llamo yo, más aburrida, como en el fondo me parece la suya. A pesar de haberme cuidado y pagado viajes, no se ha parado nunca a preguntarse por mis verdaderas preocupaciones y por los obstáculos que tengo por el simple hecho de haber nacido mujer. Un hombre

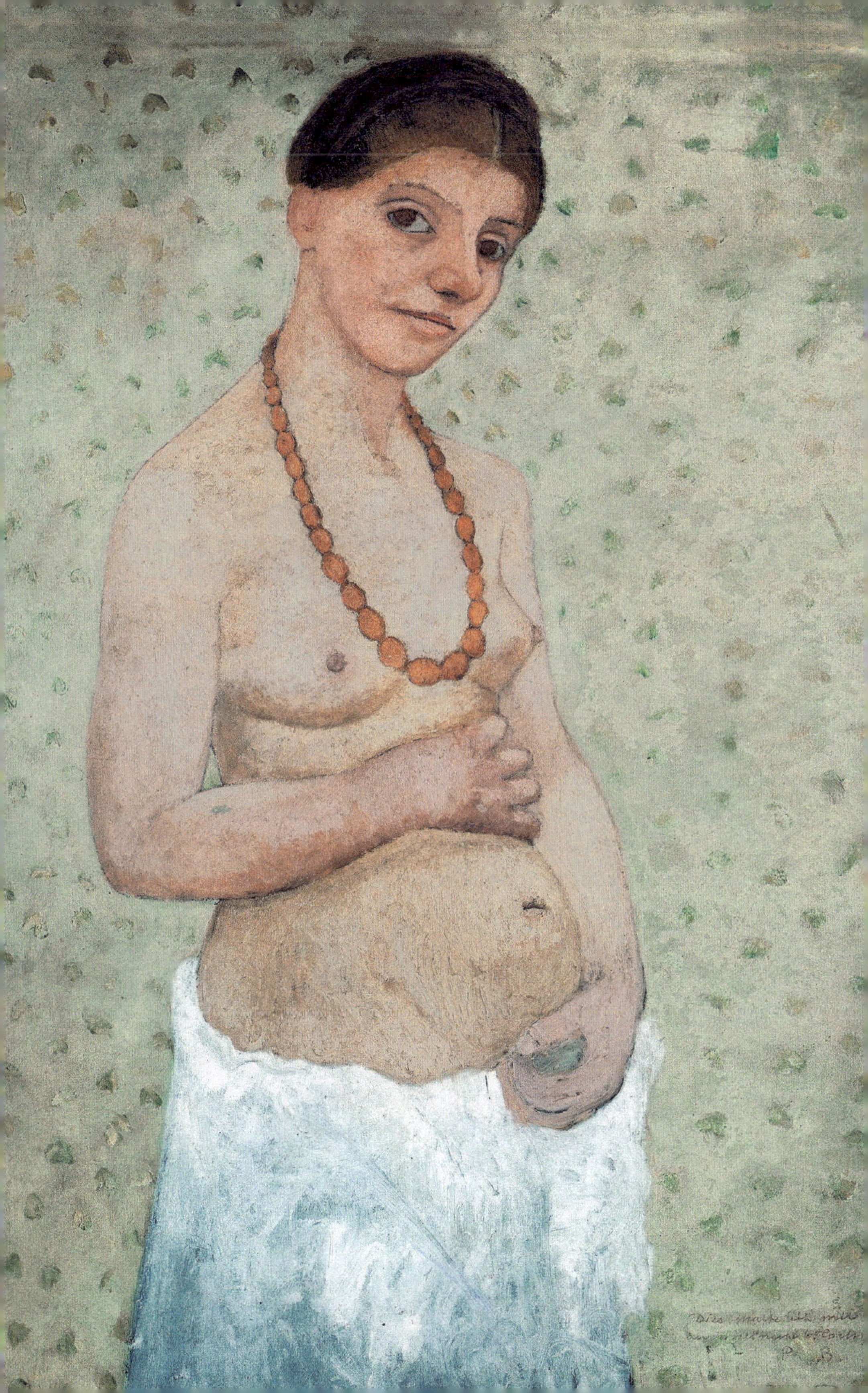
P. B.

no tiene que derribar muros que para nosotras a menudo son infranqueables. Por ejemplo, pintar un cuerpo desnudo, qué escándalo, mostrarnos tal como somos, enseñar nuestros pechos y nuestro vientre. El mundo está lleno de absurdos y de mentes anticuadas y retrógradas que deberían viajar más, conocer más y leer más. Señores y señoras —que también las hay y en ocasiones son las peores—, esto es un cuerpo, lo que ustedes se encuentran cada vez que se asean, cada vez que se ponen delante de un espejo.

Me he autorretratado embarazada, pero no lo estoy, me he representado así para saber cómo será si es que es. Para viajar a un futuro inmediato en el que mi cuerpo, pero sobre todo mi actitud y la visión de los demás hacia mí, cambiará para siempre. ¿Podré seguir estudiando a Matisse o a Cézanne, pasear por museos y asistir a la escuela? ¿Podré seguir viviendo en París?

Otto me ha vuelto a escribir, me pide encarecidamente que regrese a Worpswede, a echarme en los brazos de esas horas que caen como si estuviesen cargadas de plomo y al chocar contra el suelo regresasen a las alturas para caer exactamente de la misma manera.

Mis amigos me recomiendan que vuelva, el dinero que me manda Otto se acaba, el estudio está en una situación muy precaria. Este París es demasiado duro si eres mujer.

No sabemos por qué Paula se pintó embarazada sin estarlo, a pesar de que poco tiempo después lo estaría. No sabemos tampoco cuánto de premonitorio tiene esta obra porque al poco tiempo de volver a la vida casi contemplativa de Worpswede y quedar finamente embarazada, tuvo un parto con muchas complicaciones que le obligó a guardar reposo durante días y, cuando finalmente el médico la dejó levantarse, cayó desplomada y murió, una embolia pulmonar parece que fue. Tenía solo treinta y un años y es un caso más de esa capacidad de ensanchar una vida que tienen los artistas. En esos treinta y un años Paula vivió tanto como muchos probablemente en ochenta.

Si hay que buscar un hecho temprano que marcará su infancia, sin duda es el acontecido a la edad de diez años. Mientras jugaba en una cantera con dos primas, se produjo un derrumbamiento y una de las chiquillas falleció asfixiada.

Nació en una familia numerosa acomodada, con gusto por la cultura y por viajar, lo que abrió los ojos de nuestra protagonista, que estudió en Londres, Berlín y Dresde, y compaginó su formación de profesora con la asistencia a escuelas de bellas artes. Fue en un viaje con sus padres cuando conoció Worpswede y se quedó cautivada por el ambiente artístico que se respiraba en una localidad tan pequeña. El sitio del que años después querrá salir era entonces un lugar marcado por un grupo de pintores, entre los que estaba su futuro marido. Un grupo que se declaraba en rebeldía contra los academicismos imperantes y promulgaba una vuelta a la realidad y al contacto con la naturaleza. Pero al no terminar de encajar con ese estilo, emprendió esos viajes a París donde todo era posible y su tendencia a la simplificación y la sencillez podría tener más cabida.

La naturaleza, el paisaje, los bodegones y sobre todo los retratos fueron su principal temática, convirtiéndose en una de las primeras mujeres de la historia en autorretratarse desnuda y dejar para la posteridad a mujeres que respiran autenticidad, mujeres de carne y hueso que no se esfuerzan en posar para el artista de turno, mujeres vistas por otra mujer que las conoce muy bien. Por regla general, en la pintura, a la mujer desnuda la pintaba un hombre vestido que, evidentemente, no tenía la misma mirada.

En realidad, y a pesar de convertirse en una de las grandes precursoras del expresionismo alemán, su actividad pictórica no se extiende más allá de una década en la que produjo mucho, casi setecientas obras y numerosos dibujos. Por desgracia, y como suele ser habitual cuando es una mujer la que da pie a uno de estos capítulos, volvemos a comprobar la cantidad de sinsabores y de dilemas a los que tuvo que enfrentarse para intentar convertirse en lo que quería ser. Primero, una maternidad sobrevenida con la hija de su marido y, después, una especie de presión interna para ser madre ella. Dejar aparcados los sueños o las aspiraciones para asumir el papel de esposa ideal y mujer de su casa, y eso que Otto era artista, pero era un problema general de la sociedad. El sacrificio en pos de la convivencia o la armonía matrimonial.

Entre sus amigos más fieles encontramos al poeta Rainer María Rilke, que, un año después de su fallecimiento, escribió un extenso réquiem por su amiga en el que encontramos unas líneas que nos ayudan mucho a comprender el arte de una mujer que, por ser mujer y por morir joven, vio quebrado un futuro que debería haber sido esplendoroso.

> Y quiero comprar frutos, frutos donde otra vez
> esté hasta los cielos metido el campo.
> Pues tú comprendiste esto: frutos plenos.
> Los ponías en platos frente a ti,
> y medías con colores su peso.
> Y así como frutos contemplabas también a las mujeres.
> E igualmente veías a los niños, tendiendo
> desde dentro a las formas varias de su existencia.
> Y al fin te veías a ti misma como un fruto.

Paula Modersohn-Becker

Te hurtabas de tus ropas y posabas delante
del espejo, te metías en él, en su interior,
excepto tu mirada. Tu enorme mirada quedaba fuera
y no decía: eso soy yo; no, sino tan solo: eso es.

Retrato de Julio II

RAFAEL

1511-1512

Confío plenamente en ti. Sé que algunos miran con desconfianza este encargo y la libertad que te he dado para ejecutarlo, pero creo que acertaré. Mi intuición cuando te hice venir a Roma no me falló y sospecho que ahora tampoco lo hará. Sí, eres joven y todavía te queda mucho camino por recorrer, pero ¿acaso la juventud debe ser un impedimento para realizar determinados trabajos si se está preparado para ello o se ha demostrado la destreza suficiente? Solo te pido que huyas del retrato papal clásico, de las formas tradicionales, de esa pompa que nos acompaña tan a menudo. Me gustaría que reflejaras las batallas libradas, las guerras ganadas y perdidas, el cansancio y la vejez de quien se sabe cerca del final. No sé si será el cuadro que espera la gente, pero quiero que sea así, por eso te he elegido, necesito de tu atrevimiento, de tus ganas de quebrar las normas, de esquivar las tradiciones. Sé que me llaman el Papa Terrible o el Papa Guerrero. Qué sabrán ellos de mis luchas y mis desvelos, de mi cruzada contra los Borgia, de mi obsesión por unificar Italia y recuperar todos los terrenos perdidos. Nadie habla de mi pasión por el arte, de las oportunidades que he dado a gente como tú o como ese florentino genial llamado Miguel Ángel. Ya debe de estar a

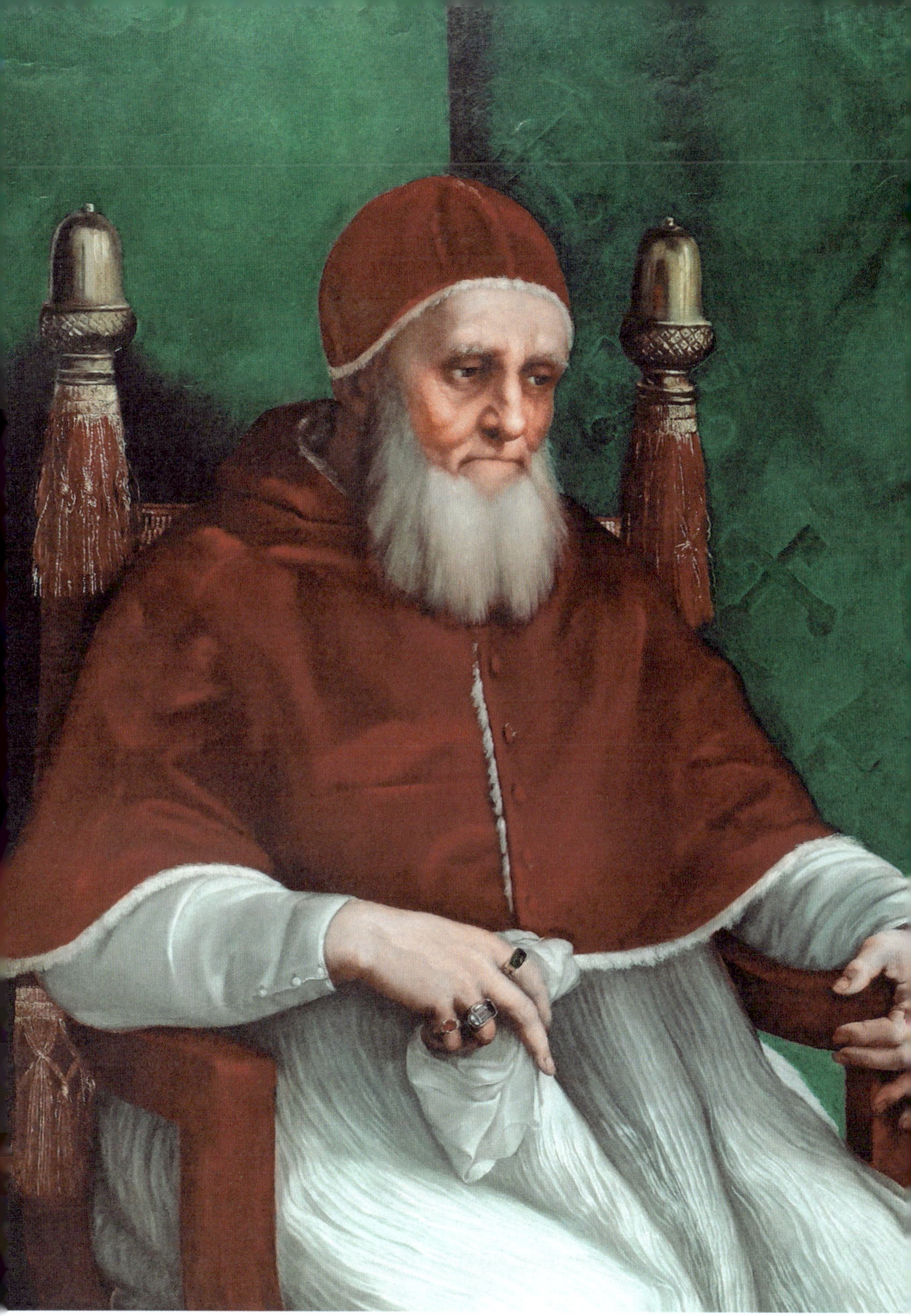

punto de terminar las pinturas de la bóveda de la Capilla Sixtina; no soportaba ver esas pinturas de Piermatteo d'Amelia, esas estrellas; me consta que Miguel Ángel se está dejando la salud allí arriba, pero estoy seguro de que la posteridad le recordará por ello. Y eso que al principio no fue de su agrado el encargo; me llegó a decir que la pintura le interesaba poco, que su obsesión era la escultura y que prefería concluir mi primer encargo, que no era otro que mi propia tumba. Menos mal que Bramante le metió en vereda y logró convencerle, además ya ha podido esculpir haciendo mi tumba, ¿qué más quiere? Los artistas son, sois, insaciables. Por cierto, me han llegado rumores de que no tienes muy buena relación con él, o él contigo, de que va comentando por ahí que copias su estilo. No hagas mucho caso, probablemente no le sentó bien que sin haber hecho nada antes en Roma te encargase los frescos de la biblioteca. Si el florentino te tiene celos es buena señal, ve en ti a un rival o, mejor dicho, ve en ti a un igual, a alguien que puede estar a su altura. Bramante me confesó que te llevó en secreto a ver sus pinturas de la bóveda. Yo las visitaré en breve, confío en no decepcionarme.

Y a ti, ¿de dónde te viene el don que posees para la pintura, esa sensibilidad, esa capacidad para agradar al ojo al primer vistazo? Sí, tu padre era pintor, pero murió siendo tú un crío. Pobre chaval huérfano tan pronto de padre y madre. Quizá de ahí provenga ese don, o esa manera de estar en el mundo, convertiste la pérdida en una manera de afrontar la vida. También tuvo mérito Perugino, ¿verdad? Es vital tener un buen maestro que afiance un don, que haga trabajar al alumno, que le haga esforzarse. El color, el uso de la luz, la importancia del dibujo como base de todo lo que vendrá después y esa sensación de armonía en las composiciones. Perugino es bueno en eso; no tiene, digamos, un don divino, pero maneja el oficio como pocos. No lo digas, pero no le hizo ninguna gracia que Bramante te llamara a Roma para aquellos primeros trabajos en los que él también participaba.

Imagino que también quedarías deslumbrado en tu primer viaje a Florencia, con ese excéntrico de Leonardo; es un genio, pero es incontrolable. El *sfumato*, el *sfumato*, cómo gusta el *sfumato*, de aquí a nada no habrá obra sin *sfumato*.

En definitiva, olvídate de Miguel Ángel, de Leonardo, de tu maestro, incluso olvídate de tu padre. Quiero un retrato que no se haya hecho antes, que sea un Rafael puro, que salga de tus entrañas y de tu alma. Que quede para la eternidad.

No puede parecerse a nada. Debe inaugurar un estilo y hacer que de él beban los que vengan después. En tus manos lo dejo.

Y vaya si inauguró un estilo y una manera de retratar a papas. Solo hay que buscar el retrato de *Inocencio X* de Velázquez para comprobar de qué forma Rafael, con su insultante juventud, revolucionaba el arte que estaba por llegar. Hasta esta obra, los retratos papales solían ser perfiles más o menos acertados sin mucho riesgo ni atrevimiento, sin profundidad psicológica ni más intención que la de dejar constancia del papado de quien aparece en el cuadro. Con este retrato del temible Julio II, Rafael da un giro de ciento ochenta grados al concepto: desde la postura hasta lo que transmite el gesto, todo es novedoso. Si miramos el rostro de este papa, advertimos a un hombre debilitado por el paso de los años y el peso de las interminables guerras y conspiraciones que trazaron su vida. Un anciano que parece necesitar descansar, pero que intenta mantener en los ojos el brillo del poder que todavía ostenta. Parece ajeno a la escena, absorto en sus pensamientos, con un poso de tristeza o melancolía, esa tristeza que suele dibujarse en hombres que se creyeron dioses y que cuando se acerca el final se dan cuenta de que son como los demás. Pero el que nos interesa de esta historia es Rafael, que cuando realizaba este retrato debía de tener unos veintisiete años y estaba metido de lleno en la decoración de las *stanze* vaticanas que le terminaron de encumbrar. A los dos protagonistas de esta historia les queda poco de vida, a Julio II poco más de un año, a Rafael algo más, pero no mucho. Raffaello Sanzio moriría el mismo día que nació, un 6 de abril de 1520, con solo treinta y siete años.

Las causas de su fallecimiento son todavía hoy una incógnita. Giorgio Vasari, el gran —y en ocasiones exagerado— biógrafo del Renacimiento, achacó el deceso a una enfermedad contraída por «entregarse sin medida a los placeres». Su vida libertina le produjo una sífilis, y ni los mejores médicos de Roma pudieron hacer nada por salvarle. Investigaciones más recientes hablan de una pulmonía y un error médico al practicar las entonces habituales «sangrías», que consistían en eso, en extraer sangre al enfermo para tratarle. Parece más plausible esta última hipótesis, pero fuera cual fuese la causa no cambia ese final que nos impidió saber hasta dónde hubiese llegado uno de los grandes genios del Renacimiento que siempre ha permanecido algo eclipsado por sus dos compañeros de baile, que no eran tampoco unos cualquieras: Leonardo y Miguel Ángel. Lo que resulta evidente es que tienes que ser muy bueno, o casi perfecto, para aguantar en la misma liga que los otros dos grandes genios de la época.

De Rafael siempre se ha destacado su capacidad para aprender y empaparse del estilo de los otros y, a su vez, darle un nuevo sentido a todo, de tal manera que termina siendo propio. En *La Virgen del jilguero* o en *La escuela de Atenas* se puede ver la influencia tanto de Leonardo como de Miguel Ángel, pero sin embargo son obras muy suyas.

A pesar de su pronta muerte, Rafael lo fue todo en Roma, con Julio II primero y con León X después, un León X a quien también pintó en compañía de dos cardenales en un retrato muy poco convencional, como era de esperar, claro.

Muchos ya lo sabréis, pero no está mal recordarlo: si viajáis a Roma, la tumba de Rafael está en el mismísimo Panteón de Agripa, ese monumento absolutamente sobrecogedor donde eligió ser enterrado. En esa tumba hay una inscripción realizada por su amigo el poeta Pietro Bembo que reza así: «Aquí yace Rafael, quien mientras vivió hizo temer a la naturaleza ser superada por él y que, cuando murió, esta temió morir con él», y que nos sirve para hacernos una idea de cómo se le veía en su tiempo, porque Rafael levantaba muchas envidias entre los artistas de la época. No era un atormentado, ni un huraño, ni un genio que vagaba por las calles. Era un tipo encantador, comprometido, capaz de ganarse el favor de papas y demás, pero también de echar una mano a pintores que le pedían consejo. Por cierto, que la tumba se abrió a mediados del siglo XIX para confirmar que esos restos eran los suyos.

En 2020 en Italia se celebró, o se quiso celebrar, por todo lo alto el quinto centenario de su muerte. Se empezó en enero depositando una rosa en esa tumba del Panteón, cada día una. Exposiciones por todo el país, estudios, actos diversos. Pero llegó un virus de China y todo quedó en suspenso. Ese año debía servir para devolver al Olimpo al miembro más desconocido de esa Santísima Trinidad del arte, pero no pudo ser. Parece como si el destino quisiese mantener a Rafael un poco alejado de los focos, en un discreto segundo plano. Da igual. Rafael atravesó siglos e influyó en casi todo lo que vendría después, llámese Velázquez, Goya o incluso Picasso, quien afirmaba que Leonardo te promete el cielo, pero que Rafael te lo da.

Laurette con un vestido verde sobre fondo negro

HENRI MATISSE

1916

No te muevas, quédate así. Me gustaría captar el momento de relajación, de descanso e incluso de hastío. Soy totalmente consciente de que probablemente estés harta de mí. ¿Cuánto hace que nos conocemos? Son varios meses o, mejor dicho, son varios cuadros. Podríamos medir nuestra relación en cuadros y retratos. Pero pocas veces te he retratado sin que poses, aunque ahora lo vayas a hacer. Quiero que estés como si yo no estuviera, imagínate sola en este piso, aíslate del ruido de la comisaría y de los gritos de los gendarmes que reclaman tu presencia en la ventana. Dios mío, el escándalo que se forma con solo intuir tu silueta. Concéntrate en el vacío, déjate vencer por el sueño, o en ese estado previo en el que percibes pero no eres capaz de distinguir si lo que sientes pertenece al mundo real o al soñado. Relaja los músculos, que un hormigueo invada los pies y las manos y suba hasta las mejillas y te recorra de abajo arriba. Los ojos dejan de moverse, los párpados pesan, te cuesta mantenerlos abiertos.

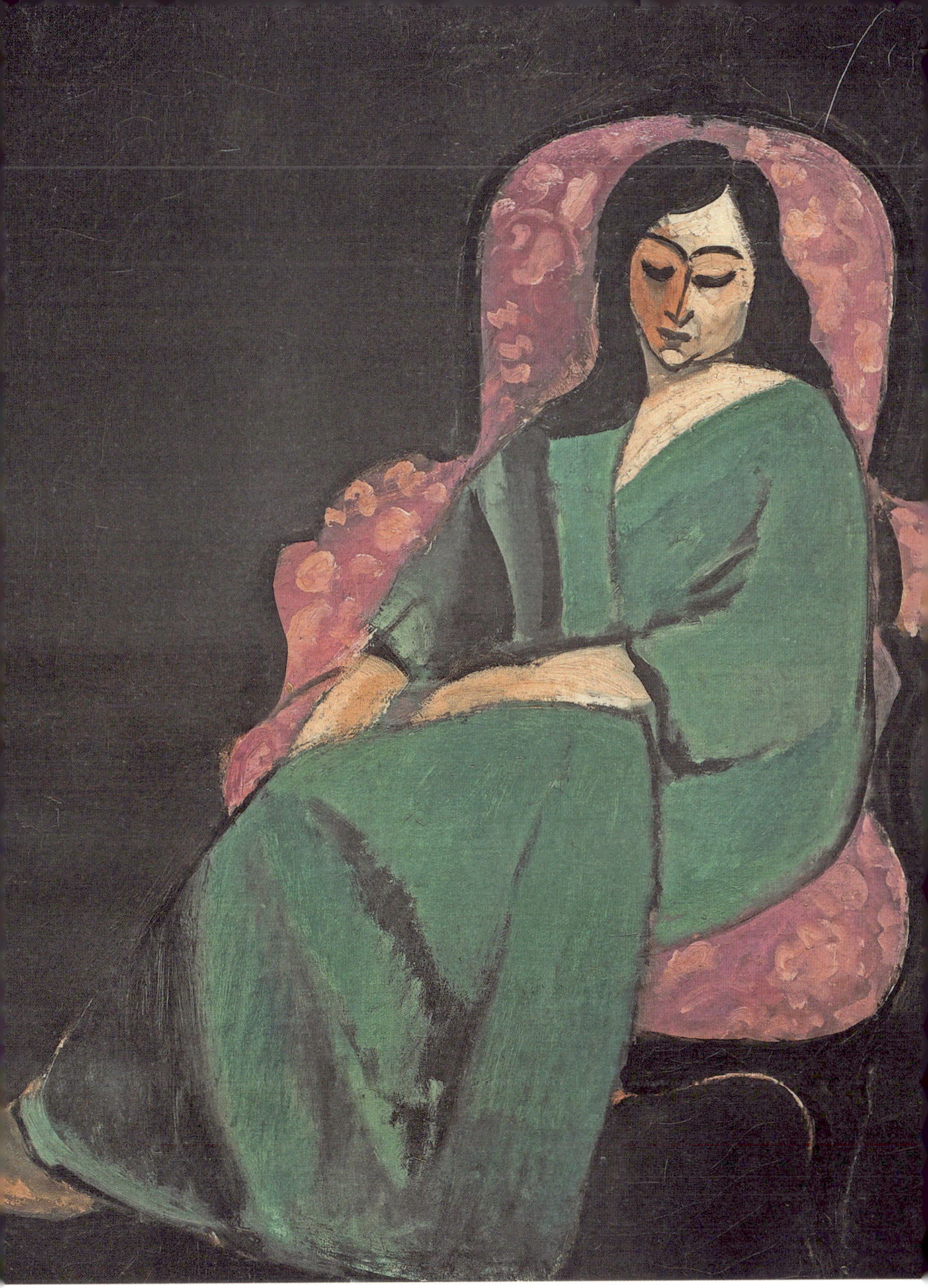

Ahora que descansas o pareces ausente recuerdo el día en que nos presentó Georgette Sembat diciéndome que debía pintarte. Acepté a regañadientes, no se prodigaban muchas modelos, me costaba encontrarlas, así que no perdía nada por probar. Y, de repente, descubrí en ti a una especie de actriz capaz de interpretar cualquier papel, te gustaba transformarte y convertirte en alguien que no eras tú, pero sin dejar de ser reconocible. Creo que no te gustó el primer cuadro que te pinté, no supiste disimular el asombro que te causó que te recortara, que estirara tu nariz, que estrechara los labios y alargara la frente. Al verlo, dijiste exactamente lo que yo perseguía, exclamaste que parecías una de esas máscaras africanas que habías visto en el estudio. Eso quería, crear una mujer nunca vista que, como paradoja, representara a muchas mujeres. Austeridad, líneas, fondo irreconocible que mancha el cuerpo. Colores terrosos, brazos que parecen duplicarse. No te gustó, pero seguiste conmigo, y debo confesarte que volviste a resucitar en mí las ganas de trabajar, de experimentar y de buscar. No me había interesado o, al menos, no me suponía un reto pintar el cuerpo de un ser humano, y, sin embargo, tu llegada fue como abrir una ventana en una habitación donde muchos borrachos han estado bebiendo y fumando sin parar. Mi cerebro estaba como esa habitación, espeso, sin posibilidad de avance, retorciendo los límites de eso que los teóricos llaman abstracción; no sabía qué más podía ofrecer, y se produjo el encuentro y se abrió la ventana, y entró un aire frío que vació la sala de borrachos y de humo, y volví a ver con claridad. Te he pintado con turbante, de cerca y de lejos, con y sin caballete, tirándome al suelo, te he pintado desde lugares imposibles. Has posado sensual, provocativa, temerosa, teatral, casi ridícula. Te he impregnado de amarillo, de rojo y de azul ultramar. Has sido diosa, bailarina y princesa. Han transitado por tu semblante casi todos los estados de ánimo posibles, excluyendo la risa. En un hipotético arco de sentimientos pictórico me interesan los que juegan con la ambigüedad y recorren los caminos de la incertidumbre. ¿No es eso el mundo ahora mismo? ¿Una enorme incógnita?

Te estaré siempre agradecido por lo que has hecho por mí, aunque deba pedirte perdón por las exigencias. Sé que no soy el hombre más encantador del mundo y que me ahogo en la búsqueda de una perfección que no existe, pero has abierto una vía en mis pinceles que nunca imaginé. Creo sinceramente que mi carrera está acabada, los fantasmas del agotamiento invaden mi piel, mi ánimo va y viene y casi siempre hace parada en lo oscuro y en la tristeza; pero estos meses han sido, como te he dicho, un claro en mitad de la tormenta.

No te retrataré muchas más veces, nos mudamos al sur, a Niza, dicen que mejoraré de esta bronquitis que me encoge los pulmones y me exprime por dentro. Soy un enfermo impenitente, un enfermo sin descanso, que, de vez en cuando, respira para volver rápido al territorio de la preocupación. Y fíjate, la enfermedad hizo que me dedicara a la pintura.

No abras los ojos todavía, aguanta un poco más. Sigue soñando despierta, sigue fingiendo como has hecho este último año.

En Niza nacería otro Matisse. Los colores de la Costa Azul le atraparían de tal manera que un viaje destinado a ser temporal hasta recuperar el aliento se convirtió en definitivo. Allí pasaría el resto de sus días, primero hospedado en el hotel Beau Rivage, con buenas vistas, mucha luz y buen aire. Y eso a pesar de una accidentada llegada, porque, según cuentan, al poco de instalarse empezó a llover como pocas veces se había visto en la ciudad mediterránea. A punto de darse por vencido y sintiéndose engañado por los caprichos meteorológicos, el día que abrió las ventanas y el cielo lucía despejado supo que se quedaría allí mucho tiempo. Si tenéis curiosidad por saber cómo era su habitación en aquel hotel de cuatro estrellas, solo hay que buscar *Mi habitación en el Beau Rivage*, un sillón, un perchero, paredes pastel, alfombra o moqueta color vino y sobre todo una ventana con unas vistas que curan cualquier bronquitis.

Se mudó y se volvió a mudar, y dejó su rastro y su huella por numerosos rincones de una ciudad que es la que le convierte en uno de los grandes de la historia.

Pero la enfermedad o la dolencia quizá siempre fueron compañeros de viaje de Henri Matisse, que nació el último día de 1869 en un pueblo del norte de Francia, Le Cateau-Cambrésis. Sin los achaques o golpes de salud, Matisse nunca habría sido Matisse. Su vocación no es temprana ni es de esos artistas precoces que saben pintar casi antes de caminar. No, él iba para abogado, pero a los veinte años un ataque de apendicitis hace que su madre le regale pinceles, cuadernos y demás instrumentos para que pase la convalecencia entretenido; es ahí donde nace el artista o al menos el primer Matisse, porque hay tantos Matisses que es imposible abarcarlos a todos, y hay tantos por su capacidad de experimentar, de buscar, de mezclar, de investigar y de sobreponerse a todo. Naturalista primero, admirador de los impresionistas después, veía en Gauguin o Van Gogh el camino a seguir. Luego llegaría el «fauvismo», *«les fauves»* (las bestias, los animales salvajes), del que se hizo máximo exponente: ese uso de colores que parece que han explosionado en el lienzo, los objetos llevados al extremo como si los hubiese retorcido antes de plasmarlos. Persigue lo auténtico, la no manipulación, emplear los colores como lo haría un niño que no ha sido influenciado por nada ni por nadie. Regresa al trabajo en el estudio, rompiendo con el impresionismo, y la espontaneidad lo domina todo. Una obra fauvista se ve a metros de distancia porque su paleta cromática nos deslumbra.

Ejemplo del uso novedoso, arbitrario y desconcertante del color es un retrato que estuve tentado de que fuese el protagonista de este capítulo, *La raya verde*, en el que pinta a su mujer, Amélie, quebrando cualquier ley cromática que pudiese existir y una línea verde atravesando su rostro. A mí esa obra siempre me ha recordado al famoso afiche o cartel de *Hope* que Shepard Fairey realizó de Obama en 2008 y que se convirtió en una de las imágenes más reproducidas en las presidenciales estadounidenses de ese año.

Fauvismo al margen, preferí decantarme por el retrato de Laurette con túnica verde y fondo negro, por la modelo y por el desconocimiento que hay sobre ella. Casi todo es supuesto en su biografía y no se sabe mucho más, aparte de que el artista la pintó casi de manera obsesiva durante unos pocos meses. Hay al menos veinticinco cuadros protagonizados por esta italiana que irrumpió en su vida en plena crisis pictórica y le insufló dosis de creatividad para seguir adelante. Es conocida la anécdota que roza la leyenda de que Laurette se asomaba a la ventana del estudio del artista a tomar aire, un estudio situado en el 19 de Quai Saint-Michel, justo enfrente de una comisaría. Se olvidaba de cubrirse y aparecía desnuda, para regocijo de los agentes del orden, que no perdían nunca de vista aquella ventana. De los muchos retratos que hizo de ella me gusta este por la naturalidad, con zapatillas caseras, con un batín verde que probablemente acaba de ponerse para cubrir el cuerpo desnudo y buscando un momento de paz en ese sillón estilo Second Empire o Fauteuil, depende de dónde se pregunte.

La relación duró poco, pero es difícil encontrar un contacto más fructífero en tan poco espacio de tiempo.

Matisse terminó, como he dicho, sus días en Niza. A pesar de sus muchas dolencias, murió a los ochenta y cuatro años, quince después de separarse de su mujer, la de la línea verde. Influyó en Picasso, que reconoció que sus odaliscas le permitieron visitar Oriente sin viajar; sus «danzas» son archiconocidas por todos.

Una de sus primeras retratadas fue su hija mayor, Marguerite, que tuvo con un amor de su juventud y destacada miembro de la Resistencia francesa en la Segunda Guerra Mundial. Sin embargo, de Laurette, conocida como la italiana, no sabemos mucho más, y quizá en ese misterio está uno de los encantos de este cuadro.

Hay dos frases de Matisse que definen muy bien su manera de ver el arte; una de ellas hace referencia a la necesidad de mantener la inocencia de un niño, en eso entronca mucho con lo que diría Picasso tiempo después. La otra sentencia que define su existencia es aquella que dice: «Toda mi vida estuve en cuarentena». Fue durante esas cuarentenas cuando mayor creatividad alcanzó.

Su majestad la reina Isabel II

MIRIAM ESCOFET

2020

En julio de 2019 Miriam tuvo su primera cita con la modelo, que tenía una agenda digamos que bastante apretada. Al contrario que con otros retratos en los que conoce antes los gustos y las peculiaridades de la persona a la que va a pintar, aquí todo se reducía a una única sesión que estaba tasada en una hora, pero que le advirtieron podría reducirse a veinte minutos. La complicación era doble, como me confiesa Miriam, con la que hablo extensamente por teléfono para la preparación de este capítulo que difiere algo en el planteamiento, pero conserva el espíritu del resto. Al fin y al cabo, es un privilegio incluir una obra tan destacada y significativa y poder hablar con su ejecutora. Decía que la complicación era doble, porque imaginen tener que aprovechar hasta el último segundo del escaso tiempo disponible y a la vez superar la impresión de tener delante a la reina de Inglaterra. Los nervios mezclados con el deber, el corazón latiendo más rápido de lo habitual y ser capaz de captar al vuelo todos los detalles posibles para luego trasladarlos a un cuadro que verá y juzgará todo el mundo. La reina tenía noventa y tres

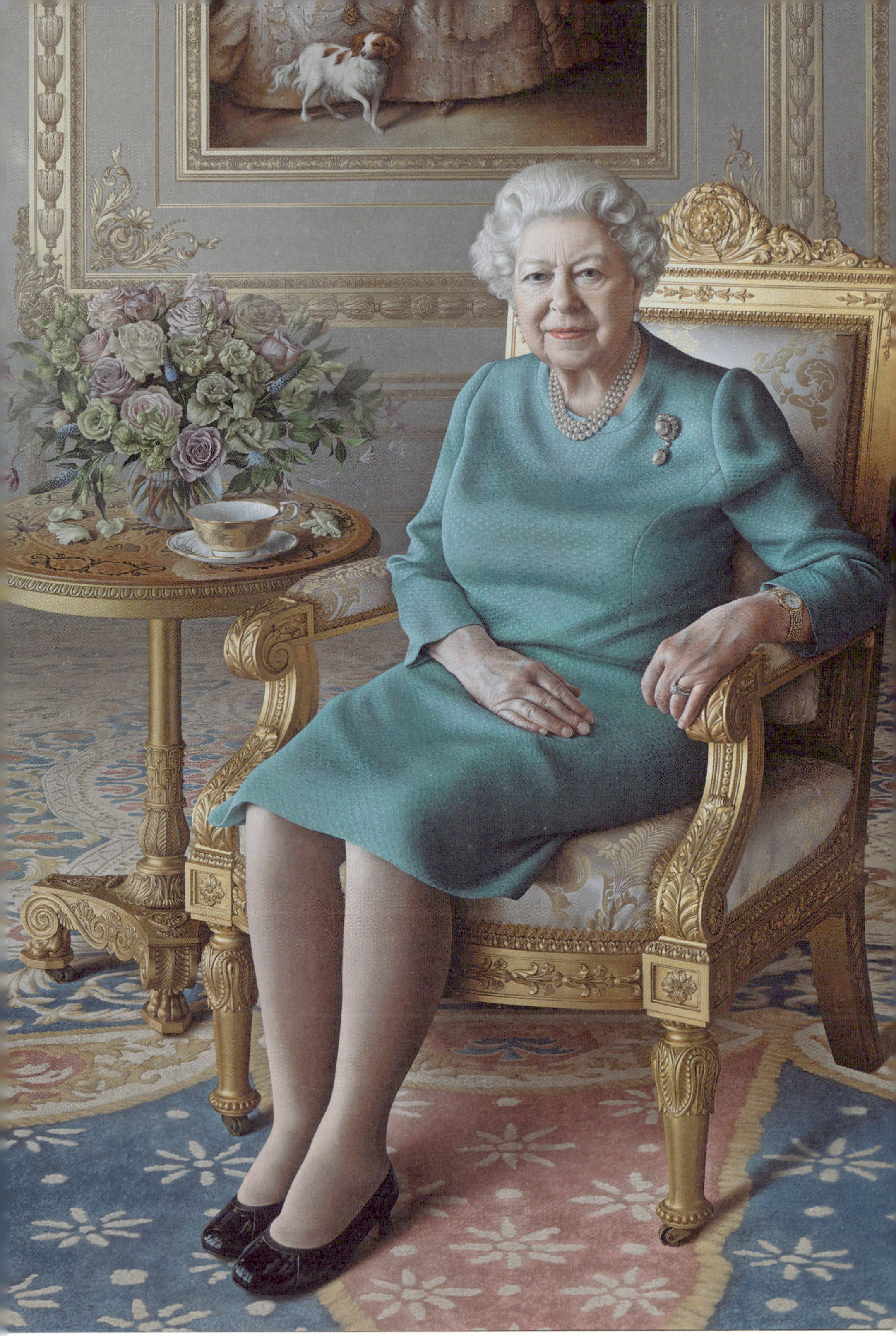

años cuando se produjo ese encuentro, y sus asesores estaban reduciendo todo lo posible sus citas para no agotarla.

Miriam recuerda que antes de esa sesión tuvo varias conversaciones con todo el personal de protocolo, que le indicaron muy bien la indumentaria y el comportamiento o actitud que se debe tener cuando delante está su majestad.

Durmió bien la noche anterior y su máximo temor era que su coche sufriese una avería o algún tipo de percance impidiera que estuviese con puntualidad británica en tan importante cita. Al llegar sabía exactamente por qué puerta entraría la reina y cómo debía saludarla; sabía que tenía que esperar a que ella pronunciara las primeras palabras para, a continuación, empezar a hablar. Imaginemos por un momento todo eso sumado a uno de los encargos más importantes que puede recibir un pintor; la obra que saliera de esa hora de sesión pasaría automáticamente a la historia.

Miriam acudió con su cámara de fotos; con tan poco tiempo, quería llevarse la mayor documentación gráfica posible al estudio. Necesitaba captar la energía, esas sensaciones, la atmósfera, el gesto y el carisma de quien tenía ante ella. Por delante, decisiones trascendentes, como hacer la figura real completa o solo tres cuartos.

Hay otra cuestión fundamental para nuestra artista, debe empatizar o simpatizar con quien retrata, y esa hora también sirvió para ello. La reina le cayó bien, esa flema y sentido del humor ingleses se instalaron en el salón y facilitaron bastante las cosas.

Cualquier decisión a tomar era trascendente, por ejemplo, la ropa con la que sería pintada. A Miriam le dijeron que la sastra de la reina se pondría en contacto con ella antes de esa cita para que eligiera con qué vestido le gustaría que se produjese el posado. Había que decantarse entre tres, y el azul fue el agraciado, porque contrastaba bien con los muebles y el dorado que se encontró en la habitación, que sí había podido visitar previamente a solas. Así que se abrió la puerta y apareció una reina vestida de azul, que parece el título de una canción. Se encontraron e Isabel II se quedó mirándola, observándola, analizándola. Después, sonrió y de la regia boca salió un «encantada de conocerla» que empezaba a allanar el camino y a relajar el ambiente de la estancia.

La Casa Real británica trata este tipo de sesiones como algo muy privado, dando la intimidad necesaria a la artista para que pueda conocer a la modelo y atrapar su esencia. Había tres personas más presentes, pero a los pocos minutos parecían haberse desvanecido. No había ninguna premisa sobre lo que podían o no podían hablar, el único requisito fue que esa conversación no podía luego divulgarse o hacerse pública. De todas formas, no se comentó nada importante, como es de imaginar, más allá de cosas triviales.

Miriam pidió a palacio una segunda sesión, poder tener unos minutos más para terminar de pulir los detalles que hace que un retrato sea bueno o no. Se puede tener la técnica, pero es necesario algo más, sobre todo para un encargo de este tipo. Tenía preparados dos bocetos, pero le faltaba ese último toque que cerrara el círculo.

Pongámonos en situación, año 2019, el Brexit en todo su «esplendor» y una pintora solicitando una nueva cita con la monarca más longeva del mundo. Pasaron ocho meses y en febrero de 2020 recibió la llamada. Antes de salir de casa, en la televisión hablaban de una ciudad china, Wuhan, y de un virus que se extendía con una contagiosidad nunca vista antes. La segunda sesión fue en Buckingham, el sitio era lo de menos, necesitaba ver de nuevo al natural la cara de la modelo.

Esa segunda sesión fue más informal y más tranquila, los nervios se habían apaciguado y Miriam logró lo que buscaba. Poco después, el mundo cambió.

Miriam Escofet

Si no fuera por lo que es, uno esboza una sonrisa pensando cómo pasó Miriam Escofet el confinamiento, encerrada en casa con la única compañía del retrato de Isabel II. Desde luego, tuvo tiempo de estudiarla, analizarla y casi, casi hacerse amiga íntima de ella. Una vez finalizado el trabajo solo faltaba una cosa, no sé si la más importante, pero sí la que más nervioso me pondría si fuese pintor: el desvelo.

Mostrar el cuadro a la retratada, si la retratada es la reina, suele ser un acto alejado de los focos, una especie de ceremonia llena de protocolo e imaginamos que de cara de satisfacción, de sorpresa o de decepción, según el caso. Pero el planeta Tierra descubrió el Zoom, las videoconferencias, la única manera de estar conectado durante meses, y alguien tuvo la idea de retransmitirlo de la misma manera en la que nos habíamos comunicado tantas veces a través de internet.

Podéis buscar el vídeo, de varios minutos de duración, en el que la reina, arriba a la izquierda, con la pantalla dividida en cuatro, atendía este y otro par de asuntos. El vídeo está editado y la pena es no ver su cara en el momento exacto en el que se descubre. Una breve conversación sobre el tiempo que le ha llevado hacerlo y lo lento del proceso y el deseo de poder verlo pronto en persona, poco más. Pero la imagen dio la vuelta al mundo, todos los medios se hicieron eco y todos pusimos cara y nombre a Miriam Escofet.

Pero ¿quién era Miriam? ¿Cómo llega a estar en Buckingham con la reina? ¿Por qué la eligen?

Nace en Barcelona, de madre inglesa y padre español; en casa siempre profesaron amor al arte —de hecho, su progenitor llegó a exponer en diferentes galerías de Nueva York—, así que desde pequeña la creatividad fue una constante. Estudió diseño 3D y empezó a hacer cerámicas y a pintar bodegones. Des-

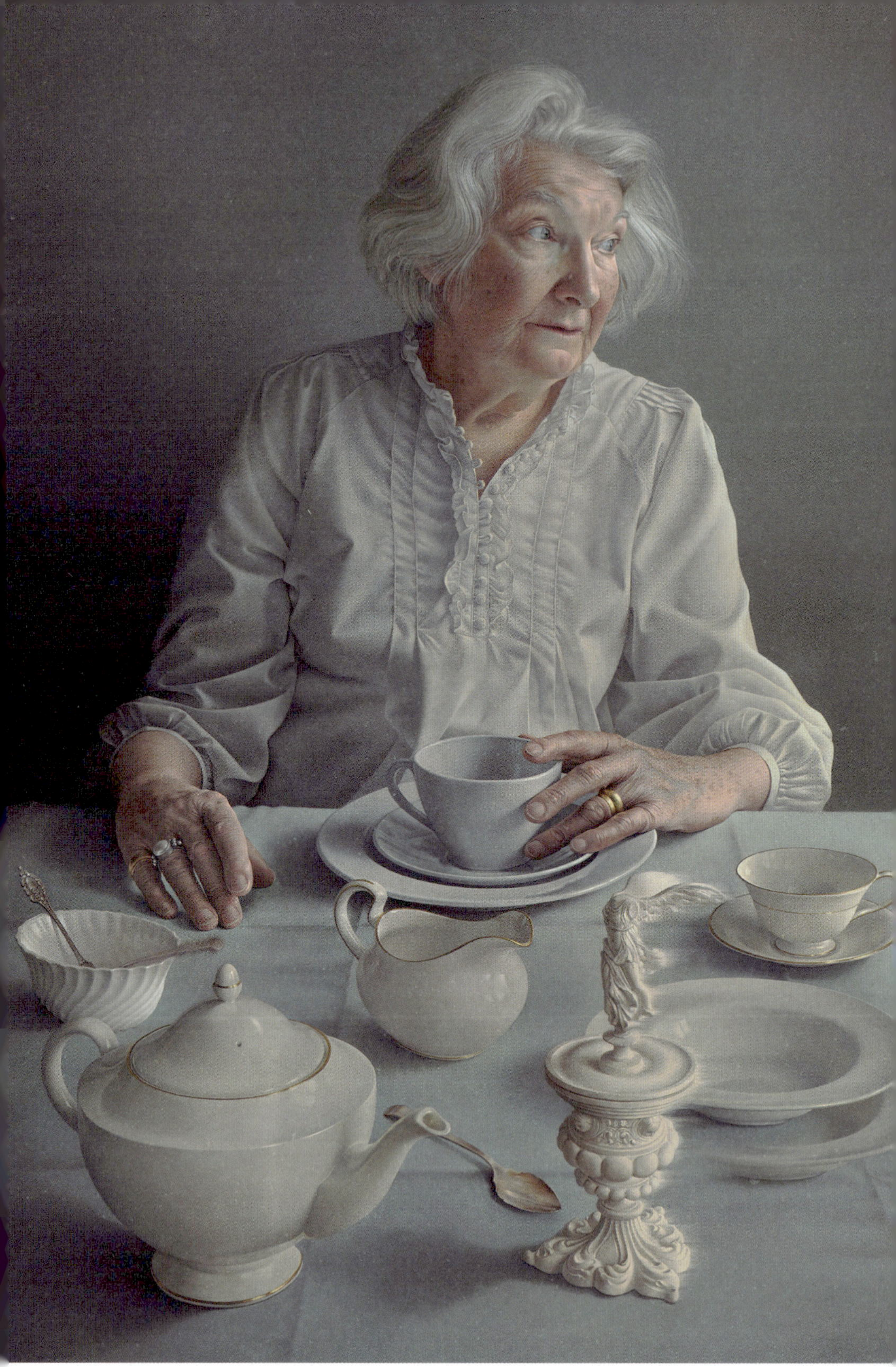

pués llegarían los retratos y en ellos encontró su verdadero camino en el arte.

Hemos incluido dos de sus obras porque no se entiende la de la reina sin el maravilloso cuadro que realizó un par de años antes a su madre y con el que ganó el BT Portrait Award que le abrió las puertas de palacio.

Vaya diferencia entre el proceso de ambos. En este, claro, no había tiempos que cumplir en las sesiones de posado, ni protocolos, ni límites en las conversaciones. Su madre eligió como «trono» la silla de la cocina, en una de sus horas favoritas, que era la del té, mirando hacia una ventana por la que entra la luz. Miriam trabaja con muchas veladuras de pintura semitransparente que dotan de mucha profundidad al lienzo y le dan una gran sensación espacial que se aprecia, por ejemplo, en la distancia entre la vajilla que hay en la mesa.

Consciente en cada pincelada de que a los ochenta y cinco años cada momento pasado con ella era un regalo, a Miriam le sorprendió, nos admite, que el público captara sus ideas y le emocionaba que le dijeran que al ver el cuadro veían a su propia madre, aunque no se pareciese en nada, porque la mirada, el gesto, la dignidad era la de muchas madres.

Es bonito pensar que el primer dibujo realizado por Miriam a los trece años fue también de su madre, de perfil, como buena amante del Renacimiento.

Por cierto, antes de terminar, una reina nunca va decir si le ha encantado o le ha disgustado una obra, pero después de las explicaciones de Miriam, Isabel II le dijo: «Sí, sí, entiendo, pero no has puesto té en la taza». Humor inglés y también pequeñas licencias de artista, porque, a pesar de que enfrente esté una reina, no hay que perderlas nunca.

Retrato de Ria Munk III

GUSTAV KLIMT

1917-1918

28 de diciembre de 1911, media ciudad celebra la Navidad y una chica joven y atractiva que se ha empeñado en contravenir las convenciones sociales de la época lee una carta de su amado. En ella, el hombre deja claro que no tiene intención de casarse y que esas serán las últimas letras que le dedique. Da por terminado el noviazgo que todo hacía presagiar acabaría en una boda-acontecimiento en la ciudad de Viena. La chica mira por la ventana con las lágrimas cayéndole por las mejillas hasta entrar en contacto con sus labios. La sensación de vacío no ceja, le cuesta respirar y le cuesta pensar. Su cerebro trabaja de forma acelerada, se entrecruzan recuerdos de noches sin amaneceres a la vista, llenas de sexo y conversación. Van y vienen las palabras y los desplantes y el sentimiento de culpa por ser tan joven. ¿Sería esa la causa? ¿Esos dieciséis años de diferencia? ¿La veía demasiado inmadura? A todo eso da vueltas hasta que en una especie de negritud recuerda el revólver que guarda su padre en la cómoda. Lo busca, se lo pone en la boca, siente el frío del cañón mezclarse con el salado de las lágrimas y tras meditarlo lo dirige al corazón, antepone la carta que acaba de leer y descerraja un tiro que la mata de inmediato. Tenía veinticuatro años.

Gustav Klimt

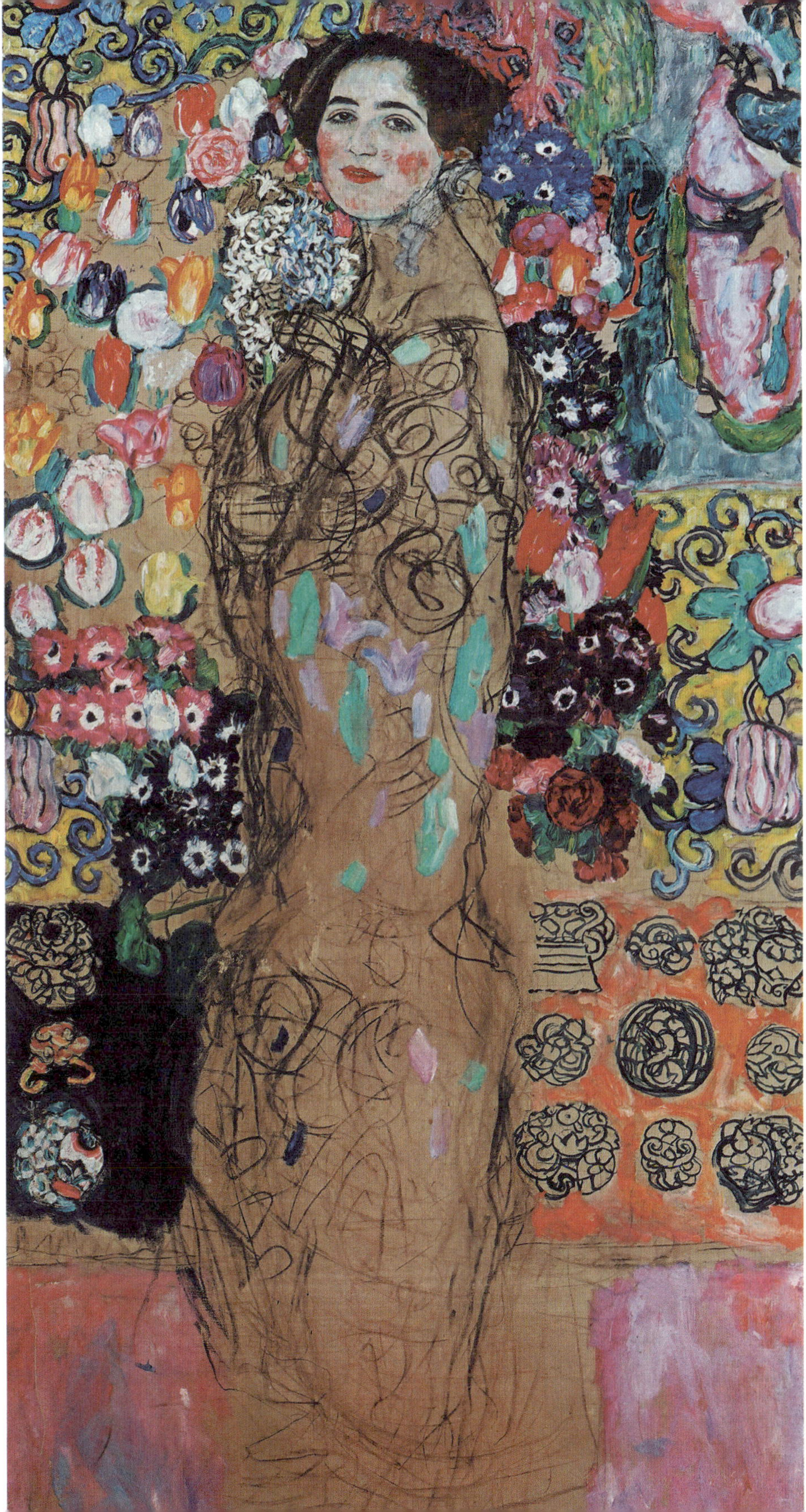

No sé cómo seguir, querida Ria, no logro satisfacer los deseos de tu familia. Te he pintado muerta, descansando al fin, y no fue de su agrado. «¿Qué es eso de que cada vez que miremos la pared veamos a nuestra niña con los ojos cerrados, rodeada de flores, pálida y sin sangre recorriendo su cuerpo? ¿Quiere que nos golpee como golpea un martillo el corazón?», me llegaron a decir. Yo te retraté como Ofelia, serena, tranquila, imaginando que has encontrado el lugar donde reposar, un sitio lejano de este mundo que tan poco supo comprenderte o que te hizo perder la razón, viajando a lugares donde no existe la maldad, paisajes que solo habitan en los sueños. Eso es lo que quería transmitir, la dulzura apagada de quien decidió que no tenía cabida en este mundo, pero no les convencí. Volví a intentarlo llenándote de vida, con los senos desnudos, irradiando la belleza con la que deslumbrabas a casi todos, lo llamé *La bailarina*, te inundé de color, te puse medias y mirabas a contramano como si alguien te acabase de llamar por tu nombre y tú, con una sonrisa adivinada, atendieras por cortesía. Volví a encontrarme con todo tipo de reproches que se tradujeron en una rotunda negativa. Esta vez fueron argumentos del tipo de: «¿Cómo vamos a recordar a la niña semidesnuda, como si sus principales virtudes hubiesen provenido de su cuerpo? Vaya atrevimiento el suyo», me reprocharon. Queremos a Ria como era, ni más ni menos. Me llevé el cuadro de nuevo al estudio y lo modifiqué cambiando tu rostro por el de una modelo y dándole un toque mucho más oriental. No respondí a tu madre y a tu tía, que tanto me ha dado, con los pensamientos que me rondaban en ese momento, pero tenía que haberles dicho que es probable que nadie haya sabido nunca de verdad cómo eras. Hay una enorme diferencia entre lo que la gente cree que somos y cómo somos y lo que en realidad sucede en nuestro interior. Cuando esa diferencia es mucha, se ensancha el desconocimiento y puede ocurrir que apenas conozcamos a quien creíamos conocer bien. Si no rascamos en la superficie corremos el riesgo de convivir e incluso querer a auténticos desconocidos. Pero, claro, no les iba a decir eso, no les iba a decir si acaso no intuían lo que te pasaba, si no pudieron prever que algo trágico rondaba tu cabeza. Matarte, pegarte un tiro en el corazón por amor o, mejor dicho, por desamor, es un acto que lleva aparejado una serie de circunstancias que tuvieron que emitir alguna señal que pusiera sobre aviso a alguien. Pero no les iba a decir todo eso. Así que aquí estoy, intentando que esta sea la definitiva. Nunca antes me había costado tanto esfuerzo sacar un trabajo adelante, y ten por seguro que me habría negado con rotundidad si no fuese porque no puedo perder el favor y la confianza de tu familia.

Y continúo buscando una solución que satisfaga a todos, intentando seguir esas indicaciones: «Ria era jovial, romántica hasta la enfermedad, dulce, cariñosa y atenta». Espero lograrlo y terminarte pronto, porque no me encuentro bien de salud y no quisiera tener que sufrir una convalecencia y demorarlo más. Han pasado seis años desde que empecé contigo, la de cosas que hubieses podido vivir en todo ese tiempo, el mundo ha cambiado mucho y estoy convencido de que habrías encontrado el hueco que necesitabas y un nuevo amor. He investigado un poco a ese Ewers y no sé qué pudiste ver en él para perder la razón. Su fama de mujeriego, su pose de maldito o algo parecido entiendo que puede engatusar a alguien con el corazón todavía por construir, como era tu caso. Desde luego, espero que no fuera por su manera de escribir, porque no me gusta nada, ni sus ideas. Pero hay veces que es imposible convencer a nadie de que algo o alguien no le conviene, incluso la insistencia en esa recomendación termina volviéndose en contra y acrecienta la convicción.

Nadie debería pegarse un tiro nunca y mucho menos a los veinticuatro años. Tenías una vida que disfrutar y ahora esa vida transcurre sin ti y yo te tengo que pintar como si la estuvieras viviendo. Ese es el objetivo, devolverte a una vida a la que ya no perteneces.

Permitidme que vuelva con Klimt, pero creo que merece la pena. La historia de María —Ria— Munk es triste, y la de los cuadros que Klimt pintó de ella igual. Un artista enfrentado a un encargo póstumo, un artista acostumbrado a trabajar (y mantener aventuras) con modelos al natural teniendo que pintar de oídas o con fotografías mediante. Una misión tan delicada como satisfacer a una madre sin consuelo que quiere mantener viva la memoria de su hija y poder pensar en ella cada vez que mire ese cuadro y recordarla llena de la vitalidad con la que la vio crecer, congelada en un instante feliz alejada de las nubes que se ciñeron sobre ella ese desdichado día de diciembre. Es cierto que, en un principio, parece ser que se pidió un retrato más clásico *post mortem*, pero, a pesar de la belleza de ese primer intento fallido en el que Ria es Ofelia, se entiende perfectamente que la madre no desee ver a su hija muerta cada vez que se siente en el salón de su casa.

Pero si la historia de este conjunto de retratos ya es conmovedora de por sí, sumémosle que este último, el tercero, está inacabado, porque Gustav Klimt murió antes de ponerle fin. Un infarto sobrevenido a una neumonía, contraída probablemente por esa epidemia de gripe que asoló el mundo en 1918, acabó con él. Sin saberlo, Klimt daba sus últimas pinceladas intentando plasmar el espíritu de una mujer a la que iba a hacer compañía en breve.

Gustav Klimt

Klimt nació en 1862 en Viena, su madre era cantante de orquesta y su padre grabador de oro, un material que debió impresionar mucho al niño porque sus cuadros más celebrados (a mí personalmente no me entusiasman) son en los que empleó el pan de oro. Cuántas reproducciones de sus «besos» colgarán de las paredes de habitaciones y comedores de medio mundo. *El beso* es su obra más reconocida seguida de cerca por el retrato, también dorado, de Adele Bloch-Bauer, sobre la que podéis ver la película *La dama de oro*, con Helen Mirren, para saber que también tiene detrás una gran y rocambolesca historia.

A Klimt le caracteriza su inconformidad, su rebeldía y el haberse dado cuenta en un momento dado de que era imposible contentar y gustar a todo el mundo. Ejemplo de esa inconformidad o de ese ir a contracorriente es el trabajo que hace para la Universidad de Viena; tiene que pintar los techos de varias facultades y el resultado es rechazado por degenerado y pornográfico. *Filosofía, Medicina* y *Jurisprudencia* fueron destruidas por los nazis y ahora han sido «reconstruidas» digitalmente para conocer el aspecto que tuvieron. Un algoritmo estudió el uso del color de muchas de sus obras y gracias a las fotografías en blanco y negro que se conservan se ha podido hacer esa recreación. Un algoritmo, quién se lo iba a decir a Klimt. En una entrevista con la escritora, crítica y periodista Berta Zuckerkandl-Szeps zanja el tema diciendo: «Basta de censura, no quiero otra ayuda que la mía. Mi objetivo es olvidar todas estas molestas tonterías que dificultan mi trabajo y volver a mi libertad. Rechazaré cualquier ayuda estatal, renuncio a todo eso».

Mujeriego, irreverente, retraído en ocasiones, vivió casi siempre bajo el cobijo de su madre y alguna hermana y, sobre todo, y desde que la conoció rondando los treinta, con la complicidad de Emilie Flöge, su amiga del alma, creemos que solo su amiga del alma, aunque con Gustav nunca se sabe, porque tras su muerte hubo catorce demandas de paternidad. Con Mizzi Zimmermann tuvo dos hijos, Gustav y Otto, el último murió con pocos meses de vida. No los reconoció, pero los mantuvo, igual que a Mizzi. Klimt hizo algún retrato de mujeres embarazadas basándose en la experiencia cercana, véase *Hope I*, en la que posa una misteriosa modelo llamada Herma, pero en la que reside el espíritu de Mizzi. A ella le escribía cartas cuando se iba de vacaciones en las que podemos adentrarnos en su rutina pictórica.

> Por la mañana me levanto temprano, hacia las seis, a veces un poco antes o un poco después; si el tiempo es bueno, me voy al bosque, pinto un poco en el bosque de hayas (si brilla el sol), con unas pocas coníferas, hasta las ocho aproximadamente; entonces desayuno y después, un baño, muy reparador.

Volviendo al cuadro que nos ocupa, quiero destacar dos cosas, la primera, que Ria se enamoró del hombre equivocado; Ewers se afilió al partido nazi a principio de los años treinta del siglo XX, el mismo partido que terminaría dándole la espalda por no tener del todo claro si era tan puro de ideas como ellos querían.

Y la segunda, que no sabemos si el retrato de Ria número tres satisfizo a la familia de la difunta, porque la repentina muerte de Klimt no dio opción a un cuarto intento. Lo que sí podemos afirmar es que esa comprensible indecisión de la madre nos brindó la posibilidad de tener tres (o dos y media) obras muy diferentes sobre un mismo personaje que decidió dejar este mundo un día de los inocentes.

Retrato de Ramón Mesonero Romanos

ROSARIO WEISS
1842

Seguro que él estaría orgulloso de estos aplausos, igual o más que yo, me atrevería a decir. Lástima que no pueda ver que todo el tiempo invertido en mi formación ha valido la pena y lástima también no haber tenido la destreza hace unos años para poder dibujarle como he dibujado aquí a Mesonero.

Todos halagan el trazo y la delicadeza demostrada, pero pocos saben que llevo ejercitándolos desde que tenía siete años. Mi maestro se empeñó en que aprendiera a dibujar y a escribir casi al mismo tiempo. Conservo todavía aquellos cuadernos en los que me animaba a bosquejar payasos y bufones en posturas imposibles, y recuerdo cómo a veces suspiraba, creo que algo desesperado, cuando el resultado difería demasiado de lo que él esperaba. Tenía mucha paciencia, estaba mayor y derrotado o al menos con un humor agridulce que dejaba latente un final próximo o una llegada a puerto después de una travesía gloriosa. A veces veía sobre sus hombros el peso de la incomprensión, un incomprendido al que el devenir de los tiempos había cogido con el pie

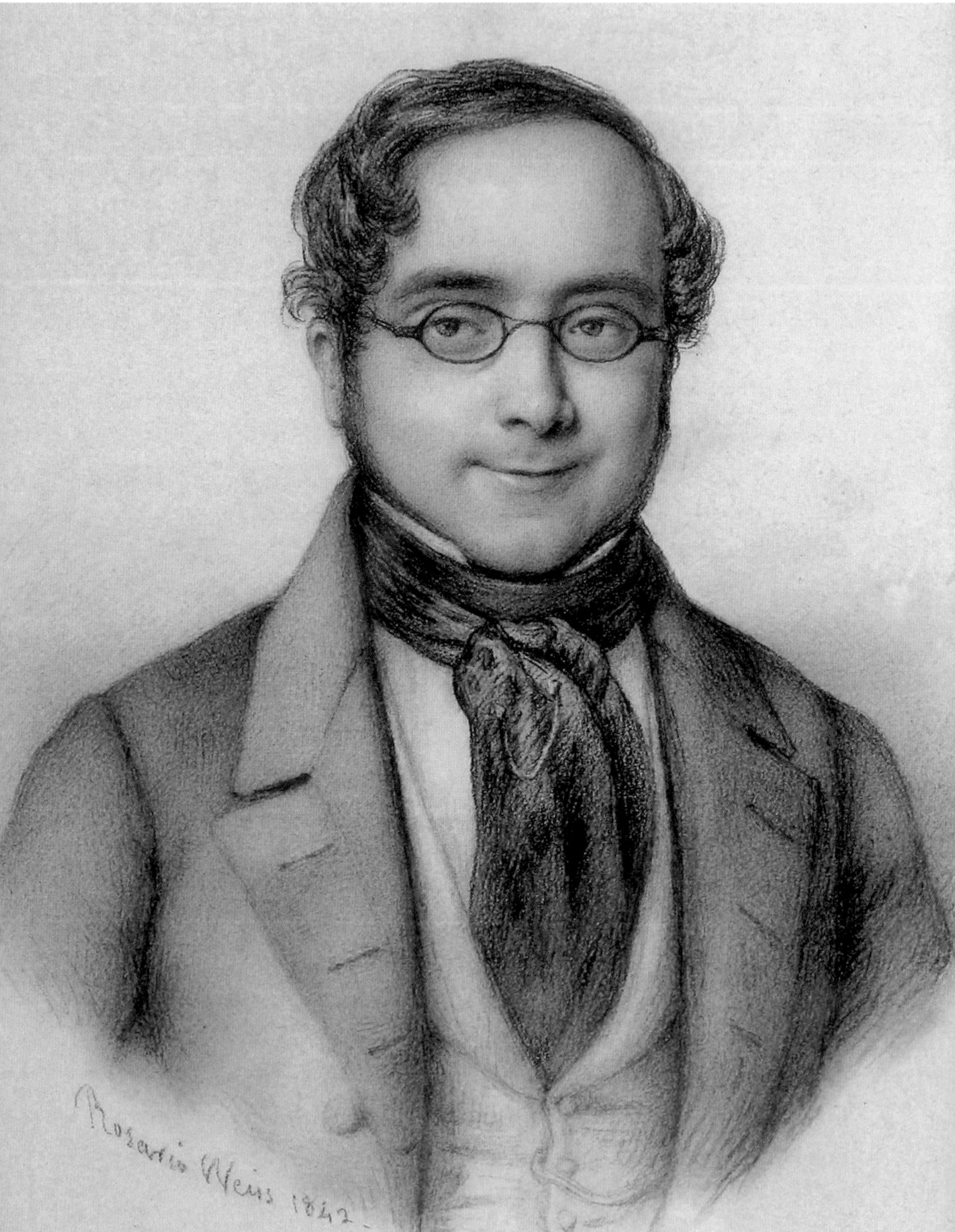
Rosario Weiss 1842.

cambiado. Debió de ser difícil adaptarse a una vida alejada de la pompa o de las reverencias pasadas, aunque nunca fuesen de su agrado esas reverencias.

En mi cabeza siempre rondaba la misma pregunta: cómo alguien de su talla, de su pasado y de su genio perdía el tiempo con una cría haciendo garabatos en papeles, corrigiendo su manera de coger el lápiz, repitiendo una y otra vez el mismo perfil, impidiendo que levantara la punta hasta completar alguna figura en un reto que me parecía insuperable.

La primera vez que fui a su casa, acompañando a mi madre, que trabajaba para él de ama de llaves, me dio incluso un poco de miedo. Esa cabeza grande que parecía desplazarse en movimientos lentos y pesados, una cabeza despejada en la que el pelo comenzaba a anunciarse justo en el ecuador del cráneo y descendía con fuerza hasta tapar la nuca. Yo siempre le vi un ojo más grande que otro, como si esa sordera que le acompañaba provocase una apertura mayor de uno de ellos. No sé, a veces llegué a pensar que me escuchaba con su ojo izquierdo. Me repetía una y otra vez que cuando fuera adulta llevara cuidado con la pintura, que protegiera mi nariz para no estar todo el día aspirando ese olor que se te mete hasta las entrañas. Al parecer, algún médico le dijo que sus problemas de salud podían haber nacido ahí.

Cuando no estaba conmigo se dedicaba a pintar las paredes de la vieja casa con escenas que no me dejaba ver por ser demasiado feas y oscuras para los ojos de una niña tan pequeña. Nunca supo que, cuando a media tarde se quedaba dormido, yo las contemplaba con una mezcla de miedo y admiración que llegaban casi al estremecimiento. El perro mirando al pajarito me provocaba ternura, además yo conocí a ese perro, merodeaba a menudo por la quinta, se ganaba algún resto de comida al hacer alguna monería. Pero alguna vez soñé también con esas pinturas o, mejor, alguna vez me quitaron el sueño, y me despertaba sudando después de escuchar a aquella anciana reír a carcajadas diciendo: «Rosario, no tengas miedo; Rosario, ven con nosotros». Todavía se me eriza la piel cuando recuerdo aquellas pesadillas.

Hacíamos también otros ejercicios que a mí me gustaban más. Él realizaba unos dibujos rápidos y yo tenía que trazarlos de nuevo. A mí me daba pena tener que hacerlo porque eran muy graciosos y quería que quedaran en el cuaderno tal cual, pero ahí estaba yo, con mi lápiz, repasando su trazo una y otra vez. Hicimos cientos de ellos.

Una vez fue a otra habitación y trajo un cuadrito pequeño que decía había hecho dos o tres años atrás; *El tío Paquete,* le llamaba. Me dio una lección que nunca he olvidado. «Da igual la persona, su clase social y sus logros, cualquiera puede ser digno de un retrato», afirmaba, para, a continuación, explicarme que hay que conocer bien a quien se tiene delante, saber cosas de su vida, tener interés por lo que hace, por sus habilidades. *El tío Paquete* era un ciego que merodeaba por la iglesia de San Felipe y que, al parecer, cantaba y tocaba la guitarra bastante bien.

A mí, de esa pintura, me gustó mucho la imperfección de la cara, de los matices. Yo creía que un dibujo debía ser perfecto en sus formas y de repente descubrí que la mancha puede ser también técnica. Aquellos párpados del pobre Paquete se entreabrían para descubrir los ojos que no ven; el fondo negro le hacía emerger de la nada. Era tan crudo como real. Cuando le pregunté cómo había conseguido hacerlo, me contestó que después de repasar muchos dibujos siendo un niño. Los dos nos reímos, y no era frecuente verle reír.

Los académicos aplauden mi retrato de Mesonero y yo daría lo que fuera porque estuviese aquí.

Rosario Weiss

Yo tenía siete años y Francisco de Goya me afilaba los lápices.

Imaginad tener de profesor de dibujo a Goya; que el hombre que habita la Quinta del Sordo, que ha retratado a reyes, se siente con nosotros a calcar dibujos y a ponernos ejercicios para mejorar las habilidades y, al mismo tiempo, nos enseña a escribir. Eso fue lo que le sucedió a Rosario Weiss, la mujer a la que la crítica y la prensa aplaudían aquel día de 1842, muerto ya el maestro.

Rosario era hija de Leocadia Zorrilla y de Isidoro Weiss, o al menos eso consta en su partida bautismal, porque muchas son las voces que dan a entender que Rosario, en realidad, era hija del propio Goya y que por eso le dispensó tantas atenciones.

Sea cierto o no, el caso es que esta mujer tuvo el privilegio de tener como profesor al genio de Fuendetodos y como academia de dibujo la mismísima Quinta del Sordo, donde Goya vive ya alejado del ruido de la corte y encerrado con sus propios fantasmas.

Rosario llega a la quinta entre 1817 y 1820, después de que su temperamental madre, Leocadia, acepte ser la ama de llaves de Goya, entre otras cosas porque no le quedaba más remedio: tras haber terminado, de muy mala manera, el matrimonio con Isidoro, se encontraba en la ruina económica. A la quinta llegó con dos de sus tres hijos, entre ellos Rosario, que pronto se convirtió en el centro de atención del pintor.

Leocadia era ama de llaves, aunque el puesto era una excusa para hacer y deshacer con Goya como quería. Se conocían desde hacía años, y si algo le hacía falta al artista a sus setenta y un años y viudo desde hacía cinco, era gente alrededor que alejara las sombras que se ceñían sobre su vida.

Las lecciones de dibujo fueron constantes y los cuadernos que se conservan muchos, algo muy poco usual en la historia del arte salvo que en esos cuadernos haya intervenido un maestro, como es el caso.

Pocos meses después de la salida de España de Goya en dirección a Burdeos, Leocadia sigue sus pasos y termina por instalarse con él en una pequeña casa de la ciudad francesa donde el pintor acabaría muriendo.

En Burdeos prosiguieron las clases hasta que Rosario entra en la escuela de Pierre Lacour y afianza los conocimientos aprendidos desde los siete años.

El mismo año de su llegada a Burdeos, Goya escribe una carta a un amigo, el banquero Joaquín María Ferrer, para que la ayude a llegar a París. En esa misiva se comprueba el exagerado entusiasmo que atesora por «mi Rosario».

> Esta célebre criatura quiere aprender a pintar de miniatura, y yo también quiero, por ser el fenómeno tal vez mayor que habrá en el mundo de su edad hacer lo que hace; la acompañan cualidades muy apreciables, como usted verá, si me favorece en contribuir a ello; quisiera yo enviarla a París por algún tiempo, pero quisiera que usted la tuviera como si fuera hija mía, ofreciéndole a usted la recompensa ya con mis obras o con mis haberes...

«Como si fuera hija mía». Ese entusiasmo y esa manera de referirse a ella es lo que muchos investigadores esgrimen como principal argumento para establecer el vínculo filial entre ambos. Aunque hay un detalle que supone un jarro de agua fría para esa teoría: el testamento de Goya, donde no aparecen ni Leocadia ni, lo que es más extraño, «su Rosario».

Muerto Goya y tras la amnistía de Fernando VII, Rosario vuelve con su madre a Madrid, donde subsisten, en parte, por el trabajo de copista en el Museo del Prado de la niña que ya no es tan niña. Su destreza y su fama empiezan a crecer, sobre todo después de ser nombrada académica en San Fernando y profesora de dibujo de la futura Isabel II.

Era 1842, Rosarito ya era Rosario, los círculos artísticos la respetaban y se ganaba bien la vida; sin embargo, la muerte le esperaba a la vuelta del calendario. En 1843 un ataque de cólera acaba con ella cuando solo tenía veintiocho años.

En *La Gaceta de Madrid*, Juan Antonio Gascón escribe la necrológica:

> La Rosario Weiss ha muerto, y entre tantos periódicos artísticos y literarios que se publican en España no ha consagrado ninguno el menor recuerdo, la más simple memoria que dé a conocer la gran pérdida que con su muerte ha sufrido nuestra patria. Era mujer, y esta sola circunstancia debiera haber bastado para que con más entusiasmo se ensalzara su mérito y se llorara su fin; porque, si son dignos de admirar los talentos de aquellos hombres que han logrado sobresalir en la profesión a que se dedicaran, mucha más alabanza merece una mujer que, sobreponiéndose a las dificultades que le ofreciera su sexo, ha sabido vencerlas con éxito feliz.
>
> En la flor de su edad, en la época en que más debía haber brillado su ingenio, vino la muerte a arrebatar a España una artista que hubiera sido su gloria; porque si tan temprano había llegado a sobresalir en el difícil arte de la pintura, ¿qué no hubiera alcanzado en lo sucesivo?

Muere Rosario veintiún años después de empezar a hacer sus primeros dibujos con la ayuda de un maestro inigualable que empujó su carrera y que, paradójicamente y con el paso de los años, pudo convertirse en uno de sus peores enemigos, porque la sombra de Goya siempre ha sido terriblemente alargada cuando se ha hablado de ella.

Autorretrato

ANNA MARY ROBERTSON MOSES

1933

Es imposible olvidar el momento en el que no era capaz de manejar la aguja; intentaba repetir el gesto que había realizado miles y miles de veces durante tantos años, pero la aguja se negaba a dibujar la silueta que mi cerebro le ordenaba. Era un suplicio llegar a la tela, atravesarla con la punta afilada, tensar el hilo y volver a extraerla. Algo que podía hacer casi con los ojos cerrados, de una manera mecánica, se convirtió en una montaña imposible de subir. La mano se paralizaba, se encogía. Pensé que serían los cambios de tiempo, además de una edad en la que ya no está una para muchos trotes. Artritis reumatoide, me dijo el doctor nada más contarle lo que me sucedía y al ver luego mis manos ligeramente hinchadas y acertar en cada uno de los síntomas que estaba sufriendo. Sí, sentía como ardor, no era exactamente dolor, era calor el que recorría mis huesos, especialmente en los nudillos cuando los apretaba para cerrar los puños con fuerza y con algo de rabia. ¿Qué iba a hacer yo, si no podía parar quieta, si bordar era una de las grandes fuentes de relajación y entretenimiento que tenía? Qué iba a suceder con mis flores, con mis pájaros, con la vida que la aguja me ayudaba a llevar y a interpretar incluso; mis ojos admiraban el campo para luego poder bordarlos.

Anna Mary Robertson Moses

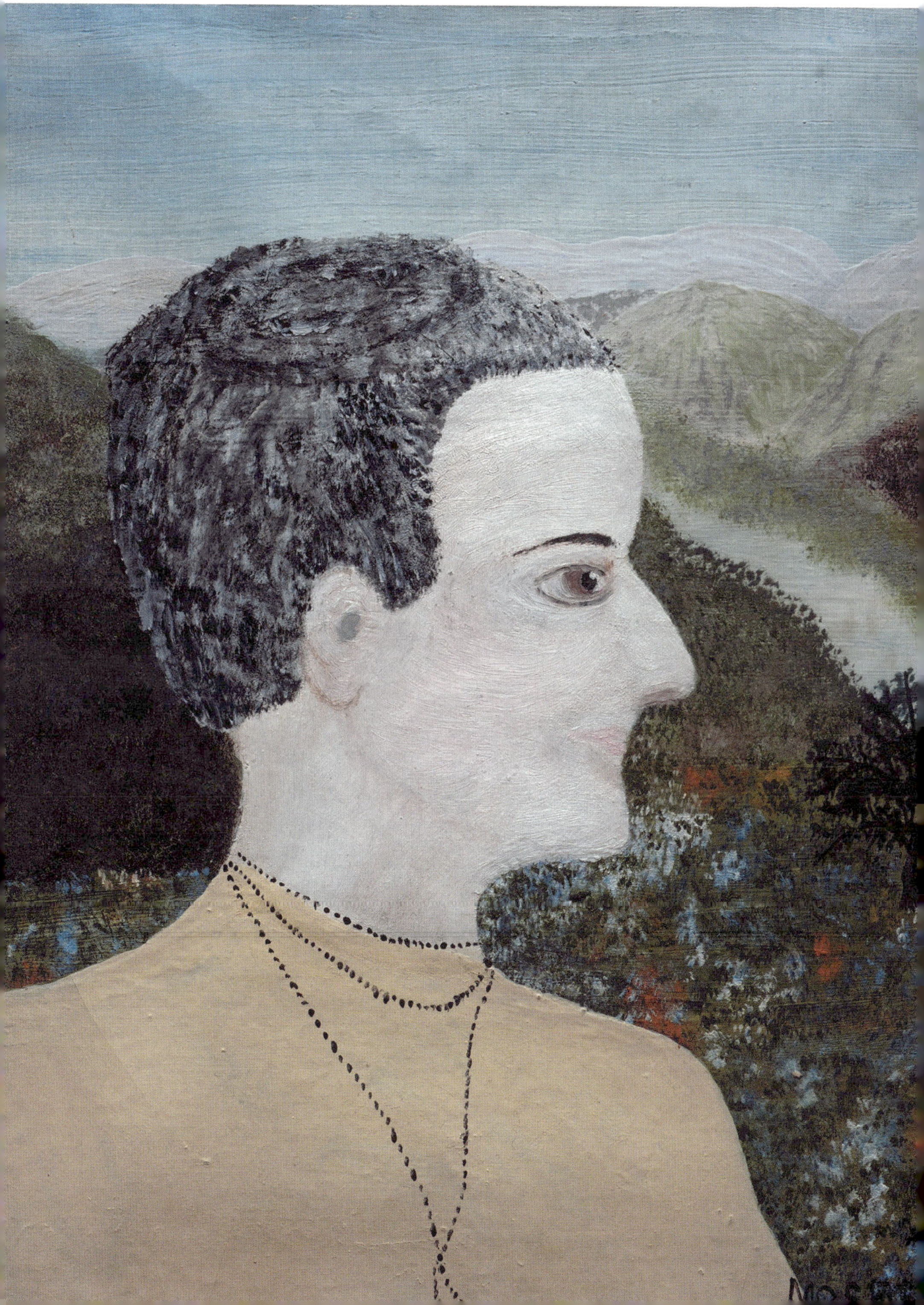

También es imposible de olvidar el momento en el que comprobé que podía peinarme sin ningún problema, no exactamente ese momento, más bien aquel en el que pensé que si podía coger un peine podía coger un pincel y que un pincel podía ser mi nueva aguja y que cambiaría unas telas por otras para seguir llevando a cabo mi tarea. Es extremo decir que bendita artritis, pero, con el paso del tiempo, así debo confesarlo. La artritis me abrió un mundo nuevo, una pasión desaforada que ocupó prácticamente todas mis horas. Al principio, y con el miedo lógico, me dediqué a recrear los bordados que había hecho, buscaba una sensación de seguridad, si podía con la aguja por qué no iba a poder con un pincel. Pero sentada en mi vieja silla del porche, en un duermevela sumamente placentero, empezaron a atropellarme recuerdos del pasado, escenas cotidianas que había observado y de las que incluso no era consciente. Comprendí que un cuadro se puede dibujar primero en el pensamiento, en la cabeza, y luego solo había que trasladarlo a esa superficie blanca que al principio tanto me imponía. Una boda en el campo, los trabajadores de una granja en sus quehaceres diarios y con sus aperos, la felicidad de un día de nieve. La vida que tenía delante era mi mayor fuente de inspiración. Era, eso sí, muy meticulosa intentando recordar, hacía siempre ejercicios mentales para buscar la mejor imagen posible de las que me había cruzado, y una vez seleccionada ya no había quién me parara. Cuánta emoción al ver el resultado y enseñárselo a Thomas, que empezó mirándolos con algo de incredulidad pero terminó encantado con mi ocupación.

Mi técnica, además de la memoria para cazar el instante, era sencilla; yo siempre he pintado de arriba hacia abajo. Empiezo por el cielo, luego montañas si las hubiese, llego a los árboles, matorrales y demás, me centro en las casas y, por último, las personas, tocando el suelo. Ahora que caigo, a lo mejor eso de dibujar a las personas tan pequeñas tenga que ver con ese orden a la hora de trabajar. Me voy quedando sin hueco y las encajo como puedo. Bueno, eso es una tontería, será porque las personas en mi memoria aparecen así.

El tercer momento imposible de olvidar en realidad son dos, cuando Ethan me dejó colgar algunos de mis cuadros en su droguería. Pasaba por allí casi todos los días solo por verlos en un lugar que no fuera mi casa. Para mí, ese ha sido el mejor museo en el que he expuesto nunca. Decidimos venderlos para que así mi afición no fuese tan costosa y poder comprar materiales. Los pequeños a tres dólares, los grandes a cinco. El segundo momento después de ese fue el día en el que un tipo decidió comprar todas las obras expuestas y se presentó luego en mi casa para adquirir todo lo que tuviese. ¿Qué clase de loco hace eso? ¿Qué probabilidades existen de que un coleccionista de Nueva York surque la carretera de Hoosick Falls y haga una parada justo en esa droguería y pose su mirada en mis cuadros? Si lo pienso, me vuelvo loca, pero así sucedió. Cuando Louis J. Caldor llegó a la puerta de mi casa en Eagle Bridge y me explicó lo que quería, casi me desmayo. Busqué en el estudio que no era estudio ni nada parecido y le entregué las diez obras que tenía terminadas. «Tendrá noticias mías», me dijo; y las tuve, vaya si las tuve. Yo, Anna Mary Robertson Moses, que empecé a pintar pasados los setenta y cinco años, iba a exponer en Nueva York. Descubrí que, en ocasiones, ante una desgracia no vale quedarse sentada esperando a que el tiempo pase; no, hay que levantarse, hay que intentarlo, hay que desafiar al destino que no está escrito porque lo escribimos nosotros.

Es quizá la abuela del arte; de hecho, se la conoce como Grandma Moses. Es difícil encontrar en la historia a un artista que empuñara por primera vez los pinceles a los setenta años. Por suerte, Anna Mary fue una mujer muy longeva y pudo hacerlo hasta el último día de su larga vida, murió con ciento un años. Su arte es tan inocente que uno no puede más que entrar en ese universo de color en el que parece que todo marcha razonablemente bien. Naif es el término que mejor se ajusta a sus obras, a sus paisajes. No hay una preocupación por la perspectiva ni por el tamaño de las figuras representadas, todo es ingenuo, un adjetivo que suena parecido a genuino. La ingenuidad, la mirada infantil de esta abuela, termina convirtiéndose en su principal seña de identidad y en uno de sus valores más apreciados. Sus obras nacen de una falta de formación suplida con la perseverancia y con una técnica desprovista de prejuicios y academicismo.

Vivir en una granja de Estados Unidos, trabajar desde los doce años y tener diez hijos, de los que cinco murieron siendo bebés, deja poco tiempo para el estudio. Pero Anna Mary tenía una mirada propia sobre lo que veían sus ojos, era capaz de atrapar instantes y trasladarlos luego al lienzo. Sabemos que los recuerdos difieren muchas veces de la realidad, que tendemos a idealizar lo que hemos visto, a dotarlo de una luz y una atmósfera especial por una sencilla razón, esos recuerdos son nuestros, nadie puede entrar en ellos, somos dueños de lo vivido y mucho más de la forma en que tiempo después volvemos a ese territorio en el que un día estuvimos. Seguro que, si a muchos de vosotros os piden que dibujéis, en el caso de que se os dé bien dibujar, algún momento de vuestra infancia lo terminéis haciendo con un filtro de romanticismo. Lo que sucedió, sucedió, bien distinto es cómo recordamos eso que sucedió.

La base de Moses, de nuestra abuela, era esa, ella reproducía escenas vividas que atrapaba en su cerebro y que, al ser procesadas, se convertían en algo distinto, que tiene similitudes con lo visto pero que de por sí forma un mundo nuevo. Su mundo es amable, es un lugar en el que apetece vivir o, al menos, pasar un rato. Apetece entrar a comer a esa vieja posada a cuadros con la que nos encontramos en una obra, o celebrar el 4 de julio con los personajes que habitan en otra. Aunque, si me dan a elegir, me quedo con pasar un día en algunas de sus escenas invernales, llenas de personajes haciendo cosas y donde todo, de tan irreal o ideal, parece verdad.

No es de extrañar que su obra tuviese mucho éxito en Japón. A lo mejor os viene a la cabeza Utagawa Hiroshige y su serie de grabados sobre la ciudad de Edo (actual Tokio), con la que pretendía representar un estado de ánimo, recuperar las escenas cotidianas y por tanto dichosas de una ciudad golpeada por las catástrofes. Hiroshige atrapaba igualmente recuerdos, los idealizaba para tratar de saber cómo era todo cuando nada había sucedido. De alguna manera, esta abuela del arte hace eso; seguro que no todo era tal como ella lo pintaba, pero el arte también está para hacer los días, el presente, más habitables.

La popularidad de Anna Mary fue grande en vida, sus cuadros se utilizaron para ilustrar sellos e incluso el 7 de septiembre, fecha de su nacimiento, fue declarado «Grandma Moses Day» por el gobernador de Nueva York.

No tuvo mal ojo aquel marchante al que se le ocurrió parar en el pueblo y se llevó todas sus obras. Pocas veces en la historia del arte un cuadro se revaloriza tanto. Por ejemplo, esa obra de la vieja posada *The Old Checkered House* de la que hablaba antes, se vendió en Christie's en mayo de 2015 por un precio cercano a los trescientos mil dólares.

La abuela Moses es la demostración de que, en ocasiones, basta con pintar lo que ves y cómo lo ves; es suficiente cerrar los ojos, apretarlos fuerte y traducir los recuerdos. Parece sencillo, pero hace falta mucha ingenuidad para conseguirlo, y de eso, de ingenuidad andamos faltos casi todos.

Anna Mary Robertson Moses

Autorretrato con traje de terciopelo

FRIDA KAHLO

1926

Ajústalo bien, no se me vaya a caer encima y me desgracie todavía más. Sí, más o menos donde está ahora, un poco más a la izquierda, quieta, espera, un poco, pero muy poco a la derecha, eso es, justo. No sé si es buena idea estar viéndome todo el día, ver a una mujer derrotada que no reconozco, a una tullida obligada a guardar cama, a vivir postrada como si en vez de dieciocho tuviese ochenta años. Qué digo, los ancianos viven con más libertad que yo. Me veré, me miraré y me reconoceré en cada centímetro de mi cuerpo, seré mi propia modelo, me dibujaré una y otra vez hasta lograr asimilar que la imagen representada, la que me devuelve el espejo, soy yo y no otra, aunque, a decir verdad, esa no soy yo, porque yo me quedé en aquel autobús ese 17 de septiembre de 1925. Ahí nació otra Frida que está llamada a ser compañera del dolor y la desesperación. ¿Por qué me subiría a ese autobús? ¿Por qué el azar no intervino y me entretuve dos minutos antes en casa y lo perdí? ¿Por qué ese tranvía eligió el instante preciso en el que circulábamos a su lado? ¿Por qué el pasamanos, de todos los

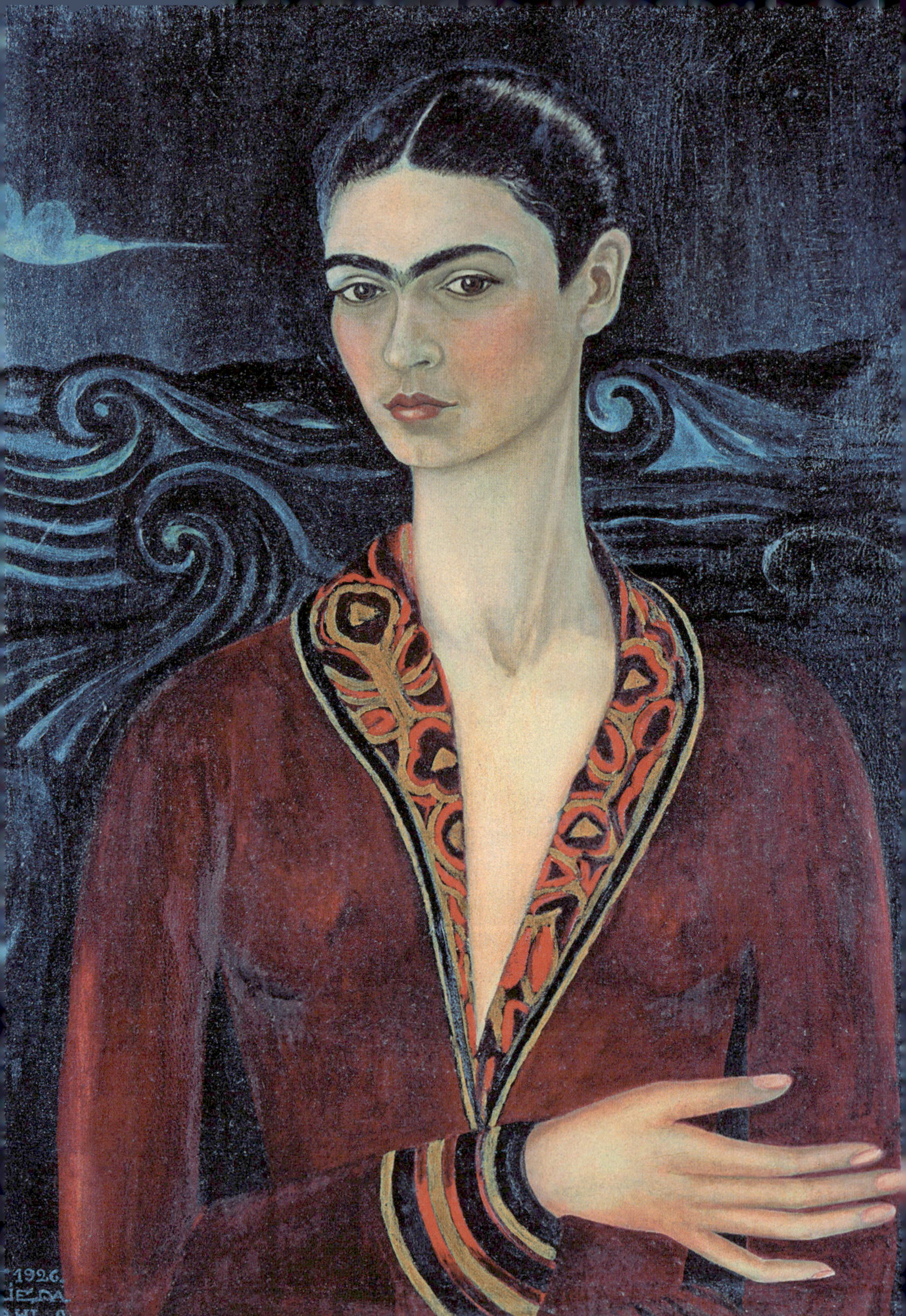

sitios que tenía para atravesar, escogió atravesar mi cuerpo? ¿Por qué? ¿Por qué? ¿Por qué? Es inútil hacerse tantas preguntas, nunca hallaré las respuestas; es el destino, afirman muchos; lo superarás y extraerás valiosas lecciones, cuentan otros. Me niego a creer que el destino me estuviese esperando esa mañana, me niego a pensar que todo estaba escrito y que era imposible rebelarse. El destino lo construimos cada uno de nosotros cuando tomamos decisiones, lo mimamos o lo dañamos dependiendo del camino elegido en el cruce. No, no era el destino. Los que dicen que aprenderé de esto también supongo que me lo dirán como una manera de consuelo, de búsqueda de un optimismo que yo, al menos ahora, no puedo encontrar.

Alejandro no responde a mis cartas, cómo puede alguien desentenderse de la desgracia ajena. No esperaba lágrimas o su compañía constante, pero sí algo de comprensión. La última vez que le escribí le hablaba de mi aburrimiento, de la sensación de abatimiento que produce estar entre estas cuatro paredes que dan forma a una jaula o prisión inexpugnable; me duele más la falta de movimiento que el propio dolor. Le escribía que sobre todo me faltaba él, su voz, su sonrisa, sus caricias, su olor. No hay contestación y el silencio me atraviesa igual que un cuchillo atraviesa un pedazo de manteca.

Voy a pintarme y le haré llegar el cuadro; quizá viéndome de nuevo despierte en él algún tipo de sentimiento y venga a mi encuentro a hacer más llevaderas las horas que no pasan.

Así está bien, me recogeré el pelo, estiraré mi cuello como si fuese una de las musas de Botticelli, o mejor de Modigliani, pero seré yo, nunca quiero dejar de ser yo, aunque ya jamás vuelva a ser yo. Yo morí en el autobús, en ese banco corrido en el que iba un obrero, una mujer que saldría de servir en alguna casa, un niño mirando por la ventana con su madre, que, a su vez, amamantaba a un bebé, pidiéndole que se sentara, y un hombre de negocios con una bolsita llena de oro en polvo que terminaría cubriendo parte de mi cuerpo. Recuerdo su sabor al tratar de escupirlo mientras el obrero intentaba levantarme. Yo creía que era el sabor de la sangre, el sabor metálico de la desgracia, de la muerte cercana. Mi lindo vestido blanco perla teñido de rojo, negro y dorado. Mi vida, que creía terminaba justo en esa décima de segundo, comenzaba ahí.

¿Qué me dejé en ese autobús? ¿Qué perdí en el accidente? ¿Será mi vida igual a como iba a ser? No, seguro. Sospecho que en algún lugar o mundo paralelo a este habita otra Frida sana y llena de fuerza existiendo de forma diferente, aguardando a Alejandro en la puerta del café donde quedábamos para charlar y seguir conociéndonos. Una Frida con su vestido de domingo preparada para el encuentro, dispuesta a vivir el primer amor. Mi primer amor no me escribe probablemente porque está con ella, visitando lugares ahora imposibles para mí. Solo tengo un pincel y este lienzo, y todo el tiempo del universo por delante. Me sobra el tiempo, pero me falta vida, sufro la mayor paradoja posible que puede sufrir una persona. Estoy medio muerta y soy plenamente consciente de ello.

El fondo será negro, un inmenso mar negro donde es imposible ver nada debajo del agua, un negro tan oscuro y peligroso como el presente.

Por partes, el cuadro del autobús es uno de los que más impresiona de todos los pintados por Magdalena Carmen Frida Kahlo Calderón. El fotógrafo Cartier Bresson hablaba del instante decisivo, ese instante que no se repetirá jamás y que se atrapa cuando se aprieta el botón de disparo de la cámara y el tiempo se congela y todo tiene significado. Se paraliza la vida en el preciso momento en el que la vida ya no será la misma, se capta la realidad a sabiendas de que la realidad ya no se parecerá en nada a partir de esa décima de segundo, de tal manera que el valor de lo inmortalizado es lo que nos dice de nosotros cuando éramos otros. Bueno, la teoría de Bresson era algo diferente, y también explicaba que ese instante decisivo se produce cuando se ponen la cabeza, el corazón y el ojo en el mismo punto de mira, aunque sea justo lo que hizo Frida en ese cuadro del autobús. Digo que es una de las obras que más impresiona, porque me apabulla siempre lo determinante que es la fortuna y lo que puede llegar a condicionar nuestras vidas. Eso de «si hubiese tardado dos minutos más en salir de casa...» es algo que dirige nuestra existencia cada día, cada hora, cada minuto y casi cada segundo. Frida cogió ese autobús y refleja en el cuadro la tranquilidad que precede a una tormenta de consecuencias incalculables. La vida transcurre apacible, en nuestro pensamiento las preocupaciones banales de siempre, hasta que llega un camión y voltea nuestro futuro por los aires y retuerce el guion escrito de antemano. Si han buscado esa obra a la que me refiero y se fijan en el rostro de la artista (es la última de la derecha) comprobarán su enorme parecido con el autorretrato que presento aquí.

Confieso que tuve dudas sobre incluir este capítulo en el libro; con Frida Kahlo me pasa algo curioso, la llamada Fridomanía ha terminado por empacharme y creo que ese exceso de presencia *marketiniana* ha podido sepultar un poco a la artista, a la estupenda artista que era. Arriesgada, valiente, poseedora de algo tan difícil de conseguir como es un universo único, comprometida, feminista, llena de aristas y proclive a cientos de interpretaciones, precoz en todo, hasta en morir. Pero una exposición en el Victoria & Albert Museum de Londres en 2018 y otra en 2022 en la Casa de México en Madrid me terminaron de convencer de lo injusto de reducirla solo a una especie de producto publicitario o camiseta que siempre luce llevar. Viendo sus corsés de yeso que ella misma decoraba, sus prótesis, sus fotografías pintando en la cama y, sobre todo, su obra y su significado se terminaron por derribar esos prejuicios.

En este retrato temprano ya reconocemos claramente su estilo que repetirá a lo largo de los años, como esas cejas tan características, pero hay todavía una clara búsqueda de su propia identidad. Aquí el cuello, la forma de colocar la mano, la postura de la cabeza... nos trasladan al Renacimiento y a su admiración por los clásicos. También a los cuellos imposibles de Modigliani que, a su vez, nos lleva a lo primitivo. Frida empieza a ser Frida, la nueva Frida, la que nace un caluroso día de 1925 sobre el asfalto. Estar postrada en una cama no era una situación nueva para ella, que de pequeña tuvo que guardar nueve meses de reposo por una poliomielitis que le dejó, entre otras secuelas, una pierna más voluminosa que otra.

La soledad puede conducir a muchos sitios y uno de ellos puede ser al interior de uno mismo. Frida opta por autorretratarse porque dispone de tiempo y porque siempre está disponible. Lo hará de cientos de maneras a lo largo de su vida, pero sin dar la espalda ni un ápice a sus principios. En sus obras aparece el aborto que tuvo, la columna partida, la infidelidad. Sus cuadros son un excepcional diario de una mujer que debía ser excepcional. La intimidad al descubierto, sin tapujos, sin paños calientes. Hay un lienzo donde vemos a un bebé con cuerpo de bebé, pero con la cabeza de ella mamando de una mujer que no es su madre; es el trauma de haber sido amamantada por la nana que la cuidaba, pues al año de nacer tuvo una hermana y su madre no podía con las dos. A Frida se la conoce sobre todo por lo que pinta, además de por sus diarios.

Frida Kahlo

No se idealizará ni ocultará sus defectos, más bien lo contrario, se mostrará al mundo de una forma cruda, sin el maquillaje característico de quien busca pasar a la posteridad y ser recordada de una manera. No traicionará nunca sus raíces ni el folclore ni el México más auténtico e indígena. Por eso vestía como vestía.

Se pintó por primera vez así en un cuadro que según parece tenía como objetivo llegar a las manos de Alejandro Gómez Arias, su primer amor, con el que presuntamente viajaba en ese autobús el día del accidente en una esquina frente al mercado de San Lucas. Tampoco se conoce con certidumbre la razón de su distanciamiento, pero, por lo que ella escribía, parecía anhelarlo a su lado en los momentos más difíciles.

Es célebre la frase que pronunció Frida para definir al que sería el amor de su vida: «He sufrido dos accidentes en mi vida, el del autobús y Diego Rivera». La tortuosa relación que mantuvieron «el elefante y la paloma» también puede seguirse en muchos de sus cuadros. Diego llegó a engañarla con su hermana pequeña, doble traición, doble herida.

Frida terminó sus días atada a una silla de ruedas para no caerse después de que le fuera amputado un pie. Murió con cuarenta y siete años, después de dos accidentes, treinta y dos operaciones y un maravilloso puñado de retratos que demuestran que había —y hay— muchas cosas detrás de la estupenda imagen impresa en camisetas y tazas por la que la conocen algunos.

Desnudo femenino

AURELIA NAVARRO
1908

Cómo pudo alguien acuchillar el cuadro, cómo es posible siquiera pensar en cometer esa barbarie y, una vez pensado, no enfriar ese pensamiento, reposarlo y ser consciente de lo que se va hacer. Pobre Venus, acuchillada por la espalda, a traición, quién se lo iba a decir a Velázquez, tres siglos después. Afirmaba la tal Mary Richardson que le molestaba el tiempo que pasaban los hombres delante de la obra y las miradas que tenían, y que era una forma de protesta contra el Gobierno británico por no sé qué historia también. Qué culpa tendrá Velázquez de las miradas de la gente. Fíjate que puedo llegar a entender su frustración y su reivindicación, pero pagarlo con la tela, dañar algo que debe viajar por el tiempo y los siglos; en fin, ya me enfada mucho que esté en Inglaterra y no en España, pero que encima le pase esto…

Quise homenajear a ese cuadro y tuve dudas de cuáles serían las reacciones; si en Londres, cuna de la modernidad, es así, ¿qué pasaría ya no en Madrid, qué pasaría en Granada? Me mirarán como si fuese una cualquiera, hablarán a mis espaldas, pensé. No iba muy desencaminada. Es increíble que dé miedo todavía el cuerpo de una mujer, un desnudo. En Londres el ataque fue por unas razones, aquí fue por otras, pero, al final, el resultado es el mismo. No entiendo que un cuadro pueda causar un revuelo de tal magnitud. Pensaba en mi padre, en el momento en que lo viera, y cuando las vecinas oyeran hablar de él. Pintarme desnuda era la mejor manera de seguir aprendiendo y de desmitificar nuestro cuerpo. Dudo mucho que Dios, al menos en el que yo creo, tenga nada que decir sobre algo creado por él. Y al pintarlo solo tuve en mente una cosa: «Es mi cuerpo, lo rodearé de flores, me taparé el pecho con los brazos y quizá deje mi cara al descubierto, aunque ligeramente difuminada, no tanto como Velázquez; no me importa que se me reconozca».

Cuando lo terminé se lo enseñé a mi maestro, José Larrocha, para que me diera su parecer. Buscaba comentarios artísticos, no superfluos sobre la conveniencia o no de que una mujer pinte un desnudo, ¿acaso no saben lo que vemos cada vez que nos aseamos? Si son ellos los que nos pintan, todo es normal; si somos nosotras, es un escándalo o da lugar a absurdos comentarios llenos de malicia.

Por lo menos, seguro que nadie acuchilla mi espalda, que mira que requiere esfuerzos dibujarla, encontrar la manera de llegar del hombro a la nuca dibujando una leve curva que consiga la forma perfecta y natural; es importante que sea perfecta, pero casi más que sea natural. No creo en la perfección absoluta, porque, salvo la silueta de la Alhambra al caer el sol, no existe, y buscarla es intentar algo contranatural; si no existe en la realidad, tampoco debe hacerlo en el lienzo, al menos no en los míos, a los que intento trasladar el mundo tal cual es.

El rostro sí que me llevó más tiempo; son dos autorretratos en uno. Para el primer plano me sirvió de ayuda el perfil que hice hace dos años, sujetando un pincel, en el espejo, pues esa ligera suciedad me mostraba sin mostrarme.

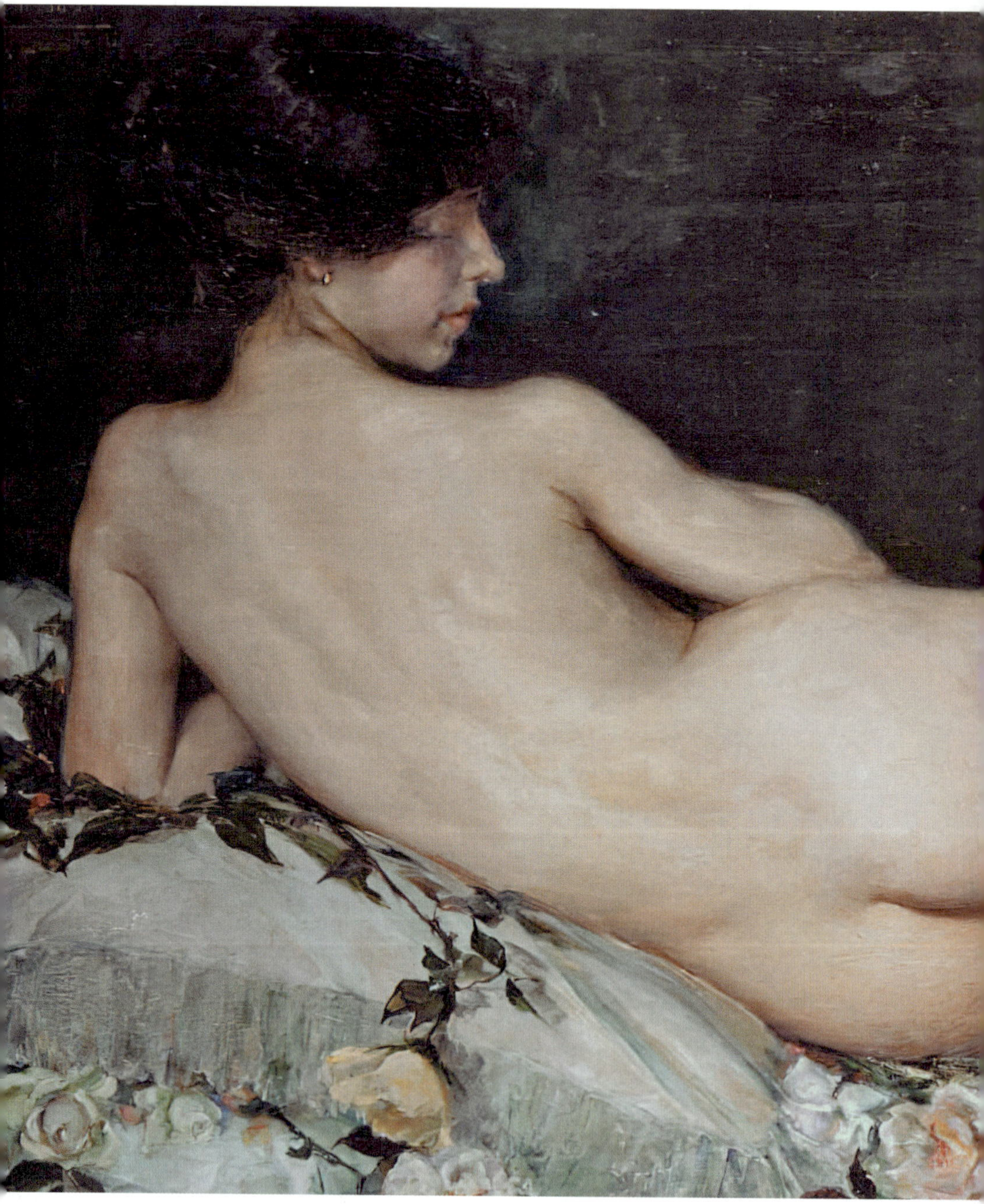

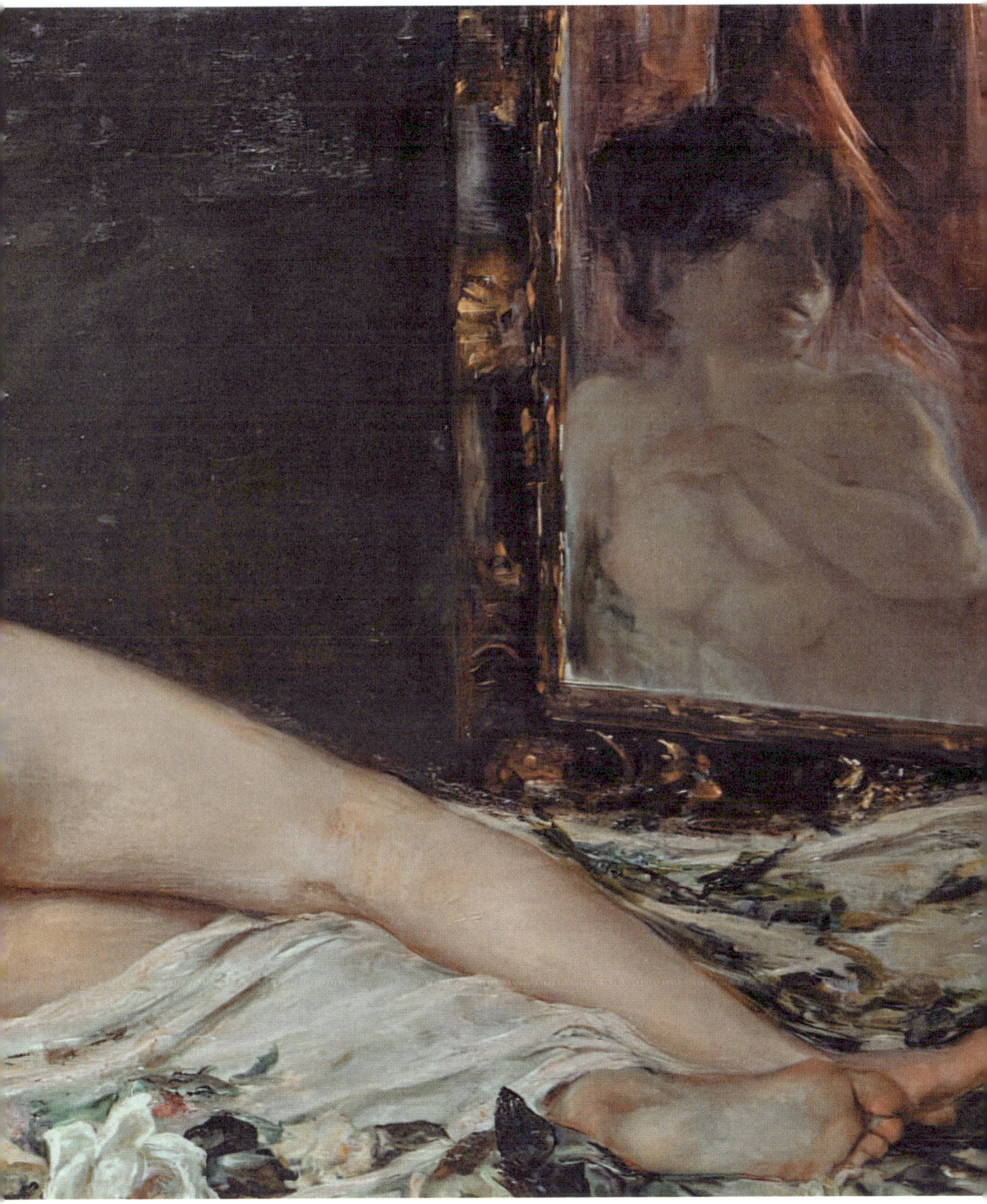

Me presenté de nuevo a la Exposición Nacional de Bellas Artes. Madrid siempre es Madrid, allí hay más costumbre y cualquier incendio se apaga rápidamente o cae en el olvido pronto, difuminado por el siguiente incendio. Quedé tercera. Por un momento llegué a pensar que podía ganar, pero no es tiempo todavía de eso.

Mary Richardson se adentró en la National Gallery un martes de marzo; el guardia de seguridad andaba distraído y a ella le dio tiempo a asestar un hachazo al cristal que protegía la pintura y hasta siete cuchilladas a la Venus. Era una protesta por el encarcelamiento de Emmeline Pankhurst, la líder feminista del movimiento Women's Social and Political Union. El ataque se produjo seis años después de que Aurelia pintara su cuadro; no hay conexión alguna y, sin embargo, todo está de alguna manera conectado.

Aurelia admiraba a Velázquez y probablemente había estudiado esa *Venus del espejo* en la que se inspiró para realizar este autorretrato que tanto ha dado que hablar, sobre todo desde que se colgó en el Museo del Prado dentro de la exposición «Invitadas», una muestra histórica que repasaba el papel secundario de la mujer en el arte. Allí estaba ese desnudo, allí estaba Aurelia mirándose al espejo y allí se empezó a tejer y a conocer la historia de una artista que despuntó en el panorama artístico de comienzos del siglo XX y se apagó casi con la misma rapidez.

Ese desnudo fue el principio del fin; con él ganó el tercer puesto en la Exposición Nacional de Bellas Artes y sobre todo recibió muy buenas críticas de los entendidos de la época. En junio de 1908, en *ABC*, podemos leer:

> …hablemos ahora de las cultivadoras del desnudo. Doña Aurelia Navarro ha pintado una delicada remembranza de la *Venus del espejo*, del inmortal Velázquez. Como este, ha velado el pudor de la modelo colocándola de espaldas al espectador y, para no privar a este de los encantos del busto, le ha representado por reflexión en un espejo. Es uno de los desnudos pintados con más solidez entre los premiados.

Aurelia había conseguido en 1906 una medalla en el concurso de la Exposición Nacional de Bellas Artes con un autorretrato que se pudo ver también en la exposición del Museo del Prado y en el que la vemos de perfil, como los clásicos, y sujetando un pincel, orgullosa de su oficio, orgullosa de ejercer la pintura. Sorolla era presidente del jurado, su admirado Sorolla, el famoso Sorolla. Julio Romero de Torres mostró interés por su trabajo, pero…, siempre hay un pero. Lo malo es que a lo largo de la historia, si eres mujer, los «peros» se multiplican y después de una buena noticia o algo positivo, llega un «pero», en ocasiones insalvable, infranqueable, un «pero» demasiado alto. Si Aurelia hubiera sido hombre, su carrera habría sido otra. Es un triste clásico de la historia del arte, cuantísimas mujeres tuvieron que abandonar su carrera o relegarla a la categoría de *hobby* porque un hombre se metió por medio. Pero volvamos a esa crítica de *ABC*. En palabras como esas hay que buscar las razones de lo poco que se conoció a Aurelia; esas críticas, buenas, terminaron volviéndose en su contra.

La Diputación de Granada le otorgó una beca, un pensionado que le permitió pasar temporadas en Madrid, pero se empezó a hablar demasiado de ella.

Su «popularidad» crece; la infanta Isabel, «la chata», se queda entusiasmada con ese desnudo y quiere conocerla. Pero hasta Granada llegan los ecos de esos pequeños triunfos pictóricos y su padre decide tomar cartas en el asunto.

Madrid no es lugar para ella, la capital es un mundo paralelo lleno de tentaciones y aprovechados, así que si quiere seguir pintando puede hacerlo, pero en Granada. Es triste pensar lo que pudo ser y no fue, como en tantos otros casos que hemos visto. Esa decisión paterna puso fin a la carrera de verdad de una artista que siguió pintando durante muchos años pero alejada del ruido, de los focos y, en cierto modo, de la historia. Eso sí, los jurados nunca le dieron el primer premio; las mujeres parecían estar condenadas a medallas de bronce, a honrosos terceros puestos, pero no a la máxima distinción.

Hay voces que han afirmado que el éxito y los comentarios cosechados por ese desnudo provocaron que Aurelia decidiera ingresar en un convento y de alguna manera se quitase de en medio. La familia, o parte de ella, desmiente esa teoría, y es cierto que, a pesar de su religiosidad, su vocación es tardía, no llega hasta que cumple los cuarenta años. Pero alejarla del lugar donde había que estar no contribuyó a afianzar una carrera que se intuía prometedora.

Si repasamos otras obras de Aurelia, nos daremos cuenta de que es una experta en retratar la intimidad de sus personajes —en su mayoría mujeres—, de captar el gesto entre ensoñador y triste de quienes parecen destinadas a permanecer siempre en un discreto segundo plano. No en todos, pero en muchos cuadros, la mujer mira hacia abajo o hacia ningún sitio, no quiere desnudar su mirada al espectador, nos esquiva, consciente quizá de que si nuestros ojos se encuentran con los suyos se descubrirá el misterio.

Aurelia murió mayor, en 1968; continuó pintando en el convento de las Adoratrices Esclavas del Santísimo Sacramento en Córdoba y su figura se fue diluyendo en el mundillo artístico hasta desaparecer por completo. Nada quedaba de aquella chica de los primeros años del siglo xx, de la joven granadina que se asomaba a un exigente y patriarcal panorama artístico, condenada siempre a un tercer puesto en los concursos pero logrando quebrar la falsa moral de muchos que no entendían que una mujer pudiese pintar un desnudo. Ella lo hizo y, además, con la osadía de inspirarse en esa *Venus del espejo,* apuñalada casi al mismo tiempo en el que en Granada ella se pintaba desnuda y soñaba despierta.

Eliminado de la lista. Autorretrato

PAUL KLEE

1933

Siempre he imaginado mis días como una enorme paleta de colores en la que se salta del rojo al verde y del azul al amarillo, según alterne nuestro estado de ánimo o nuestra mirada. Hay veces que me sobresalto al observar el paisaje cambiar de tono, mi mirada se posa sobre, pongamos por ejemplo, una colina que a primera hora de la mañana es de un tono marrón claro y que al ponerse el sol cambia a un naranja deslumbrante. El mundo es diferente dependiendo del minuto en el que lo miremos. Quizá suene excéntrico lo que voy a decir, o parezca que me las doy de artista, pero yo descubrí el color cuando tenía ya treinta y cinco años. No significa que no supiese verlo, digo que lo descubrí y que ese descubrimiento me cambió la vida. Fue en Túnez, en un viaje de dos semanas con Moilliet y Macke; allí, mis ojos se cegaron con una luz que jamás habían visto, el mar parecía otro, había infinitos azules imposibles de atrapar. Pasear por sus mercadillos, detenerse en las medinas y en sus puertas verdes, rojas, naranjas. Sin ese viaje no sería quien soy, sin el descubrimiento del verdadero color no estaría

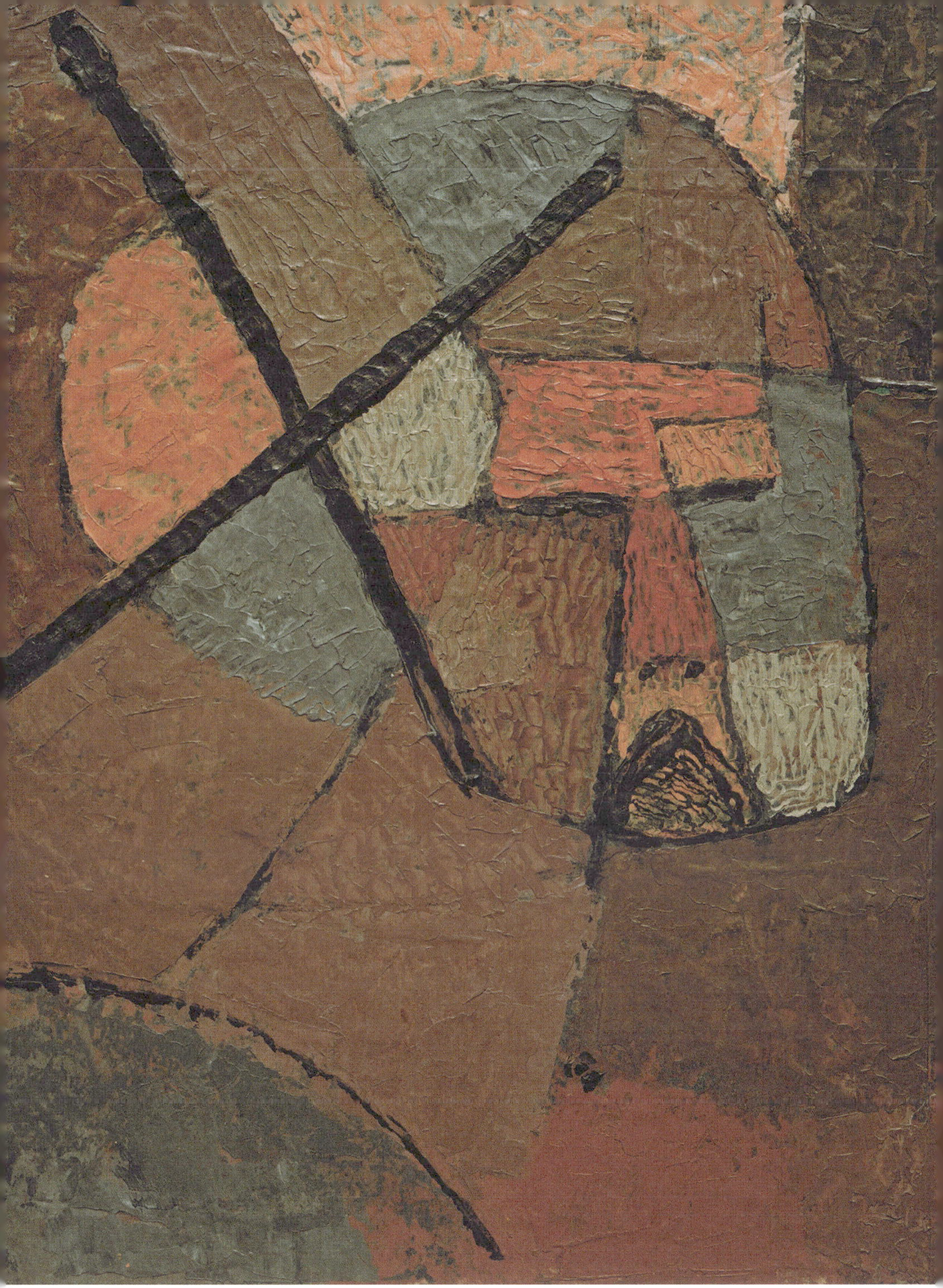

hablándoles ahora, intentando explicar algo que es inexplicable, porque la percepción es algo que escapa al raciocinio. Ustedes dirán que un rojo es un rojo, un marrón un marrón y un gris un gris, y nadie se lo podrá discutir. El problema era mío, que no los veía, hasta aquellos días en los que supe que el color y yo éramos uno y que de verdad era pintor.

Si yo les parezco un poco paranoico con el tema del color, deberían conocer a Vasili Kandinsky, lo suyo sí que es «preocupante»; comparto gran parte de sus estudios en los que afirma que para hablar de colores hay que hablar de su frío y de su calor y de su claridad y oscuridad, sin más. Un color caluroso será el que más se aproxime al amarillo y un color frío el que se acerca al azul. La cercanía al blanco o al negro nos dará la claridad o la oscuridad. Esto a grandes rasgos, porque la teoría es larga y compleja. En mi viaje a Túnez casi todo tendía a colores calurosos, luminosos, con una palidez que brillaba y reflejaba mi espíritu, mi felicidad. Descubrí las acuarelas y la posibilidad de dotar todo de movimiento a través de la mezcla de colores. Me hipnotizaban el horizonte y la mezcla de pigmentos en la paleta que se escurrían y se entremezclaban de forma caprichosa formando una especie de orgía al final de la jornada. Fueron de los días más dichosos de mi vida.

Nada de lo dicho se refleja en este autorretrato, nada de la luminosidad de entonces se intuye en ese batiburrillo de marrones, ocres y grises tendentes a la oscuridad y que me atraviesan de arriba abajo. Estoy atrapado, sin escapatoria, he sido marcado, señalado y, de alguna manera, herido de muerte. No hay luz, porque se imponen tiempos oscuros, o habría que decir que nos quieren imponer tiempos oscuros, carentes incluso de esa gama de colores primarios con los que se podría construir hasta el futuro. Cómo pueden decir que soy un degenerado, cómo es posible que se cuelgue esa etiqueta no a mí, sino a cualquier artista. Es la mirada sucia de ellos la que califica las obras a su antojo, enemigos de cualquier expresión o manifestación cultural que traicione una moral o supuesta moralidad inventada por ellos y que no responde a ninguna lógica más que a la de la barbarie. Han reducido mi estado de ánimo a eso que ven, me han llevado a la desesperación, a la angustia, a un territorio casi monocromo del que me costará salir. Yo, que soy el color, que vivo por y para él, que lo significa todo para mí, reducido a una mancha oscura con una cruz negra infligiéndome la peor de las heridas. No puedo ni abrir los ojos para encontrarme con usted, quien quiera que sea; no me atrevo a abrirlos porque no soy yo el que le observaría, sería alguien que un día fui yo. No se fíen nunca de aquellos que fiscalizan y miran con desconfianza las manifestaciones culturales. Huyan de ellos o, mejor, pónganles freno antes de que sea demasiado tarde.

No sé si lo apreciáis o si son solo imaginaciones mías construidas a base de mirar una y otra vez este autorretrato, pero cada vez que lo observo advierto la tristeza dibujada en cada trazo, en cada pincelada. Esos ojos cerrados emanan melancolía y desasosiego, la boca no se atreve a pronunciar palabra, permanece silenciada por el nuevo orden. Paul Klee había vivido el miedo y la angustia de la Gran Guerra, y cuando en su vida entró el color, llegó el ascenso de una ideología que tildaba de «degenerado» a su arte. Los tiempos de felicidad eran escurridizos. Todo en este cuadro está apagado, todo es mate, nada brilla, nada puede brillar. Solo hay rabia contenida, rabia que mata por dentro.

¿Cómo era posible que un partido, el nazi, que en 1928 obtiene apenas un dos por ciento de los votos, menos de cinco años después supere el cuarenta y termine haciéndose con el poder en Alemania? ¿Cómo es posible que un caldo de cultivo como el descontento y la crisis económica aúpe un discurso tan nacionalista, racista, antisistema, radical y totalitario? El rostro del cuadro ilustra muy bien la sensación de indefensión, de perplejidad y de tristeza del que fuera profesor de la Bauhaus primero y de la Academia de Bellas Artes de Düsseldorf después. Pero, en 1933, todo cambió, estaba en la lista negra de los nazis, que no iban a permitir que un tipo que simpatizaba con la izquierda siguiera impartiendo lecciones en ningún sitio. Klee es marcado, una equis, esa X que atraviesa parte de la pintura. Tiene que dejar Alemania y volver a Suiza, ya nunca será el mismo.

A Paul Klee no se le puede encasillar en ningún movimiento artístico: abstracción, expresionismo, expresionismo abstracto, puntillismo, cubismo. Hijo de un profesor de música y una cantante, sus pasos parecían destinados a discurrir entre partituras e instrumentos y de alguna manera lo hizo durante mucho tiempo, llegando a tocar el violín en una orquesta. La música, como también lo sería para su amigo Kandinsky, está presente de manera directa o indirecta en gran parte de su extensísima producción.

Visitó Italia, conoció y admiró a Picasso en París, se quedó impresionado por la fuerza y el pavor que desprendían los lienzos de Vincent van Gogh. Pero su vida, como hemos leído, cambió para siempre en Túnez, donde supo que era pintor. Era 1914, tenía treinta y cinco años. Le esperaban la Gran Guerra y la pérdida de dos amigos vitales, August Macke, uno de sus compañeros en ese viaje transformador, y Franz Marc, fundador junto a Kandinsky del grupo El Jinete Azul, que había nacido con la idea de huir del impresionismo y apostar por lo primitivo, por lo primario. Klee también fue llamado a filas, pero se libró de entrar en combate y le pusieron a pintar los aviones de camuflaje, otro estilo de arte; ya decíamos que era difícil de clasificar.

Dos años después de ser «marcado» como artista degenerado algo empieza a fallar en el cuerpo de Klee. Fatiga constante, dificultades respiratorias, problemas a la hora de deglutir los alimentos, alteraciones en la piel. Se le diagnosticó esclerodermia sistémica y supuso el principio del fin, que estaba a cinco años vista. Uno de sus últimos cuadros es *Muerte y fuego*, un reflejo de la recién comenzada Segunda Guerra Mundial, o quizá un reflejo del cercano final del artista; si lo buscan, verán una figura cadavérica en primer plano, una figura reducida a la mínima y sin embargo aterradora expresión, lo más primitivo entre lo primitivo. Y si empezamos por la boca, una T. Continuamos por el ojo, una O, y subimos un poco a la nariz y el otro ojo, D. Comprobaremos que Klee ha escrito «*Tod*», que es muerte en alemán. El final para el hombre que dejó escritos tratados que marcaron el devenir del arte posterior, para el tipo que descubrió que el del color es un lenguaje más que habla por sí solo.

Uno de sus máximos principios era que un pintor no debe pintar lo que ve, sino lo que se verá. En esta obra hizo ambas cosas, pintó lo que veía, un hombre sepultado por la sinrazón, y también lo que se verá, muchos hombres sepultados por la misma sinrazón.

Upside Down Ada

ALEX KATZ
1965

Recuérdame que el colgador lo ponga en el sitio correcto, porque, como no lo haga, habrá quien le dé la vuelta al cuadro y no parezca que estás bocabajo. Quiero pensar que titulándolo *Ada del revés* quedará suficientemente claro. Pero que no te sorprenda si después de todo alguien lo gira y te encuentro en la pared con el pelo milagrosamente hacia arriba.

Sabes que he perdido la cuenta de las veces que te he retratado, pero creo que ya andaremos por el centenar. De perfil, de lado, con gafas, sin gafas, rabiosamente joven, rabiosamente feliz, que es lo que veo y como me siento yo también.

Ocho años llevamos ya juntos y aunque no te acuerdes yo insisto que nos enamoramos perdidamente gracias a Billie Holiday; quizá si nuestra primera cita hubiese sido otra no estarías ahora aquí, pero Holiday hizo bien su trabajo. *«I fell in love with you the first time I looked into them there eyes»*, esa canción parecía estar poniendo texto a lo que sentía cada vez que giraba la cabeza con cuidado de que no me vieras y me encontraba con la tuya, que hacía lo mismo. Mira que estuve a punto de no poder ir al concierto, pero algo me empujó a ello, una especie

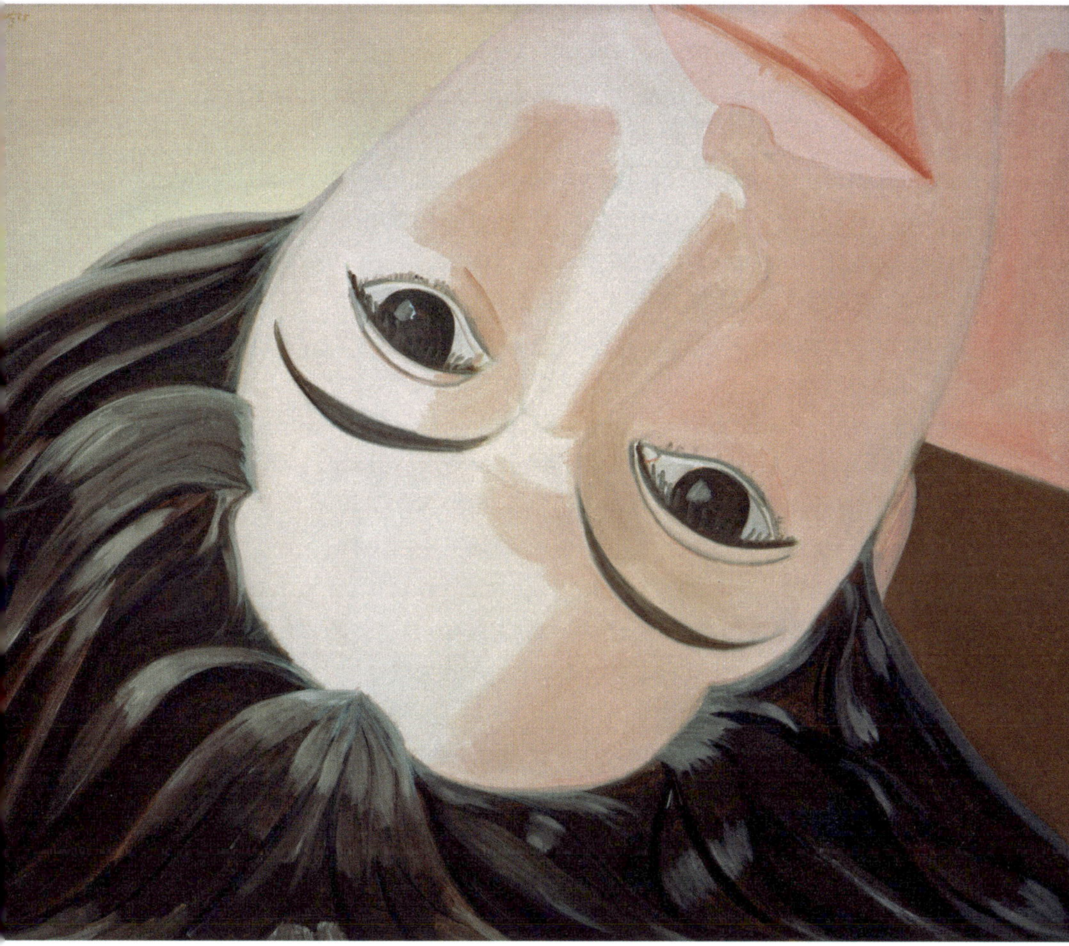

de fuerza incontrolable e inexplicable que, de repente, provoca un movimiento espontáneo del que es imposible escapar.

A Holiday le quedaban dos años de vida, para nosotros empezaba una.

¿Sabes? Han sido un suspiro, me refiero a estos ocho años; han pasado tan deprisa que me gustaría que fueran más parsimoniosos, no quiero que el tiempo vuele, prefiero que transcurra lento, como queda la ciudad esas madrugadas en las que se ven pocas luces encendidas en las casas y se escucha el murmullo de las voces que habitaron el ajetreado día que muere. Quiero que lo nuestro transcurra como esas noches en las que parece que nunca llegará el alba.

No sé qué será de mí, si podré vivir de esto. Nueva York no es figurativa, no lo era cuando nos conocimos y sigue sin serlo. La abstracción es lo serio, lo culto. La abstracción es la esencia del arte, y dudo que alguien me tome en serio o que mis colores y mis enormes caras despierten el interés de la gente, pero yo debo seguir el camino marcado, el seguro, o al menos seguro para mí. Un camino que me sacará de los circuitos de moda y en el que me cruzaré con mucho crítico que deplorará mi estilo. La figuración, el color, la sonrisa y la felicidad no merecen un lugar en el arte actual. A Rothko y a Pollock sí los respetan, a ellos los recordará la historia. Mi arte será casi clandestino, secreto, minoritario, más si cabe con estos nuevos retratos sin elementos superfluos, carentes de dobles sentidos, naturales como lo que ven mis ojos. Mi objetivo es lograr una especie de automatismo pictórico en cada obra. Pintar lo que veo o pintar a quien veo sin importarme el fondo, pero sí la forma. Vomitar el paisaje que me encuentro, acercarme a él tanto que sea un primerísimo primer plano, porque siempre se pinta el paisaje desde la lejanía. A un bosque se puede acceder y, una vez dentro, levantar la mirada y pintarlo. Eso haré en un futuro, si es que tengo futuro, querida Ada, en el que espero nunca te canses de posar para mí. Eres la protagonista de la película, la que tiene el foco siempre iluminándola. Yo solo me limito a capturar un fotograma de esa ficción tan real y plasmarlo en un lienzo. Y la película que más veces he visto es la que vivo, y en ella siempre estás tú. No hay mayor estrella de cine, aunque nunca hayas aparecido en los títulos de crédito de ninguna.

Voy a mancharte ligeramente las mejillas de un tono rojizo para que sea más evidente todavía que estás bocabajo, que la sangre descienda por todo tu cuerpo hasta llenar tu rostro.

No te canses de mí nunca, vivamos siempre en Maine, con esa luz tan especial e inspiradora. Que lo que Billie Holiday ha unido no lo separe nunca nadie, ni siquiera el expresionismo abstracto. Ja, ja, ja. ¿Dónde está Vincent? ¿Jugando? En el próximo retrato que haga saldréis los dos. Dios santo, va a cumplir ya cinco años, no puede ser, vuelvo a lo de antes, necesito que todo vaya más lento para poder vivirlo como merece. Y no lo olvides nunca, *«I fell in love with you the first time I looked into them there eyes»*. Y ahí sigo instalado, en el interior que ahora me mira del revés.

En el momento de escribir este libro, Alex Katz tiene noventa y cuatro años y sigue haciendo lo que le da la gana, cuando le da la gana y donde le da la gana. Es decir, sigue siendo un estilo en sí mismo, porque nunca se adscribió a movimiento alguno y navegó en el barco de la figuración cuando en Estados Unidos el expresionismo abstracto era un transatlántico en el que todo el mundo quería un camarote. A pesar de eso, a lo largo de su extensa carrera ha sabido incluir matices de esa abstracción para seguir construyendo una personalidad tan propia que ha sido imitada por muchos.

En el texto anterior simulamos la realización de un retrato a Ada, Ada del Moro, probablemente la mujer más representada en la historia del arte. Se dice que aparece en más de mil cuadros de Alex y puede que sea una exageración, pero, aunque fuesen la mitad, seguiría ostentando el título. Ada es su mujer, su musa, a la que hemos visto envejecer desde una juventud a todo color, de las más variadas formas posibles y con cierto aroma cinematográfico. Algunas —o bastantes— de las obras de este neoyorquino de origen ruso son como fotogramas de películas, uno tiene la sensación de haberlas visto alguna vez, aunque sea la primera. Un ejemplo es el retrato de Ada con paraguas, que es también uno de mis favoritos. Katz no utiliza iconos de la cultura popular para sus obras, él crea los iconos, los alumbra.

A una obra de Katz uno tiene acudir como el que recibe una invitación para una fiesta, para una fiesta de disfraces, si me apuráis; es decir, debe ir sin prejuicios, a intentar pasárselo bien sin buscar tampoco una enrevesada teoría sobre las motivaciones del artista. No hay detrás de los cuadros tortuosas historias ni intenciones muy ocultas. Hay color y vida y ausencia de juicio. Sus obras suelen ser enormes, una especie de murales o vallas publicitarias que bien podrían colocarse en lo alto de un edificio o en la plaza pública para que alcemos la mirada. En sus retratos no hay fondo, el rostro lo ocupa casi todo. Katz es el *pop art* antes del *pop art*. Es el disfrute por el disfrute de un tipo que se abrió hueco a codazos dentro de un mundo artístico en el que no estaba de moda cuando empezó y en el que, sin embargo, sigue de moda décadas después. Su obra nos lleva a Lichtenstein o Warhol, o viceversa. Alguna de sus grandes creaciones las termina en una sola jornada, una planificación milimétrica le permite una ejecución precisa. Y puede pasar que, sin haber visto nunca uno de sus cuadros, al tenerlo por primera vez delante sintamos cierta familiaridad con lo que captan nuestros ojos; parece como si los personajes de, por ejemplo, *The cocktail party* fueran conocidos. La publicidad, la televisión y, como hemos dicho, el cine tienen parte de culpa y también la influencia ejercida en diseñadores gráficos que vinieron después.

Si podéis, no dejéis de visitar también sus paisajes. Y decimos visitar en el sentido estricto de la palabra, porque sus paisajes se nos echan encima, nos hacen sentir en su interior, no hay horizonte, no hay final, simplemente porque estamos al principio del bosque o a punto de entrar en él. Yo hermano esos bosques con los de David Hockney (otra vez se ha quedado fuera del libro Hockney, imperdonable). En realidad, encuentro cercanas las obras de Katz y de Hockney, como si pudiesen establecer un diálogo entre ellas y hablar el mismo lenguaje. Si me aseguraran que el personaje que bucea en *El gran chapuzón* de Hockney acaba de salir de un cuadro de Katz no me parecería descabellado. Pero, vamos, son cosas mías.

A sus noventa y cuatro años, nuestro artista pasó por el Museo Thyssen para una estupenda retrospectiva, la primera en España. Alex Katz se presentó vestido de un impecable blanco y negro. Eso sí, llevaba siempre puestas las gafas de sol, incluso en interior. El color deslumbra.

Retrato del arquitecto José Ratés Dalmau

JUAN DE PAREJA

c. 1660-1670

—Entonces, usted trabajó con él, le trató mucho.

—Fui su esclavo, su criado. Él me lo enseñó todo, solo había que observarle y estar muy atento. No le gustaba que le interrumpieran, pero solía hacer pausas para compartir algún descubrimiento o detalle que pudiese contribuir a mi formación.

—Siga, siga, por favor. Creo que se me va a hacer mucho más llevadera la sesión.

—Como quiera. Aquello era más una relación maestro-discípulo que amo y esclavo. Aprendí a moler los colores con mucha habilidad. Me peleaba con los ocres, amarillos, rojos y marrones. Sufría con la calcita, la azurita y el bermellón. Y siempre me dio algo de temor preparar el negro de huesos, estar machacando huesos no era de mi agrado; claro que, luego, veías el resultado y el sacrificio no era en balde. ¿Conoce usted *Las Meninas*?

—Claro, se habla mucho de ellas.

—Pues ese negro profundo tiene alguna que otra vaca dentro, seguro, aunque yo ya no le servía cuando las terminó.

Juan de Pareja

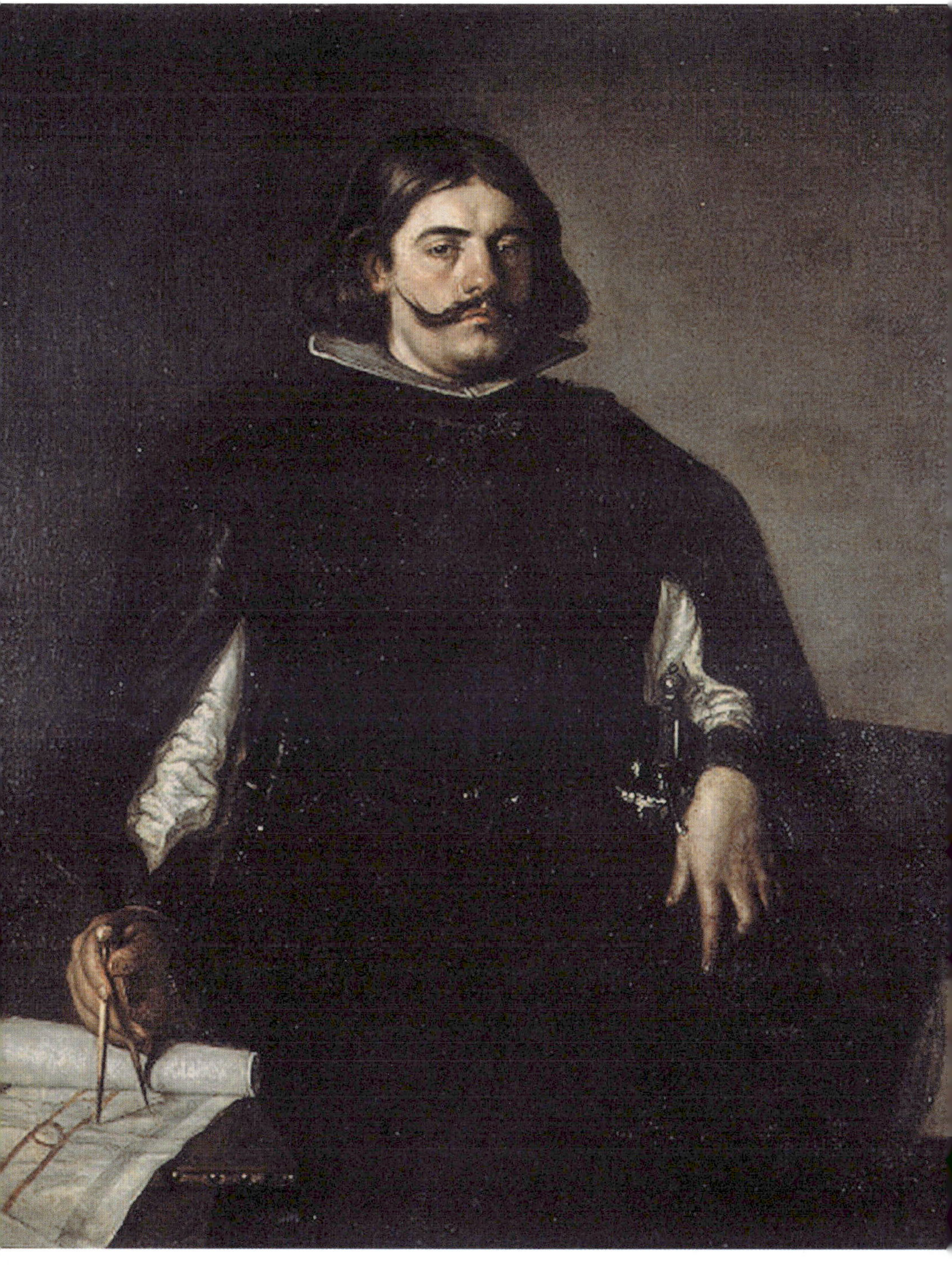

No se me ocurre mejor maestro que él durante tantos años. Poder estar cerca viendo cómo retrataba a la corte, a los bufones o a mí mismo era asistir a un espectáculo por el que muchos pagarían todas sus monedas.

—¿A usted le retrató?

—Sí, sí. Para el maestro no había distinciones, está claro que si trabajas en la corte gran parte de tus trabajos serán, digamos que…, de personajes importantes. Yo disfrutaba mucho cuando se decidía a pintar a alguno de los bufones que habitaban en palacio. ¿Y sabe la razón? Les daba un aire de grandeza que nadie les dio nunca. No eran bufones, eran retratados a la altura de nobles, príncipes y reyes, y esa equiparación me emocionaba. A Sebastián de Morra, por ejemplo, un enano que hacía reír a todos, lo pinta sentado en el suelo pero con una dignidad en el rostro difícil de encontrar en cualquier otro cuadro. Era inigualable en eso, en poner al mismo nivel a todos.

»Yo creo, aunque él nunca me lo confesó, que todos esos cuadros le servían también para denunciar el trato a esos bufones, que no es que estuviesen maltratados en el sentido literal, fíjese que a este Sebastián, incluso el príncipe Baltasar Carlos le dejó unas armas en el testamento. No es el trato lo que se criticaba, es la condescendencia y la mirada lo que yo pienso que denunciaba. La mirada puede ser el maltrato más grande que existe y, por eso, siempre en mi humilde opinión, cuando los retrataba lo hacía otorgándoles una entereza que muchos ojos se empeñaban en quitarles. Pasó con Sebastián, con el Niño de Vallecas, con Diego de Acedo y sus libros o con don Antonio, al que pintó con un enorme perro, un mastín, creo recordar, que más bien parecía un caballo. Pero todos están hechos sin ánimo de burla.

Juan de Pareja

»Además, recuerdo perfectamente que muchos de estos cuadros los ejecutaba sin hacer un dibujo antes, le servían para soltar el brazo y perfeccionar una destreza que no necesitaba perfeccionamiento.

»Pues ese fue mi maestro y del que intento siempre imitar su empleo de la luz, de los claroscuros y de algo más importante que todo eso y que a él le sirvió para conquistar toda la corte, incluido a Felipe IV: la forma de acercarse al retratado, de conocer su interior. Se puede pintar todo, pero lo más difícil es pintar el pensamiento y la personalidad; él lo hacía y ahí radica su secreto.

»Sí, a mí me pintó hace más de diez años, en Roma, un viaje que hicimos para cumplir con el encargo de retratar al papa; llevaba tiempo sin coger los pinceles y quiso probar o entrenarse conmigo. Lo colgaron un tiempo en la Rotonda del Panteón junto a obras de otros artistas. Hubo quien dijo al verlo que todo eran pinturas, pero que una obra era verdad. La verdad era yo.

Se ha escrito mucho y se ha fabulado otro tanto sobre la figura de Juan de Pareja y el momento en el que se le concede la libertad y deja de ser esclavo. Esa leyenda o esa verdad imposible de demostrar, al menos del todo, como toda verdad sepultada por el tiempo, es maravillosa. Al ser esclavo, Pareja tenía encomendadas las tareas de moler los pigmentos, preparar los lienzos, ayudar en la limpieza y cualquier otro menester que su amo, Diego de Velázquez, precisara. Lo que no le estaba permitido era adentrarse en el terreno de la creación; dicho de otra manera, no podía pintar o dibujar. Pero Juan de Pareja tenía un don y una inquietud —que viene a ser lo mismo—, y pintaba en secreto sin que su amo lo viera. Se había fijado mucho en la manera de trabajar de Velázquez, en su trazo, en el uso del negro y el empleo de la perspectiva. Así que el bueno de Juan pintaba a escondidas o aprovechaba los viajes y ausencias del jefe para hacerlo.

Quizá, solo quizá, el esclavo no sabía que Felipe IV tenía la costumbre de ir de excursión al taller de Velázquez cuando él no estaba para ver qué tal progresaban los trabajos. Juan había dejado olvidado uno de sus cuadros junto a los del maestro y cuando el rey mandó dar la vuelta a las obras para admirarlas, vio el suyo. El esclavo se abalanzó a las manos reales implorando clemencia y pidiendo por favor que no dijera nada al pintor porque podría enfurecerse. Felipe IV se quedó impactado por la obra y, en ese momento, le dio la libertad, que tardaría en llegar unos años. Pudo ser así o pudo ser que fuera el propio Velázquez quien le diera esa libertad.

Como explicaba antes, no sabemos cuánto de verdad hay en algo que parece tan irreal más allá de lo escrito por Antonio Palomino en su «Biografía de Diego Velázquez de Silva» dentro de su *Parnaso español pintoresco laureado*, que cuenta con documentación de primerísima mano de maestros y familiares del pintor sevillano. Sea como fuere, algo de cierto hay en la historia, porque Juan de Pareja dejó de ser esclavo de Velázquez tras un viaje a Roma para pintar al papa, ese viaje durante el cual Velázquez pintó a Inocencio X, al que luego versionaría Bacon.

Aunque fuera libre, Pareja nunca se alejó mucho del sevillano ni de su familia con la que mantuvo el contacto durante tiempo.

En el retrato de Juan de Pareja, ejecutado por el maestro durante aquel viaje a Roma —que está en el MET—, encontramos una obra maestra, y eso llama la atención, teniendo en cuenta que se trata de un cuadro de calentamiento, un ejercicio para entrenar el brazo y soltar un poco la mano. También impresiona comprobar el tratamiento que recibe el retratado, su rostro digno, orgulloso, lleno de vida y de fuerza. No es un «inferior», es un tipo que nos mira de igual a igual; pintado con su tez morisca, su pelo oscuro que se confunde con el fondo para realzar el rostro, sus manos y su vestimenta con encajes de Flandes, nada nos hace pensar que nos encontramos ante un esclavo. Esa era una de las grandezas de Velázquez, no importaban los orígenes ni el estatus social. Sobre la tela reinaba la igualdad.

El 23 de noviembre de 1650 fue exactamente el día en el que cambia la vida de nuestro protagonista, cuando Velázquez estampa su rúbrica en la carta de manumisión. Ahí es libre, o lo será pasados unos años y podrá dedicarse a pintar y emprender una carrera que le llevará a hacer retratos como el que he seleccionado, en el que ennoblece la profesión de arquitecto y donde se nota claramente la influencia velazqueña. Luego se centraría en escenas religiosas como *La vocación de San Mateo,* que merece unas líneas. En esa obra, que pertenece al Museo del Prado, encontramos el autorretrato de Pareja que sirvió para identificar el cuadro que le hizo Velázquez. En ese autorretrato, uno ve una pose parecida a la de su maestro en *Las Meninas,* una manera de mirarnos que, al menos a mí, me lo trae a la memoria. Hay quien incluso ve en el personaje que aparece sentado a su lado al mismísimo Velázquez en lo que sería un homenaje póstumo, puesto que había muerto el año anterior.

En cualquier caso, quién hubiese podido echar un vistazo por la mirilla del tiempo al viaje a Italia del que he hablado antes y asistir a alguna de las charlas que probablemente tuvieron mientras el genio pintaba al esclavo que soñaba con parecerse a él.

Pareja murió en 1670 y siempre nos quedará la duda de si de su vida nos ha interesado siempre más el hecho de que fuera esclavo de un mito que su propia obra. Uno tiene la sensación de haberlo incluido en la selección de este libro precisamente por eso, a pesar de su indudable valía artística; pero, en ocasiones, nos dejamos deslumbrar demasiado por los detalles o las frivolidades. Palabras como esclavo, libertad, dignidad, y titulares como pintor a escondidas han provocado que su segundo apellido sea para siempre «esclavo de Velázquez». Valga este capítulo para hacerle, aunque sea poca, algo de justicia.

Autorretrato

ALICE NEEL

1980

¿Cómo me estáis mirando? ¿Qué pasa por vuestras cabezas? Os veo desconcertados, algo incómodos o quizá sorprendidos. Inquietos, probablemente esa sea la palabra, inquietud. Vuestra mirada no esperaba encontrarse con un cuerpo líquido, escurridizo, viejo, atravesado por los años, un cuerpo que arriba a puerto como el barco que va al desguace. Muchos querréis pasar rápido por delante sin ni siquiera llegar a mirarme, acelerareis el paso, pero sin llamar la atención para que no parezca que os sentís contrariados, me echaréis un vistazo y en vuestra cara se dibujará un gesto ambiguo que no denote vuestro desprecio y que os haga parecer abiertos de cara al resto; nadie sospechará de vosotros, porque sois expertos en camuflaje, camaleones del bienquedismo, maestros escapistas de cualquier cosa que implique pronunciar una palabra más alta que otra.

¿Sabéis? No me interesáis, no os quiero delante, no os quiero cerca. Estáis jodiendo el mundo con vuestra manera de pensar y de afrontar la realidad. No os gusto yo por vieja, pero, a decir verdad, no os gusta nada; ninguno de los desnudos que he pintado será de vuestro agrado. ¿Y sabéis por qué? Porque toda la vida he perseguido retratar el alma de la gente, capturar

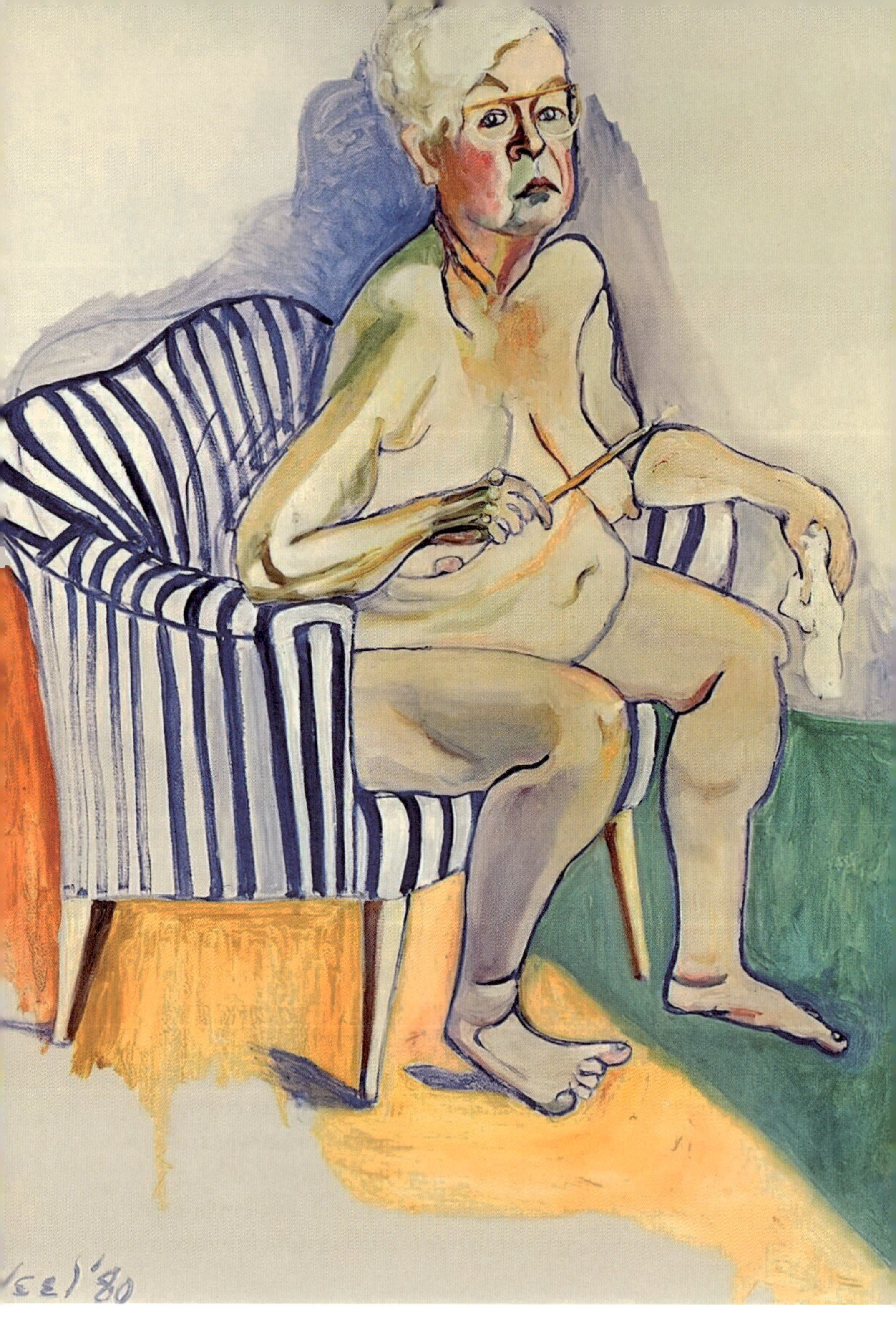

su esencia, por eso es imposible que muchos los entiendan. Si no tienes alma, nunca me comprenderás, aunque tampoco aspiro a eso, no soy abanderada de nada salvo de la razón y la justicia.

Veréis cuando os encontréis con esos varones de pene flácido que también os mirarán fijamente. Me río solo de imaginaros. Merece la pena estar aquí sentada únicamente por joderos durante un segundo vuestro mundo ideal de jardín y barbacoa. Sois muchos, pero, por fortuna, también me encuentro con los del otro lado. Me topo con miradas sinceras que buscan respuestas y se preocupan por conocer y por explorar; ellas y ellos son los que mantienen vivo el arte, los que consiguen que avancemos hacia lugares más habitables y que cada generación pueda respirar un poco mejor. Yo he vivido mucho, demasiado. La anciana desnuda a la que algunos desprecian con sus pupilas ha transitado por la locura y esquivado la muerte, y no es una manera de hablar; es así, literal. He perdido hijos, sufrido a hombres, me he arruinado y levantado, he muerto en más ocasiones de las que un ser humano debería hacerlo. Por eso, cuando tengáis a un viejo o una vieja como yo delante, no actuéis con esa condescendencia con la que se suele tratar las personas mayores, por una poderosa razón: vais a ser vosotros en no mucho tiempo, es una de las pocas certezas de la vida.

Esta que se mira en un espejo para poder pintarse, que sostiene un pincel y que solo viste unas gafas y un par de mejillas sonrojadas, esta a la que se le caen las tetas y que tiene el vientre hinchado soy yo, Alice Neel, solo unos pocos podréis ver mi alma. Sois los que me interesáis. Me quedan cuatro años para morir y pienso seguir haciendo lo que hago y como me dé la gana, sin dar explicaciones. Cuesta demasiado tiempo llegar hasta aquí como para tener dudas. Quiero seguir pintando miradas que intenten expresar y captar el dolor, la alegría, la pena, la tristeza, la melancolía... la verdad, la que todos llevamos dentro y que tanto nos cuesta hacer aflorar. Vivimos con miedo a mostrarnos, a desnudarnos, somos demasiado pudorosos y puede sucedernos que de tanto pudor no nos conozca nadie de una manera real. La verdad debe ser el fin último, aunque provoque daños que en un principio parecen irreparables. Nada es irreparable, salvo llegar al final del camino dándonos cuenta de que nos hemos sido infieles. Primero, la gente, las personas y, después, todo lo demás, y en ese todo lo demás están los condicionantes que van esculpiendo nuestras vidas y nos van llevando de aquí para allá en la experiencia más maravillosa y peligrosa que existe: vivir. Repito, me llamo Alice Neel y el camino hasta este sillón ha sido duro como nunca imaginé. Gracias por pararos un rato; al final, el alma de un cuadro solo se puede captar si luego va a haber alguien enfrente para observar.

Alice Neel nació con el siglo que no vio terminar. La atravesaron depresiones económicas y anímicas, guerras, ecos de guerras, muertes, desengaños y destrucción. Así que cuando esa señora mayor nos interpela y nos mira, lo hace con conocimiento de causa y atesorando una enorme experiencia en miradas ajenas. Desde muy joven quedó claro que lo suyo no iban a ser los bonitos paisajes que con insistencia le enseñaban en la Escuela de Arte para chicas de Filadelfia. Su paisaje iba a ser el ser humano, un paisaje infinito y muchas veces intransitable. Pronto comenzó a arrancar las capas de maquillaje que todos nos ponemos, para llegar a la epidermis y, una vez allí, intentar profundizar un poco más. Su biografía fue una especie de *tour de force* en el que cada etapa se convertía en un reto vital que conducía a otro casi más inabordable.

Se casó joven con su primer novio, el cubano Carlos Enríquez, también artista. Cuba, la vanguardia cubana y el pensamiento cubano influirían en parte de su manera de afrontar el futuro, un futuro que aguardaba con un mazo al doblar los meses. En 1926 nace su primera hija, Santillana, que muere de difteria al cumplir el año en una Nueva York al que se había trasladado la pareja por ser el lugar donde todo artista debía estar. El consuelo es imposible, la pena inagotable, y su única manera de afrontar la pérdida es pintar y pintar y volver a pintar. Un par de años después nace Isabetta, a la que su padre se lleva a Cuba después de mentir sobre un posible futuro en Europa. Llegarían los intentos de suicidio, las clínicas y más cuadros y la Gran Depresión y un nuevo amor que iba a convertirse en una nueva condena, Kenneth Doolittle, adicto a la heroína que quemó numerosas obras de Alice e incluso llegó a maltratarla.

Luego aparecería José Santiago Negrón; con él tuvo a Richard, aunque Negrón los abandonó tres meses después del nacimiento del niño. Más tarde conocerá a Sam Brody. El mapa sentimental de Alice es complejo y lleno de altibajos, condicionados sin duda por esa pérdida temprana de Santillana. Desde entonces, nada fue ya lo mismo en su cabeza; la vida está llena de agujeros por los que caes en otros lugares remotos que hacen que ya nada se parezca a lo que estaba previsto.

Sus desnudos, su aspereza, su manera de retratar eran inconcebibles en la puritana sociedad de los años treinta que no se atrevía a mostrar mujeres embarazadas en televisión, ni siquiera vestidas (seguro que habéis visto la película *Being the Ricardos*). Pero ella siguió cultivando un estilo directo en el que lo que hay es lo que hay, un realismo mitad sucio y mitad luminoso, un impresionismo pero sin la belleza idealizada y en ocasiones mentirosa del impresionismo.

Para ella posaron trabajadores, artistas —famosos y anónimos—, pensadores, activistas y mujeres, muchas mujeres. Acabados los tiempos del conservadurismo, su figura empezó a crecer y se convirtió en icono de los primeros movimientos feministas, la crítica empezó a admirar su obra y el éxito llegó cuando quizá menos lo esperaba. Impactaron sus pinturas sobre la maternidad en las que, una vez más, se alejaba de cualquier «embellecimiento» gratuito.

Si os cruzáis con alguno de sus retratos, fijaos bien en los detalles, en lo que subyace detrás de la primera capa, en lo que hay detrás de la apariencia, porque cuando vuestro ojo empiece a peinar el lienzo descubrirá que existen elementos que explican a la persona. Una vez retrató a su vecina, una mujer maltratada, y si pasamos muy rápido delante de esa obra es probable que no caigamos en la cuenta del sufrimiento que esconde, porque ella siempre dotaba de dignidad a sus personajes, pero si nos paramos, si nos acercamos, comprobaremos que el dolor está ahí esperando a ser visto. Es como la vida, casi nadie va haciendo gala de su dolor, pero basta preocuparnos un poco para descubrir que algo le pasa al que tenemos al lado; el cuadro espera que nos acerquemos, nuestro vecino probablemente también. Humanidad, lo llaman. Su primer mandamiento.

Esa es la señora que nos mira, sentada. Con tanta dignidad como cabe en un cuadro.

Retrato de Giovanna degli Albizzi Tornabuoni

DOMENICO GHIRLANDAIO

1489-1490

Su belleza no será difícil de pintar, es simplemente técnica y encontrar la posición. Su serenidad, su piel, su pelo, la delicadeza con la que emprendía cualquier tarea. El amor que desprendía. Es todo eso lo que me preocupa, quiero sentirla cerca al observar el cuadro, quiero que cuando alguien se ponga delante de él sea capaz de atisbar lo que muchos sentíamos al tenerla a nuestro lado. La vida era tan diferente. ¿Cómo se puede explicar que hace solo dos años estuviésemos celebrando los esponsales, que todo fuese dicha y felicidad?

Y eso que, como sabréis, nuestro matrimonio fue, en principio y como casi todos en estos tiempos, un matrimonio de interés. Un acuerdo entre familias, un asunto de dotes e intercambios. Los dos sentíamos rechazo hacia esa manera de amor o de supuesto amor. La dote, qué espanto, vernos reducidos a una especie de mercado, descubriendo objetos inútiles que su padre tuvo que reunir con gran esfuerzo, claro, porque Giovanna tenía otras muchas hermanas. Imaginad lo que es casar a tantas mujeres. Pobre Masso di Luca, pidiendo aquí y allá para llegar a una cantidad digna. Y a los dos años, enterrarla.

Cuando mi familia me dijo que me casaría, el primer sentimiento fue de pavor; sin conocerla, la rechazaba; me apenaba tener que estar sujeto a los juegos de intereses de nuestros padres y me repugnaba todavía más que a una mujer se la tratara como mera mercancía a la que hay que dar salida antes de que sea demasiado tarde. Nuestro matrimonio servía para cerrar viejas heridas familiares, condenadas hasta entonces a estar siempre abiertas. Si lo pienso, vivimos en una época en la que somos esclavos de lo hecho por nuestros antepasados. Dependemos de sus errores y de sus conspiraciones, nos convierten en simples peones de su partida de ajedrez, sacrificables si el fin lo justifica. ¿Quiénes somos nosotros para experimentar determinadas emociones si hay una causa superior, si la perpetuidad de la dinastía y el aumento de su riqueza o influencia están sobre el tablero? El amor es accesorio, no hay que buscarlo porque no es necesario encontrarlo. La de mujeres y hombres desgraciados que han tenido que conformarse con ser una de las partes contratantes, sin poder expresar sus verdaderos deseos y anhelos. La historia deberá cambiar en algún momento y que no sea el dinero el único requisito para emprender una vida con alguien. No creo que lo vean mis ojos, ni los de mis hijos, ni siquiera los de mis nietos. Es muy difícil romper con algo tan arraigado heredado desde tiempos inmemoriales.

Pero yo debo dar gracias, quizá nunca hubiese conocido a Giovanna de no ser por estos tejemanejes, pero desde la primera vez que nos encontramos nos sentimos atraídos el uno

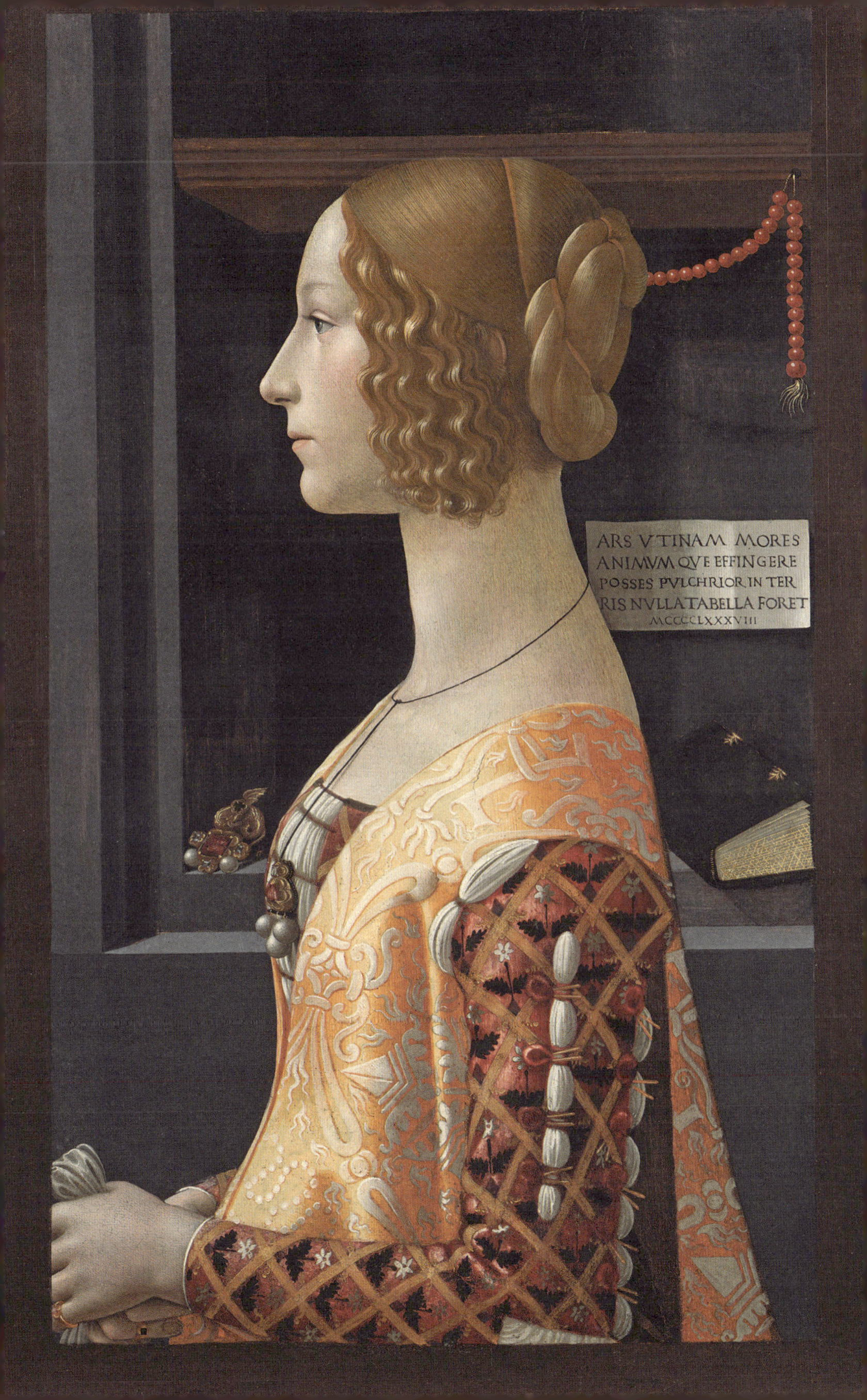
ARS VTINAM MORES
ANIMVM QVE EFFINGERE
POSSES PVLCHRIOR IN TER
RIS NVLLA TABELLA FORET
MCCCCLXXXVIII

por el otro. El amor logró abrirse paso entre los procelosos pactos y las frías cifras.

Lo que nunca pude imaginar es lo corta que puede ser la felicidad, la dicha, la buena fortuna. Superada la obligatoriedad de amarnos, me veo empujado a la obligatoriedad del duelo. Soy muy joven para enviudar y soy muy joven para emprender el camino del olvido, que es siempre un camino imposible de acometer, porque el olvido puede llegar solo, sin darnos cuenta, o no llegar nunca e ir dejándote sin aire poco a poco hasta asfixiarte.

No quiero, por supuesto, condicionar tu trabajo, pero te voy a pedir un favor, incluye estas palabras del poeta Marcial en la obra, así todo el mundo sabrá quién era Giovanna:

> ARS VTINAM MORES / ANIMVM QVE EFFINGERE / POSSES
> PVLCHRIOR IN TER / RIS NVLLA TABELLA FORET
> *Arte, ¡ojalá pudieras representar el carácter y el espíritu!*
> *No habría sobre la tierra imagen más bella.*

Gracias de antemano. Con tu permiso, vendré con frecuencia a ver los avances, tengo que encontrar la manera de rellenar las horas del día y venir aquí me parece no tirarlas.

[WhatsApp de mi editora Pilar, avanzado ya el proceso de escritura del libro: «Buenos días, Carlos, ¿tienes pensado hablar del cuadro de la portada, de Giovanna Tornabuoni?».

Debo confesar que me pasó con el anterior libro; al entregar el manuscrito, me di cuenta de la ausencia de *El descendimiento*, de Van der Weyden. Si han tenido el libro cerca, sabrán que un detalle de ese cuadro da forma a la portada. Pues resulta que en las postrimerías de *Retratarte* me estaba pasando lo mismo. Había dejado fuera a la Giovanna de Ghirlandaio. Tuve claro desde el principio, como con Van de Weyden, que iba a ser la imagen de portada, y quizá por esa decisión madrugadora fui dejando su capítulo para el final. Gracias a ese WhatsApp, recibido el 6 de junio de 2022, a las 17:12 horas, no he vuelto a cometer el mismo error, y aquí está ese maravilloso perfil que todo el mundo busca cuando va al Museo Thyssen].

Giovanna y Lorenzo se casaron por interés y se enamoraron por las razones por las que se enamora la gente: ninguna, y en su caso con el mérito añadido de sobreponerse a una primera imposición. En ocasiones, no hay nada como que te impongan una cosa para rechazarla frontalmente.

Los dos pertenecían a dos muy buenas familias de la Florencia de la época. Él, en concreto, a una muy cercana a los Medici, ese apellido dominador del Renacimiento. Los dos se vieron abocados, como tantos otros, a un destino escrito y a un futuro cuya única utilidad era perpetuar el apellido y ya, de paso, hacerlo más fuerte. Pero, como digo, se enamoraron, y prueba inequívoca de ese amor es alguna de las cosas que él escribió sobre ella, muerta a los diecinueve años de edad, después de dar a luz a su segundo hijo.

> Aquella a la que las Gracias otorgaron belleza interior y Venus
> [belleza externa,
> aquella a quien la diosa Diana concedió un casto corazón.
> Yace aquí Giovanna, honor de su tierra, descendiente de los
> [Albizzi,
> pero casada, todavía joven doncella, con un Tornabuoni.
> Así como en vida fue muy amada por la gente,
> que sea ahora querida por el Altísimo Dios.

No es el texto más romántico de la historia, pero, para la época, deja entrever lo que ella significaba para Lorenzo.

Su boda, orquestada por Lorenzo de Medici, fue todo un acontecimiento social en Florencia. Imaginen el nivel del que hablamos, tres días de celebraciones, torneos, fiestas, banquetes, encargos a Botticelli para que pinte frescos alegóricos en alguna de las casas de la familia. Todo era oropel y lujo y nada hacía presagiar otra cosa que un futuro lleno de luz para ellos.

El cuadro que nos ocupa, casi seguro realizado después de la muerte de Giovanna, es una especie de homenaje póstumo cargado de simbología. Desde el collar de coral, utilizado entonces para espantar el mal de ojo y ayudar en los partos, al vientre ligeramente abultado que hace referencia a ese alumbramiento mortal; además, en el hombro de ella, sobre la tela, se dibuja una L de Lorenzo, detalle que vuelve a dejar patente la unión de ambos.

Ghirlandaio ya había pintado a Giovanna antes; si viajan a Florencia y entran en la capilla Tornabuoni, busquen el fresco de *La Visitación*, allí la encontrarán de cuerpo entero con un peinado y una belleza similares. Para ver el aspecto de Lorenzo habrá que acudir al Vaticano, al fresco *La vocación de los apóstoles* del propio Ghirlandaio; en el numeroso grupo de la derecha (lleno de rostros y apellidos ilustres de entonces) encontramos a un chico que nos mira directamente; ese es Lorenzo, el desdichado Lorenzo.

De este retrato, que a punto estuve de olvidar incluir, no cabe decir mucho más porque casi todo se sabe. Es uno de los más bellos y sugestivos ejemplos de retrato del Quattrocento, con su perfil, su modelo erguida, los adornos que hablan de la personalidad. Es perfecto, y a la perfección suma un hondo significado.

Domenico Ghirlandaio

La portada de *Retratarte* es para una mujer que murió sin alcanzar los veinte años, nacida Giovanna degli Albizzi, conocida como Giovanna Tornabuoni, y que en la memoria de todos permanece para siempre con esa belleza nacarada y serena en la que descubrimos siempre algo nuevo.

Solo un detalle o chisme para terminar. Lorenzo se casó en segunda nupcias tiempo después, pero, según diferentes inventarios que se realizaron durante su vida, este cuadro siguió en su poder durante años, lo tenía en su estancia, en su habitación, no pudo o no quiso olvidar pronto. El olvido siempre es caprichoso.

Agradecimientos

A los lectores, porque gracias a la complicidad demostrada con *Emocionarte* existe este libro. Nunca pensé que las historias que rondaban mi cabeza cada vez que visito un museo o me enfrento a un cuadro fueran a generar tanto interés. Espero que volváis a disfrutar con estos desvaríos en los que la realidad y la ficción se dan la mano de nuevo.

A los museos y a sus trabajadores, por ser siempre aliados de mis ocurrencias.

A todos los que empuñan el arte como la mejor arma contra la sinrazón y la barbarie y la mejor defensa contra aquellos que solo quieren hacernos retroceder.

A mi familia.

Índice de obras

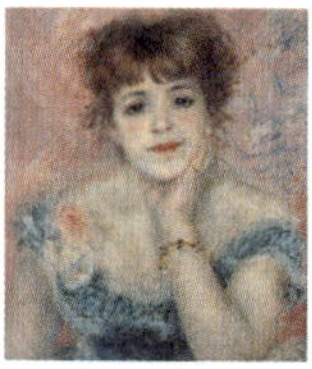

La Rêverie (1877), Pierre-Auguste Renoir. Óleo sobre lienzo; 56 cm × 47 cm. Museo Pushkin. Moscú, Rusia.

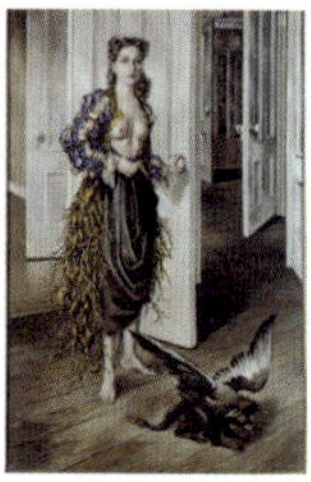

Birthday (1942), Dorothea Tanning. Óleo sobre lienzo; 102,2 cm × 64,8 cm. Philadelphia Museum of Art. Filadelfia, Estados Unidos.

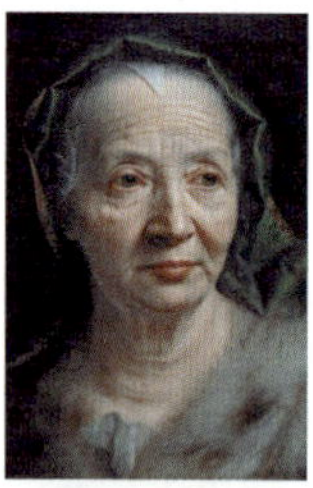

Retrato de una anciana (antes de 1768), Christian Seybold. Óleo sobre cobre; 41,5 cm × 32,5 cm. Gemäldegalerie Alte Meister. Dresde, Alemania.

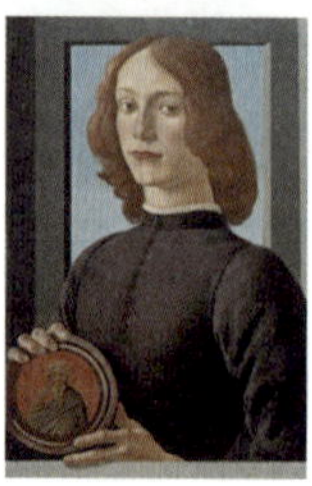

Retrato de joven sujetando un medallón (c. 1480), Sandro Botticelli. Temple sobre tabla; 58,4 cm × 39,4 cm. Colección particular.

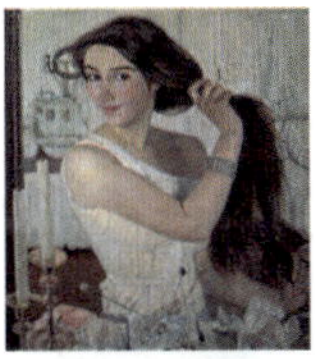

En el tocador (1909), Zinaída Serebriakova. Óleo sobre lienzo; 75 cm × 65 cm. Galería Tretiakov. Moscú, Rusia.

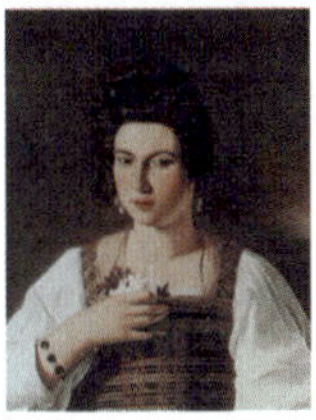

Retrato de una cortesana (1597), Caravaggio. Óleo sobre lienzo; 66 cm × 53 cm. Perdido.

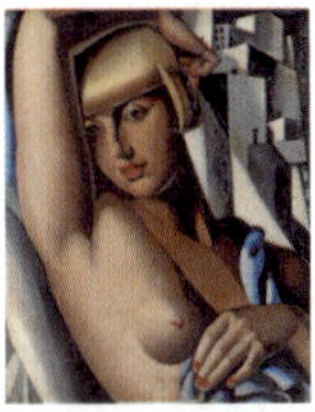

Retrato de Suzy Solidor (1933), Tamara de Lempicka. Óleo sobre madera; 46 cm × 38 cm. Château-Musée Grimaldi. Cagnes-sur-Mer, Francia.

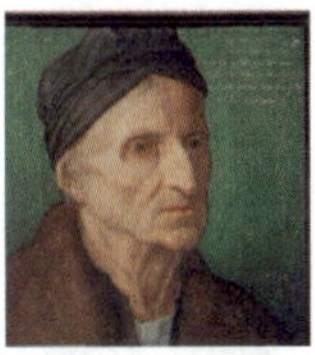

Retrato de Michael Wolgemut (1516), Alberto Durero. Óleo sobre madera; 29 cm × 27 cm. Germanisches Nationalmuseum. Núremberg, Alemania.

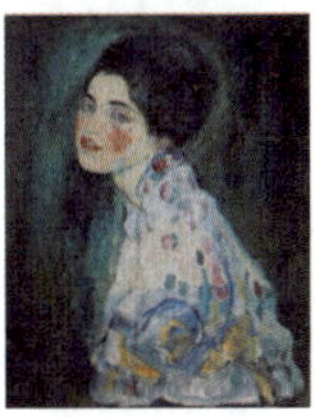

Retrato de una dama (1916-1917), Gustav Klimt. Óleo sobre lienzo; 60 cm × 55 cm. Galleria d'Arte Moderna Ricci Oddi. Plasencia, Italia.

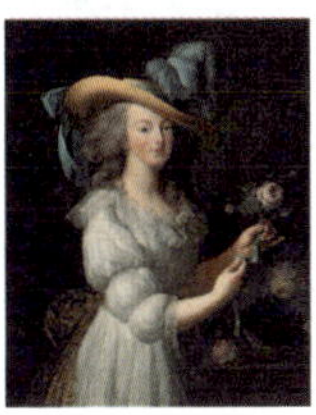

María Antonieta con vestido de muselina (1783), Marie-Louise-Élisabeth Vigée-Lebrun. Óleo sobre lienzo; 92,7 cm × 73,1 cm. National Gallery of Art. Washington, Estados Unidos.

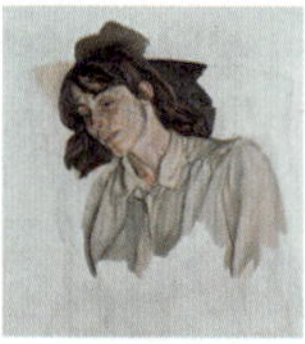

Último retrato (1976-1977), Lucian Freud. Óleo y lápiz sobre lienzo; 61 cm × 61 cm. Museo Nacional Thyssen-Bornemisza. Madrid, España.

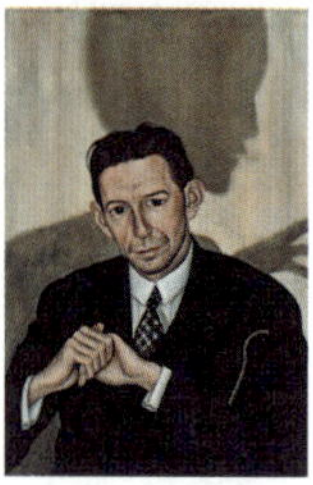

Retrato del Dr. Haustein (1928), Christian Schad. Óleo sobre lienzo; 80,5 cm × 55 cm. Museo Nacional Thyssen-Bornemisza. Madrid, España.

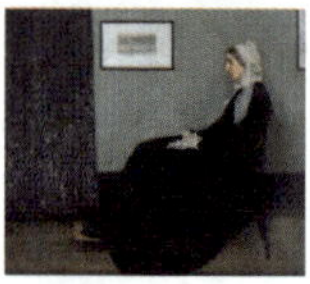

Arreglo en gris y negro n.º 1. Retrato de la madre del artista (1871), James McNeill Whistler. Óleo sobre lienzo; 144,3 cm × 163 cm. Museo de Orsay. París, Francia.

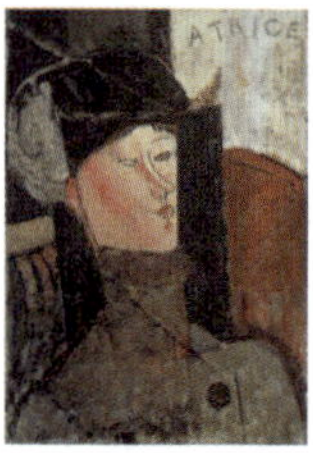

Retrato de Beatrice Hastings (1916), Amedeo Modigliani. Óleo sobre lienzo; 55,2 cm × 38,2 cm. The Barnes Foundation. Filadelfia, Estados Unidos.

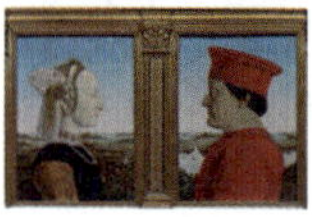

Díptico del duque de Urbino. Retratos de Federico de Montefeltro y Battista Sforza (1472), Piero della Francesca. Pintura al temple sobre tabla; 47 cm × 33 cm. Galleria degli Uffizi. Florencia, Italia.

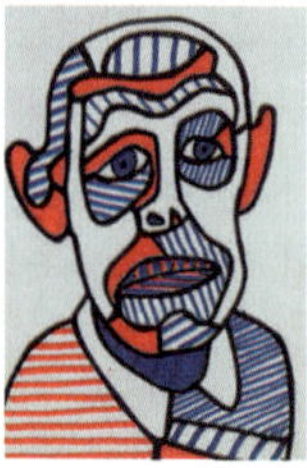

Autorretrato II (1966), Jean Dubuffet. Rotulador sobre papel; 25 cm × 16,5 cm. Fondation Dubuffet. París, Francia.

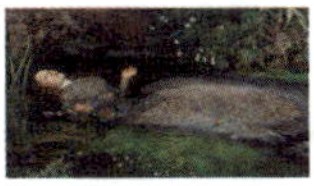

Ophelia (1851-1852), John Everett Millais. Óleo sobre lienzo; 76 cm × 111 cm. Tate Gallery. Londres, Reino Unido.

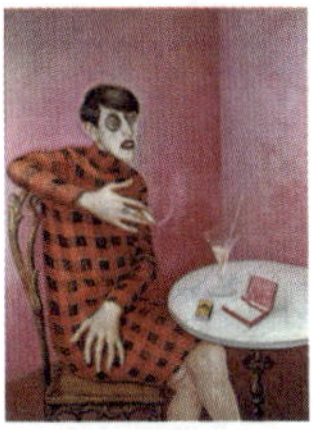

Retrato de la periodista Sylvia von Harden (1926), Otto Dix. Óleo sobre madera; 121 cm × 89 cm. Musée National d'Art Moderne, Centre Pompidou. París, Francia.

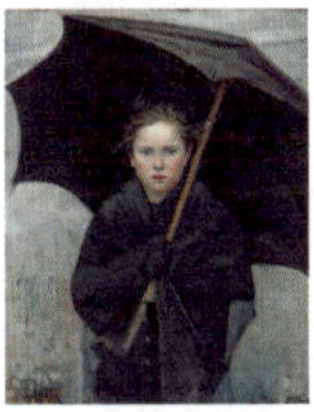

El paraguas (1883), María Bashkirtseff. Óleo sobre lienzo; 93 cm × 74 cm. Russian Museum. Moscú, Rusia.

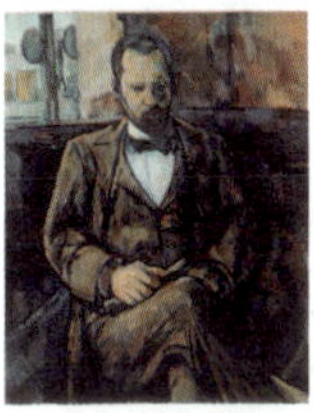

Retrato de Ambroise Vollard (1899), Paul Cézanne. Óleo sobre lienzo; 100,3 cm × 81,3 cm. Musée du Petit-Palais. París, Francia.

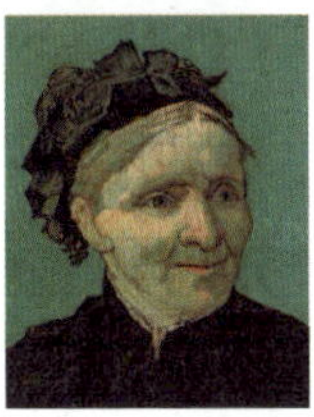

Retrato de la madre de Van Gogh (1888), Vincent Van Gogh. Óleo sobre lienzo; 40,5 cm × 32,5 cm. Museo Norton Simon. Pasadena, California, Estados Unidos.

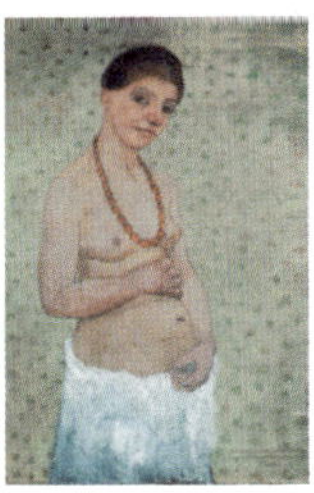

Autorretrato en el sexto aniversario de boda (1906), Paula Modersohn-Becker. Óleo y cartón; 101,8 cm × 70,2 cm. Paula Modersohn-Becker Museum. Bremen, Alemania.

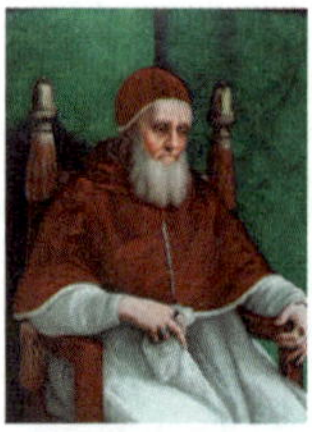

Retrato de Julio II (1511-1512), Rafael. Óleo sobre tabla; 108 cm × 80 cm. National Gallery. Londres, Reino Unido.

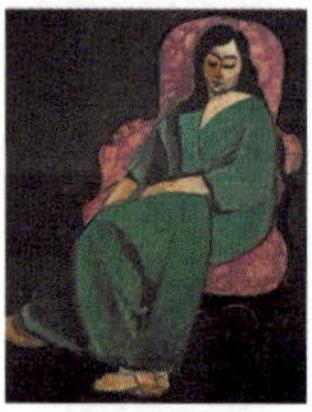

Laurette con un vestido verde sobre fondo negro (1916), Henri Matisse. Óleo sobre lienzo; 73 cm × 54,3 cm. The Metropolitan Museum of Art. Nueva York, Estados Unidos.

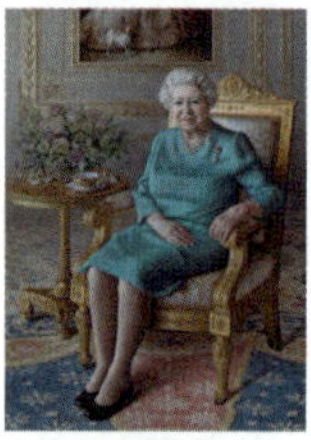

Su majestad la reina Isabel II (2020), Miriam Escofet. Óleo sobre lino sobre tabla, 140 × 100 cm. The Foreign and Commonwealth Office.

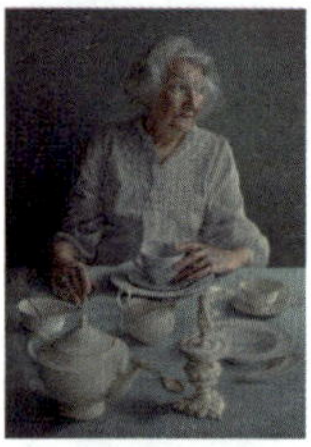

Un ángel en mi mesa (2017), Miriam Escofet. Óleo sobre lienzo; 100 cm × 70 cm. National Portrait Gallery. Londres, Reino Unido.

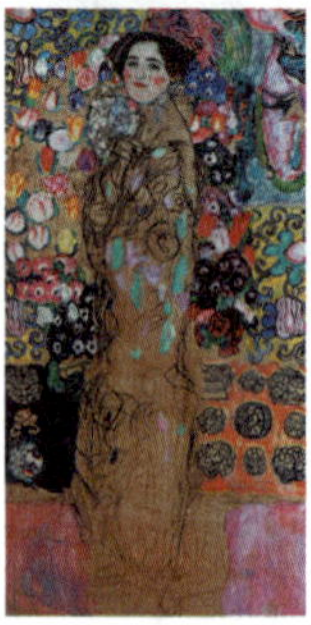

Retrato de Ria Munk III (inconcluso) (1917-1918), Gustav Klimt. Óleo sobre lienzo; 180 × 90 cm. Neue Gallery. Nueva York, Estados Unidos.

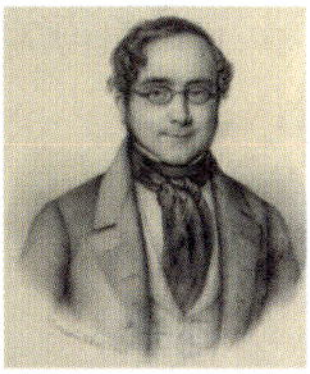

Retrato de Ramón Mesonero Romanos (1842), Rosario Weiss. Lápiz sobre papel; 22 cm × 16 cm. Museo del Romanticismo. Madrid, España.

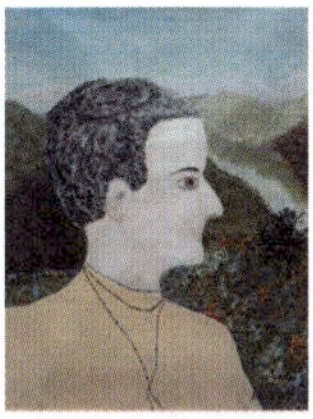

Autorretrato (1933), Anna Mary Robertson Moses. Óleo sobre tela; 20,32 cm × 25,4 cm. Bennington Museum. Bennington, Vermont, Estados Unidos.

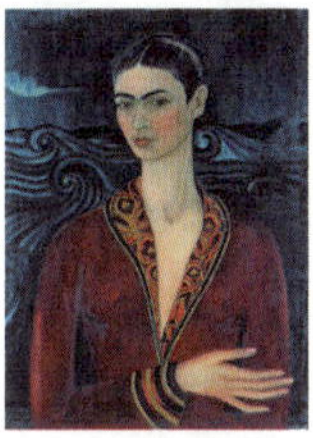

Autorretrato con traje de terciopelo (1926), Frida Kahlo. Óleo sobre lienzo; 79,7 cm × 60 cm. Colección particular.

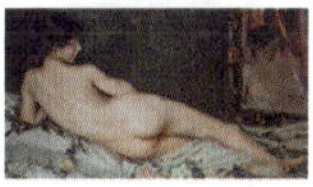

Desnudo femenino (1908), Aurelia Navarro. Óleo sobre lienzo; 93 cm × 160 cm. Museo Casa de los Tiros. Granada, España.

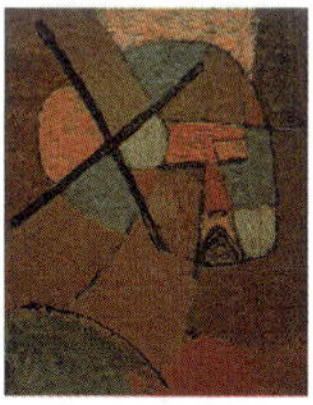

Eliminado de la lista. Autorretrato (1933), Paul Klee. Óleo sobre papel sobre cartón; 31,5 cm × 24 cm. Zentrum Paul Klee. Berna, Suiza.

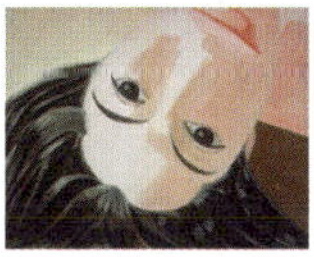

Upside Down Ada (1965), Alex Katz. Óleo sobre lienzo; 130,6 cm × 162,6 cm. Museum of Modern Art (MoMA). Nueva York, Estados Unidos.

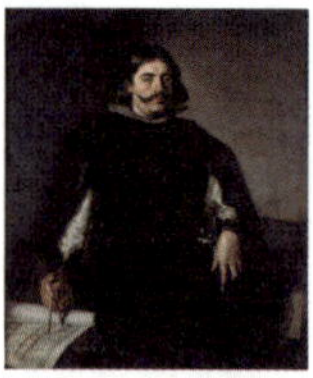

Retrato del arquitecto José Ratés Dalmau (c. 1660-1670), Juan de Pareja. Óleo sobre lienzo; 116,9 cm × 97,8 cm. Museo de Bellas Artes. Valencia, España.

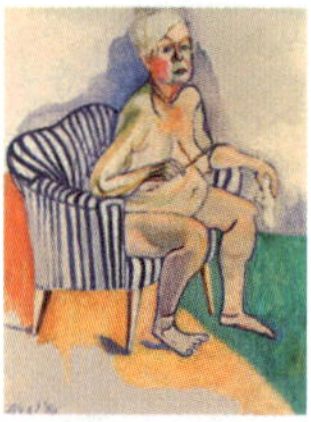

Autorretrato (1980), Alice Neel. Óleo sobre lienzo; 135,3 cm × 101 cm. National Portrait Gallery. Washington, Estados Unidos.

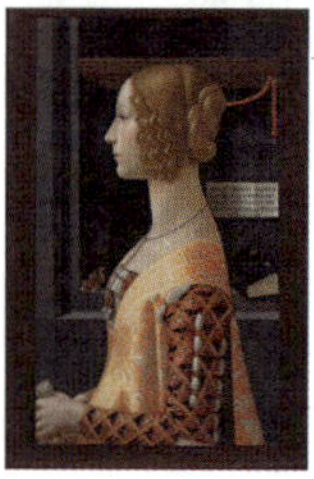

Retrato de Giovanna degli Albizzi Tornabuoni (1489-1490). Domenico Ghirlandaio. Técnica mixta sobre tabla, 77 × 49 cm. Museo Nacional Thyssen-Bornemisza, Madrid.

Fuentes

Libros y artículos

Baillio, Joseph, *Élisabeth Vigée Le Brun, 1755-1842*. University of Washington Press, Seattle y Londres, 1982.

Bashkirtseff, Marie, *Diario de mi vida*. Espasa-Calpe, Madrid, 1962.

Cogeval, Guy (ed.), *Le Musée d'Orsay à 360 degrés*. Skyra Flammarion, París, 2013.

Dubuffet, Jean, *Escritos sobre arte*. Barral Editores, Barcelona, 1975.

—, *Asfixiante cultura*, Ediciones del Lunar, Jaén, 2011.

Graham-Dixon, Andrew, *Caravaggio: Una vida sagrada y profana*. Taurus, Madrid, 2011.

Grant, Susan, «Whistler's Mother Was Not Alone: French Government Acquisitions of American Paintings, 1871-1900». *Archives of American Art Journal* 32 (2), 1992, pp. 2-15.

Heller, Eva, *Psicología del color. Cómo actúan los colores sobre los sentimientos y la razón*. Editorial Gustavo Gili, Barcelona, 2004.

Kandinsky, Vasily, *De lo espiritual en el arte*. Paidós, Barcelona, 1996.

Klimt, Gustav, *Cartas, escritos y testimonios*. Editorial Elba, Barcelona, 2020.

Matisse, Henri, *Escritos y consideraciones sobre arte*. Paidós, Barcelona, 2010.

McLaren Young, Andrew; MacDonald, Margaret; Spencer, Robin y Millas, Hamish, *The paintings of James McNeill Whistler*. Yale University Press for the Paul Mellon Centre for Studies in British Art, New Haven-Londres, 1980.

Modigliani, Amedeo, *Cartas*. Editorial Elba, Barcelona, 2020.

Palomino, Antonio A., *Vida de don Diego Velázquez de Silva*. Akal, Barcelona, 2008.

Partsch, Susanna, *Klee*. Taschen, Colonia, 2015.

Rilke, Rainer María, *Nueva antología poética*. Espasa-Calpe, Madrid, 2000.

Salmon, André, *La apasionada vida de Modigliani*. Acantilado, Barcelona, 2017.

Siddall, Elizabeth Eleanor, *My Ladys Soul: The Poems of Elizabeth Eleanor Siddall*. Victorian Secrets, Brighton, 2018.

Smith, Paul, *Impresionismo. Bajo la superficie*. Akal, Madrid, 2006.

Van Gogh, Vincent, *Cartas a Theo*. Alianza Editorial, Madrid, 2012.

Vige-Lebrun, Louise-Élisabeth, *Souvenirs, 1755-1842*. Éditions Champion, París, 2008.

Von Harden, Sylvia, «Erinnerungen an Otto Dix». 1959.

Zola, Émile, *La obra*. Penguin Clásicos, Barcelona, 2015.

Zola, Émile y Cézanne, Paul, *Tomar partido. Crónica epistolar de un distanciamiento, 1878-1887*. Libros Corrientes, Madrid, 2019.

Catálogos

Baum, Kelly; Griffey, Randall; Temkin, Susanna V.; Brown, Meredith A. y Bryan-Wilson, Julia, *Alice Neel: las personas primero*. Museo Guggenheim, Bilbao, 2021.

Brejon de Lavergnée, Arnauld y Thiébaut, Dominique (eds.), *Catalogue sommaire illustré des peintures du Musée du Louvre. Italie, Espagne, Allemagne, Grande-Bretagne, et divers*. Éditions de la Réunion des Musées Nationaux, París,1981.

Compin, Isabelle; Lacambre, Geneviève y Roquebert, Anne, *Musée d'Orsay. Catalogue sommaire illustré des peintures*. Éditions de la Réunion des Musées Nationaux, París, 1990.

Couleurs de l'impressionnisme, chefs-d'œuvre du Musée d'Orsay. Musée d'Orsay, París, 2019.

Coxon, Ann; Mahon, Alyce; Murga Castro, Idoia y Tanning, Dorothea, *Dorothea Tanning, Detrás de la puerta, invisible, otra puerta*. Museo Nacional Centro de Arte Reina Sofía, Madrid, 2018.

El libro del Prado. Museo Nacional del Prado, Madrid, 2016.

Invitadas. Fragmentos sobre mujeres, ideología y artes plásticas en España (1833-1931). Museo Nacional del Prado, 2020.

Matilla, José Manuel y Mena Marqués, Manuela B. (coords.), *Goya. Dibujos. Solo la voluntad me sobra*, Museo Nacional del Prado, Madrid, 2019.

Mujeres. Gustav Klimt. Fundación Mapfre, Madrid, 2006.

Otto Dix. Fundación Juan March, Madrid, 2006. <https://digital.march.es/fedora/objects/cat:121/datastreams/PDF/content>.

Sánchez Díez, Carlos, *Dibujos de Rosario Weiss (1814-1843): catálogo razonado*. Marcial Pons, Madrid, 2018.

Vasos comunicantes. Colección 1881-2021. Museo Nacional Centro de Arte Reina Sofía, Madrid, 2021.

Otros

Remember me: More than 100 Renaissance portraits, from Dürer to Sofonisba. Rijksmuseum Ámsterdam, 2022. <https://www.rijksmuseum.nl/en/whats-on/exhibitions/remember-me>.

Alex Katz, podcast con Guillermo Solana y Leticia de Cos. Museo Thyssen, 22 de junio de 2022. <https://open.spotify.com/episode/5MXTV8XYqzSEZs54tmTMyY>.

Lucian Freud. La vida pintada. Documental, 2011. <https://www.youtube.com/watch?v=c4E2musevoQ>.

Hemeroteca de *La Gaceta de Madrid.*

Hemeroteca del diario *ABC.*

Este libro se terminó de imprimir
el 3 de octubre de 2022 en
los talleres de Unigraf, S. L.